* Aufgrund von ein paar Rechtschreibfehlern ist dies ein Mängelexemplar

Rieke Clausen

Believe it

Der Mond spricht Bände

Band I

April 2023

Auf dass der Mond für dich immer hell strahlt!

Viel Spaß in Winchester!

Alles Liebe,

Rie

Noel-Verlag

Originalausgabe
September 2022

NOEL-Verlag GmbH
Achstraße 28
D-82386 Oberhausen/Oberbayern

www.noel-verlag.de
info@noel-verlag.de

Die Deutsche Bibliothek verzeichnet diese Publikation in der Deutschen Nationalbibliografie, Frankfurt; ebenso in der Bayerischen Staatsbibliothek in München. Das Werk ist urheberrechtlich geschützt. Jede Verwertung außerhalb der Grenzen des Urheberrechtsschutzgesetzes ist ohne Zustimmung des Verlages und des Autors unzulässig und strafbar.
Das gilt besonders für Vervielfältigungen, Übersetzungen, Mikroverfilmungen und die Einspeicherung und Bearbeitung in elektronischen Systemen.
Der Autor übernimmt die Verantwortung für den Inhalt seines Werkes.
Der Autor versichert, dass die Handlung frei erfunden ist. Ähnlichkeiten mit lebenden oder toten Personen sind rein zufällig und nicht beabsichtigt.

Autor:	Rieke Clausen
Malerin der Zeichnungen:	Julia Tauwald
Covergestaltung:	NOEL-Verlag

2. Auflage
Printed in Germany
ISBN 978-3-96753-137-4

Playlist

Talking To Myself – Linkin Park

Never Said Goodbye – Wage War

Animal in Me – Solence

Evil – Daughtry

Creatures – She Won't Live

Playground – Bea Miller, League of Legends

Enemy – Imagine Dragons, League of Legends

Paranoid – VRSTY

Bones – Imagine Dragons

Coming Undone – Violet Orlandi

Dawn of the Moon – Alex Good, Kurt Hugo Schneider, Jada Facer

Stabbing In The Dark – Ice Nine Kills

The Grey – Bad Omens

Dark in My Imagination – of Verona

Wrecked – Imagine Dragons

Kill The Sun – Cane Hill

Kapitel 1

Vor ein paar Wochen
»Ich finde, das hast du gar nicht so schlecht gemacht, Rylee.« Rebecca strich sich ihr plattes, langes, dunkles Haar hinter das Ohr und verband die Geste mit einem Zurechtschieben ihrer dünnen Brille.
»Machst du Witze?«, stöhnte ich und fuhr durch mein eigenes, schulterlanges Haar, das ganz zerzaust war, durch das viele Raufen während der Englischstunde.
»Ich hätte niemals die Geschichte meines Dads nehmen sollen. Und Amara hätte mich nicht dazu drängen dürfen, sie vorzulesen.« Meine noch immer schwitzigen Hände drückten mein Englischbuch und mein dazugehöriges Heft so fest gegen meine Brust, als könnte ich meinen noch immer rasenden Herzschlag damit beruhigen.

»Aber … aber, du hast die Aufgabe der Trauerbewältigung weitaus besser als alle anderen getroffen«, wisperte Becca und war kaum zu verstehen zwischen den ganzen brüllenden, kichernden und lästernden Schülern auf dem Gang.

»Das könnte man meinen, wenn man das Ende gehört und ich nicht hätte abbrechen müssen.« *Was eine Blamage mein zittriges Stottern doch war.* »Ich hätte einfach etwas aus dem Internet nehmen sollen.«

Aber das hätte meinen Vortrag vor der Englischklasse auch nicht glanzvoller aussehen lassen. Noch immer schnürte es mir die Kehle zu, als ich an die ganzen erwartungsvollen Augen dachte, die mich angestarrt hatten. Vor allem die braunen, stechenden des Mädchens in der dritten Reihe. Amara Whimbley. Die zwar immer eine der beliebtesten an der kleinen Winchester High war, aber nie jemandem etwas Böses hatte antun wollen. Bis ihre Eltern den Entschluss gefasst hatten, aus diesem Kaff nach New York zu ziehen, und sie sich anscheinend dazu entschieden hatte, sich vor ihrem Umzug in zwei Wochen noch einmal bei jedem einen Namen zu machen.

»Hey Rylee.«

Wenn man vom Teufel spricht.

Ein letztes Mal fuhr ich mir durch die gewellten Haare, zupfte an meiner karierten Bluse, straffte die Schultern und drehte mich dann langsam zu dem dunkelhäutigen Mädchen mit dem strahlenden Lächeln um.

»Hey, also das wegen vorhin. Das tut mir leid. Ich hätte dich nicht drängen sollen, deinen Essay vor dem ganzen

Kurs vorzulesen. Ich wusste nicht, dass dein Dad so gestorben war. Und mir war nicht bewusst, dass du das noch nicht ... verarbeitet hast.« Sie legte den Kopf schief, sodass ihr glänzendes, schwarzes Haar über ihre dünne Schulter fiel.

Meine schwitzigen Hände krallten sich um mein Buch. Jeder hier in Winchester wusste von dem tödlichen Unfall meines Vaters. Das war der Grund, warum meine Mutter mit meinem Bruder und mir aus der Großstadt in dieses Kaff gezogen war. Damit wir diese Tragödie von vor sieben Jahren hinter uns lassen und neu anfangen konnten. Sollte man meinen.

Meiner Meinung nach war es eine geniale Möglichkeit, alles zu verdrängen und zu vergessen. Und seine Kinder in einer behüteten Umgebung aufwachsen zu lassen, während man sich selbst zurückzog und alles vernachlässigte, außer sich selbst und den Job.

Nein, verarbeitet hatte ich den Donnerschlag, den unsere kleine süße Familie entzweit hatte, schon lange. Mindestens zwei Jahre. Vielleicht zweieinhalb. Glaub ich.

Das war nicht das Problem.

Die richtigen Worte zu finden, die Stimme erheben, den Mund aufmachen – das, was für andere selbstverständlich war, war für mich eine riesige Überwindung.

Nachdem es seit jenem Tag die Stimme so sehr verschlagen hat, dass ich einige Wochen kein Wort gesprochen hatte – so hatte es mir meine beste Freundin Skylar jedenfalls erzählt, denn erinnern konnte ich mich nur kaum an diese Zeit – war ich froh, dass ich mittlerweile mit siebzehn nur noch als schüchtern und nicht als

verrückt bezeichnet wurde.
Am liebsten hätte ich das alles Amara genau so ins Gesicht geschrien. Am liebsten hätte ich ihr vorgeworfen, dass sie genau gewusst hatte, dass ich nicht vor Menschenmengen sprechen konnte. Am liebsten würde ich ihr gegen den Kopf werfen, dass ich genau wusste, dass sie mit ihrer Cheerleadertruppe hinter meinem Rücken darüber tuschelnd mutmaßte, warum ihr Quarterback mit einem stillen Mäuschen, das ihre Freizeit mit Comics verbrachte, zusammen war. Ich meine, in zwei Wochen würde ich sie sowieso nie wiedersehen, oder? Stattdessen öffnete sich mein tauber Mund von allein und ich hörte mich stammeln: »Ach, schon gut.«
Ich schielte neben mich auf Becca, die ein Stück zurückgewichen war, um in meinem Schatten zu stehen. Verdammt, wäre meine beste Freundin Skylar hier – oder mein Freund Sam – und nicht die noch schüchternere Becca, hätte einer von ihnen den Part übernehmen können, der mir nicht aus dem Mund kommen wollte. Aber sie waren nicht hier und ich war auf mich allein gestellt.
»Die Klasse war nur so leer wegen der ganzen kranken Schüler, die seit ein paar Tagen fehlen, und da ich wusste, dass du in deiner Freizeit gerne Geschichten erfindest, hatte ich gedacht, kannst du das hier auch gut.« Sie legte mir ihre kalte Hand auf meine Schulter und ich hätte sie am liebsten weggezogen, versteinerte aber unter ihrer Berührung.
Comics! Ich male Comics, das ist viel cooler!
»Hmh«, machte ich nur und nickte, in der Hoffnung,

dass sie mich ganz schnell wieder loslassen würde.
»Wir sehen uns in Sport!« Sie drückte meine Schulter noch einmal mit ihrem aufgesetzten, weißen Lächeln und ließ Becca und mich dann ohne eine Antwort abzuwarten, im Gang stehen.
»D... das lief doch ganz gut«, hörte ich Becca neben mir wispern.
Ja, klasse lief das ... ganz klasse.
Ich musste ganz schnell Skylar finden, um ihr von dieser Situation zu erzählen. Damit sie sich mit mir über Amara aufregen konnte, damit sie mir aufzählen konnte, was ich alles hätte sagen können, um das Herzrasen in meiner Brust wenigstens etwas zu lindern.
Mein Blick hob sich über die Köpfe der Schüler und suchte nach meiner Freundin, die ihren Spanischkurs gleich um die Ecke hatte.
Stattdessen sah ich einen großen, stämmigen Blonden mit einem schwarzen *Welcome to Horrorwood*-Shirt auf uns zukommen. Gabe, Sams bester Freund.
Doch Gabe hatte keine Augen für mich, sondern sah geradewegs an mir und Becca vorbei und hob die Hand.
»Hey, da bist du ja wieder!«, brüllte er über den Gang, dass ich unwillkürlich zusammenzuckte, mich aber dennoch umdrehte, zu der Person, der er es zurief.
Keine Sekunde später stand mein hochgewachsener Freund Sam neben mir und drückte mir einen Kuss auf den Hinterkopf. »Hey Kleine.«
Zeitgleich kam Gabe neben uns zum Stehen. »Sag mal, hattest du das Shirt nicht gestern schon an?« Er hob eine seiner hellblonden Augenbrauen, die kaum in

seinem Gesicht zu sehen waren und sah an seinem besten Freund herunter.
»Ich, ähm ... hab mehrere von den Shirts.« Seltsam nervös Sam fuhr sich durch die kurzen braunen Haare. Seine Haut war noch blass von der Erkältung, die ihn erst letztens für ein paar Tage ans Bett gefesselt hatte. Und den dunklen Augenringen zufolge schienen ihm die Nachwirkungen auch noch immer den Schlaf zu rauben.
»Dann solltest du dir mal neue holen, das sieht ziemlich abgewrackt aus. Hey Rylee. Becca.« Er nickte uns zu.
»Hey«, grüßte ich ihn, noch immer das Gespräch und die Schmach des missglückten Englischvortrages in den steifen Gliedern. Ein starker Arm drückte mich gegen den Oberkörper meines Freundes und ich schloss kurz die Augen bei seinem viel zu stark aufgetragenen Parfum und seinem typischen Duft von Wald, der mich kurz entspannen ließ. Im Beisein von Sam, traute sich keiner einen Streit anzufangen. Weil jeder wusste, dass er mit seiner ruhigen Art jegliche Eskalation sowieso sofort im Keim ersticken würde. Trotzdem wünschte ich mir gerade die aufbrausende Art meiner besten Freundin herbei, die sich gerne immer doppelt aufregte und somit den Part für mich übernahm.
»H-hat einer von euch Sky gesehen?«
Vor mir straffte Gabe den Rücken, als hätte er sie gerade selbst erspäht. Doch er hielt den Mund.
»Ich ...«, ertönte es leise neben mir, als die schüchterne Becca neben mir ihre Stimme erhob, »muss ihr auch noch was geben. Sie hat gestern ein Shirt vergessen, was

mein Bruder ihr von einem Konzert in George Town mitgebracht hat.« Mit den Worten presste sie sich ihre Umhängetasche näher an den Körper, als hätte sie Angst, dass wir ihr mit diesem Wissen ihr Gut aus der Tasche stehlen würden.

»Was?«, rief Gabe auf einmal aus und ich zuckte so sehr zusammen, dass ich mit dem Hinterkopf an Sams Schlüsselbein stieß. Gleich darauf spürte ich seine Hand zärtlich über die pochende Stelle streicheln.

»Rob war doch wohl nicht bei *Ice Nine Kills*!«

»Äh … ich … doch?«

»Mann, er hätte mich doch fragen können«, fluchte er in sich hinein.

Ich ignorierte ihn geflissentlich und legte den Kopf in den Nacken, um hoch zu meinem Freund zu schauen, der meinen Blick mit müden Augen auffing. »Alles okay bei dir? Du siehst fertig aus.« Ich fixierte seinen stoppeligen Unterkiefer.

Er ließ seine tätschelnde Hand sinken. »Jaja, ich … bin nur etwas müde.«

»Du … du hast da was.« Mit einer langsamen Bewegung drehte ich mich zu ihm um und fuhr mit dem Zeigefinger über die Linie seines Unterkiefers, die sich sofort anspannte. Sein Blick wurde starr. »Ist das … Erde?«

»Sieht mir eher aus wie Blut«, witzelte Gabe brummend hinter mir.

Hastig wischte Sam sich mit dem Handrücken über den Kiefer. »Marmelade höchstwahrscheinlich.« Auf der Unterlippe herumkauend rieb er sich nun das Kinn und sah dann unruhig auf mich herunter. »Weg?«

Ich antwortete mit einem Nicken. Seltsam, wie unruhig er plötzlich war. Als er letztens mit seinem auf links gedrehten Pullover in die Schule gekommen war, hatte ihn das doch auch nicht gestört.
»Hey Sam, kommst du nachher schon zum Footballtraining?«, wollte sein bester Freund wissen.
Sams Augenbrauen zuckten kurz und er setzte ein gequältes Lächeln auf. »Ich ... fühl mich noch nicht fit genug dafür. Nächste Woche.«
»Alter, bald ist Einsendeschluss und ich will noch unbedingt ein Video von uns an ein paar Unis schicken.«
»Nächste Woche«, presste Sam hervor und wirkte auf einmal seltsam angespannt. Ich sah ihn tief durchatmen. »Jetzt kann ich eh keine Leistung vorzeigen«, setzte er bedachter hinterher, was schon vielmehr nach meinem harmoniebedürftigen Freund klang.
Nur, dass sich bald herausstellen würde, dass »*Nächste Woche*« die erste seiner zahlreichen Lügen sein würde.

Kapitel 2

Heute

»Nüsschen?«

Zwischen dem Fahrer- und Beifahrersitz erschien eine mit silbernen Ringen bestückte Hand und hielt uns eine offene Tüte hin. Sam warf einen flüchtigen Blick über die Schulter und lehnte sich dann kopfschüttelnd von der Hand weg, als würde ihm der bloße Geruch von Nüssen eine allergische Reaktion bescheren. Auch wenn ich wusste, dass dem nicht so war. Seine Augen richteten sich wieder auf die Straße. Seine dunklen Haare waren mal wieder einen deut zu lang und würden deshalb normalerweise in alle Richtungen abstehen. Doch jetzt lagen sie feucht und platt auf seinem Kopf.

»Äh ne, danke«, antwortete ich und hob die Hand. Viel konnte nicht mehr in Skylars Tüte sein, so oft, wie sie während des Kinofilms übertrieben laut knisternd darin herumgewühlt hatte.

Mindestens vier Mal hatte sich die verbissene Mom, die wohl von ihren Teenagersöhnen mit in den Film gezogen worden war, mit einem vernichteten Blick zu uns umgedreht, sodass ich jedes Mal zusammengezuckt war. Doch Skylar hatte das erst bemerkt, als Sam sie endlich über meinen Schoß hinweg angetippt und sie darauf aufmerksam gemacht hatte. Nur mit einem stummen Blickaustausch im Dunkeln.

Schmollend, aber verständnisvoll, hatte Skylar die Tüte, welche sie jetzt wieder herausgekramt hatte, mit einem letzten provokanten Knistern in die Tasche geschoben. Meine beste Freundin war die einzige Person, die ich kannte, die Popcorn verabscheute. Aber das passte auch zu der Schwarzhaarigen, die vor zwei Jahren eigentlich noch strohblond gewesen war. Alles, was *Mainstream* war, war nicht ihr Ding. Was wiederum bedeutete, dass man sich glücklich schätzen konnte, *wenn* sie dann mal etwas mochte. Das war wie ein unausgesprochenes Kompliment. Weswegen ich auch immer wieder dankbar, wenn auch überrascht war, dass sie sich so gut mit meinem Freund verstand.

Und das, obwohl er erst vor ein paar Wochen überraschend aus dem Footballteam und somit aus der Schublade *zu cool für Skylar* ausgestiegen war. Ein Sinneswandel, den bis heute keiner verstand – nicht einmal ich. Als hätte er es für Skylar getan, damit sie auf einmal merkte, dass er doch gar nicht so *möchtegerncool* war. Was auf den frommen Sam nun überhaupt nicht zutraf. Er war keiner derjenigen, die eher allein über den Schulhof liefen – so wie Skylar und ich –, aber wirklich in das Beliebter-Sportler-Schema passte er auch nicht rein. Er hatte nun einmal einen verdammt guten Wurfarm. Weswegen – ich wiederhole mich – keiner verstand, weshalb er plötzlich aus dem Team ausstieg und somit die Chancen auf einen guten Rang der regionalen Footballliga deutlich schmälerte.

»Sagt mal«, fragte Skylar auf einmal zwischen dem Knistern ihrer Tüte und holte mich aus meinen Gedanken heraus, »dieser rothaarige Kerl am Schalter. Der ist neu, oder?«

Ich entsann mich kurz zurück, konnte mich aber nicht an das Gesicht des Kerls erinnern. Was vielleicht gerade dafür sprach. In einem Kaff, wie Winchester, in dem die Waldfläche größer als die Wohnfläche war, kannte man sich eigentlich.

»Kann schon sein«, antwortete ich für Sam, zuckte mit den Schultern und fuhr mir durch die dunklen, schulterlangen, feuchten Haare.

»Der hat einen gruseligen Blick drauf ...«, murmelte Skylar. Ich drehte mich in Richtung Sitzbank, um zu sehen, ob sie grinsend die Augenbrauen hob oder das Gesicht verzog. Doch sie starrte nur verträumt aus dem verregneten Fenster auf die verschwommenen Lichter der Straße. Dann drehte sie sich doch wieder zu uns, als wäre ihr etwas eingefallen. Ihre Frage galt zwar Sam, aber für einen kurzen Moment sah sie mich an: »Guckt der immer so oder hast du ihm was angetan, dass er dich so finster angesehen hat?« Sie grinste mich provokant an. Sie wusste, dass Sam jeglicher Konfrontation aus

dem Weg ging und nie jemanden einen Grund geben würde, auf ihn sauer zu sein.
»Ja, er ist neu hergezogen. Er heißt Brady, glaube ich«, antwortete Sam, ohne den Blick von der Straße zu nehmen. In seinen Brillengläsern spiegelte sich das Licht der Straßenlaternen, was ihn nachdenklich aussehen ließ. Als hätte er abwägen müssen, ob er den nächsten Satz wirklich aussprechen wollte. »Er hat mich ein, zwei Mal in der Schule doof angerempelt und meint jetzt wohl, ich hätte ihn auf dem Kieker. Er kennt seinen Platz wohl noch nicht zwischen den ganzen neu Hergezogenen in letzter Zeit.« Als hätte er es genau getimet, zuckte er mit den Schultern, als der Scheibenwischer knatternd den Regen von der Scheibe fegte. Wie oft hatte ich ihm schon sagen wollen, dass sein Jeep in die Reparatur musste. Aber eigentlich hatte ich keine Ahnung von Autos.
»Mann, dein Wagen hört sich schrecklich an. Den musst du echt mal durchchecken lassen. Was ist dieses Scheppern?«, sprach Skylar den Gedanken aus, der mir schon seit guten zwei Wochen im Kopf herumschwirrte, und ich bemerkte im Rückspiegel, wie sie Sam mit zusammengezogenen Augenbrauen ansah, mir aber kurz einen Blick zuwarf, als hätte sie mich stumm fragen wollen: *Das ist es doch, was du sagen wolltest, oder?*
»Ich weiß ... Ich glaub, es ist der Katalysator, aber ich bin mir nicht sicher.« Er streichelte über das Lenkrad seines alten Jeep Wranglers, der genauso alt sein musste, wie ich. »Die Zündkerzen funktionieren auch nicht mehr wirklich. Vielleicht wird es wirklich mal Zeit ...«

Nach Sams schwermütigem Seufzen wurde es so still im Wagen, dass nur noch das Prasseln des Spätwinterregens auf dem Dach und das subtile Rasseln des Katalysators ... oder der Zündkerzen ... die wenigen Sekunden füllten, bis mir das Schweigen zu sehr auf der Haut kribbelte.

»Wirklich seltsam, dass Leute wirklich herziehen«, griff ich das vorige Thema wieder auf, nachdem sich der Scheibenwischer wieder beruhigt hatte, »dass Leute aus Winchester rauswollen, weiß jeder. Aber *hierher*?«

Abgesehen von mir, die vor etwas mehr als sieben Jahren nach dem Unfall meines Dads aus George Town hergezogen war. Ich erinnere mich noch genau, wie verloren ich in den ersten Tagen in der Schule war, wo sich schon alle so lange kannten, dass eine neue Schülerin als missmutiger aufgenommen wurde als ein Kaninchen in einer Fuchsfamilie. Wie immer, wenn etwas Neues in Winchester passierte, hatten sich alle auf die Neuigkeit – mich – gestützt, aber auch ganz schnell wieder abgewandt, als sie merkten, dass die Rylee Jackson aus der Stadt, ein schüchternes, gebrochenes Mädchen war, das kaum sprach. Einzig Skylar hatte mich, von Anfang an, an die Hand genommen und mir das Gefühl gegeben, dass Dazugehören nicht wichtig war. Als meine Mutter sich mehr mit ihrer eigenen Trauerbewältigung beschäftigt hatte, als sich zu erkundigen, wie ihre Kinder mit dem frischen Verlust umging, war Skylars Familie, die sich darum gekümmert hatte, dass ich nach der Schule bei ihnen etwas zu essen bekam. Meine Familie gehörte zu den einzigen zehn, die in den letzten

sieben Jahren nach Winchester gekommen waren. Ansonsten führte der Weg normalerweise nur raus aus diesem Städtchen.
»Winchester kann schön sein ...«, murmelte mein Freund halbherzig, dass nur ich es hören konnte.
Mein Blick glitt zu Sam, von dem ich wusste, dass er nach seinem Abschluss erst mal ein Jahr im hiesigen Supermarkt jobben wollte, um Geld fürs College zu verdienen. Und wie jedes Mal, wenn es um dieses Thema ging und er diesen Satz von sich gab, um mir vorzugaukeln, dass er nicht nur wegen des Geldes blieb, kreuzten sich unsere Blicke kurz.
»Ich versteh's auch nicht«, murmelte Skylar von hinten, die Sam nicht gehört zu haben schien.
Niemand tut das, ging es mir durch den Kopf und ich hätte den Gedanken fast ausgeweitet, wenn ich nicht bemerkt hätte, dass Sams Blick einen Moment zu lang auf mir hing, statt auf der Straße. Ich konnte durch die Spiegelung seiner Brillengläser seine Augen nicht erkennen, doch seine Augenbrauen zuckten für einen Moment unruhig. Dann ging sein Blick auf die digitale Uhranzeige auf seinem verstaubten Armaturenbrett und ich meinte ihn Luft einsaugen zu hören, als hätte er die Ausgangssperre seiner Mutter schon längst überschritten. Seltsam. Ich wusste zwar, dass er sich mit seiner hoffnungslos überarbeiteten Mutter zum Großeinkauf verabredet hatte, aber seine chronische Unpünktlichkeit hatte er schließlich von ihr vererbt bekommen. Einige Momente lauschte ich der rauschenden Musik, die aus dem Radio kam, und beobachtete

meinen Freund aus dem Augenwinkel. Rastlos rutschte er auf seinem knarzenden Sitz hin und her. Dabei hatte ihn die Uhrzeit doch noch nie unter Druck gesetzt. Sehr seltsam.

Hinter mir zerknüllte Skylar knisternd ihre Tüte, als es plötzlich ganz still im Wagen wurde und das spottende Rasseln des Motors umso aufdringlicher bewies, dass irgendetwas wirklich nicht mit Sams geliebten Jeep stimmte.

»Habt ihr schon mal erlebt, dass der Regen so abrupt aufhört? Als hätte man eine Grenze überfahren.«

Unruhig fuhr er sich über sein stoppeliges Kinn und wirkte, als hätte er nur die Stille füllen wollen. Meine Hand bewegte sich zu dem Schaltknüppel, der von seiner Hand so umklammert wurde, dass die Knöchel weiß hervortraten. Doch statt sie besänftigend zu umfassen, streifte sie sie doch nur für einen kurzen Moment, bevor sich sie wieder in meinen Schoß versinken ließ.

Es war nicht das erste Mal, dass mir auffiel, wie unruhig er war. Schon vor ein paar Wochen hatte ich bemerkt, dass er nicht lang stillsitzen konnte, seinen Blick herumfliegen ließ, die Uhr nie aus den Augen gelassen hatte. Merkwürdig, wenn man bedenkt, dass mich gerade diese lockere Art an ihm, mich vor einem dreiviertel Jahr so fasziniert hatte. Diese Entspanntheit, die er selbst bei einem rasanten Footballspiel behielt. Diese unbrechbare Sicherheit, die er bei seinen Calls an seine Mitspieler in seiner Stimme mitschwang. Die Ruhe, die er selbst dann behielt, wenn er seinen Passempfänger suchte, während drei Zweihundertpfund-Schränke auf ihn zurannten.

»Klimawandel«, antwortete Skylar ihm zynisch.

Zum Glück kannten die beiden sich auch schon so lange, dass er wusste, dass man sie nicht immer ernst nehmen konnte.

»Gibt's nicht«, fügte ich leise hinzu und grinste in mich hinein, doch Skylar hatte es trotzdem gehört und vollendete den Witz: »Trump hat aus dem Fenster geschaut.«

Ich sah automatisch zu meinem Freund rüber. *Jetzt vesteh' ich, warum ihr beiden so unzertrennlich seid*, war seine typische Antwort. Oftmals mit einem übertriebenen Augenrollen. Woraufhin ich ihm für gewöhnlich antwortete *Nicht nur das*. Aber diesmal gab es keins von beidem. Stattdessen ging sein Blick erneut auf die Uhrzeit.

»Aber du bringst mich trotzdem noch nach Hause?«

Wieder lehnte sich Skylar nach vorn und sah Sam mit einem gespielten Hundeblick an, den er eh nicht registrierte, weil sein Blick starr der Straße vor uns galt.

»Nicht zur Kreuzung? Hast du etwa Angst im Dunkeln, oder was?«, neckte ich sie leise. Normalerweise war die große Kreuzung vor dem Wald der Knotenpunkt zwischen unseren beiden Häusern, von dem es nur noch zwei Blöcke zu ihrem Zuhause war.

»Pff.« Sie lehnte sich wieder zurück. »Angst.«

Im Augenwinkel sah ich sie mit den Schultern zucken und wollte mich erst zu ihr umsehen, doch mein Blick blieb an Sams Fingern hängen, die plötzlich nervös auf

dem Lenkrad herumklopften.
»Ich fahr dich nach Hause, Sky«, antwortete er ausdruckslos und drehte dann seinen Kopf zu mir. »Und dann dich, Rylee.«
»Ach was«, winkte ich ab, »es hat aufgehört zu regnen. Ich kann von Skylar aus laufen.« Ich musste ihm nicht erzählen, dass ich die frische Regenluft, die am Waldrand immer am besten roch, noch einmal einsaugen wollte, bevor es nach Hause ging. Er wusste, dass der Wald quasi mein zweites Zuhause war. Mein Rückzugsort. Mein Safespace.
Sein Blick wechselte von der Straße zu mir und wieder zur Straße. »Ich bring dich, Kleine«, sagte er mit Nachdruck und setzte ein müdes Lächeln auf. »Du kommst doch sonst noch zu spät.«
Ich nickte auf sein Armaturenbrett, um auf seinen hektischen Blick auf die Uhr anzuspielen. »Sonst lass mich, wie immer, an der Kreuzung am Wald raus, dann kann ich …«
»Nein!«
Huch? Erstaunt über seine ungewöhnliche Forschheit, verschlug es mir kurz das Wort. Selbst Skylar meinte ich kurz Luft einsaugen zu hören.
»Ich meine, ich bin ja eh auf dem Weg. Das sind fünf Minuten. Ich bring dich schon.« Wieder sah er mich an und sein Mund umspielte ein Lächeln, was ich ihm diesmal nicht abkaufen konnte.
»O… okay.«
»Oh, da hat jemand die Plakate in der Schule gesehen«, mutmaßte Skylar. »*Geht bei Dunkelheit in Gruppen.* Irgend

so'n Naturschützer soll im Wald *gefährliche* Tiere gesehen haben. Bären oder Coyoten. Oder Berglöwen. Die können sich noch nicht entscheiden, sagt mein Dad. Aber ich glaub, das ist eher Angstmacherei und so. Find ich natürlich voll übertrieben.«

Klar. Sam nickte neben mir und fuhr sich durch die feuchten Haare, was sie nun endlich wie gewohnt abstehen ließ. »Jap. Die Plakate. Egal, was es ist, man muss ja kein Risiko eingehen, oder?«

Ich seufzte, als mein Körper wie gewöhnt erschauderte. *Gefährliche Tiere. Im Wald.* Ich versuchte, die Reflexreaktion meines Körpers zu verdrängen und wischte mir die feuchten Handflächen an der Jeans ab. »Aber *mein* Wald ist doch sicher...«

Natürlich war es nicht *mein* Wald. Aber dadurch, dass ich meine halbe Kindheit dort verbracht hatte und genau wusste, auf welchen Baum ich als kleiner Stöpsel schon einmal geklettert war und auf welchen nicht, nahm es mir bisher keiner übel, wenn ich ihn so nannte. Jeder wusste, dass man mich dort finden könnte, wenn man es nicht in meinem Zimmer oder bei Skylar oder Sam tat. Nun wusste auch jeder, dass man mich nicht finden sollte, wäre ich in *meinem* Wald.

Hinter mir stieß Skylar schnippisch Luft aus. »Mich wird's nicht abhalten durch den Wald zu gehen. Da waren noch nie gefährlichere Tiere als Eichhörnchen. Hier rechts, übrigens.«

Keine halbe Minute kam Sams Jeep stotternd vor Skylars Haus zum Stehen, und wir verabschiedeten uns von meiner besten Freundin.

»Dein Auto muss echt in die Werkstatt«, bemerkte ich zaghaft lächelnd, als Sam mit einem weiteren flüchtigen Blick auf seine Uhr wieder anfuhr. Himmel, tat das gut, es endlich auch mal auszusprechen.
»Ich fürchte es auch ...«, seufzte er, »aber mir fehlt das Geld. In nächster Zeit werde ich wohl mehr laufen als fahren.«
»Oh nein! Bewegung!«, stöhnte ich theatralisch, doch bekam nicht mehr als ein müdes Lächeln von Sam.
»Sie lügt übrigens«, sagte er nur.
»Was?«
»Skylar. Sie *hat* Angst, aber das ist ihr wohl auch *zu cool*.«
Er sagte das mit einem halbherzigen Grinsen, damit es nicht wirkte, als machte er sich lustig über sie.
»Woher willst du das wissen?«
»Ich hab's ... ihr angesehen.« Er wandte den Kopf zu mir. »Und ich will dir nicht auch Angst einjagen, aber vor dem Wald solltest du dich in nächster Zeit wirklich etwas fernhalten. Jedenfalls nachts.«
Er bog in die Straße zu mir ein. Es war lächerlich, wie kurz wir von Skylars zu meinem Haus mit dem Auto brauchten. Es waren nur wenige Gehminuten, die hätte ich auch zu Fuß nehmen können.
Stirnrunzelnd sah ich ihn an und überlegte, wie ich auf seine Warnung reagieren sollte. Sam war kein Kerl von Überfürsorge, dass es mich wunderte, sollte er seine Bitte wirklich ernst meinen.
»Jaja, danke Daddy«, scherzte ich daher.
Er hielt vor unserer Einfahrt an und hob frech grinsend eine Augenbraue. »*Daddy* ...?«

Als ich bemerkte, wie er es aufgefasst hatte, zuckte ich zusammen und im nächsten Moment fand meine Handfläche klatschend seine Schulter. Eine Bewegung, über die ich nicht eine Sekunde nachgedacht hatte.
»Du bist unmöglich.« Dann beugte ich mich zu ihm hinüber über die Mittelkonsole und stahl mir einen Kuss. »Danke für's Bringen. Grüß mir deine Mom.«

Kapitel 3

Während die Sonne, vor meinem Fenster, den trüben Februarhimmel langsam in einen sanft orangenen Schleier hüllte, glitt die farbige Miene in meinen Fingern wie von selbst zwischen den dunklen Umrissen, die ich gestern erst gezogen hatte, umher. Drei Tage hatte ich an der Story des Comics gesessen, doch es hatte mich nur einen Abend gekostet, die groben Konturen der ersten paar Seiten auf das extra dickere Zeichenpapier zu bringen. Den Figuren Farbe zu verleihen, war mehr ein gedankenloses Dahinplätschern, während mich das neue Album von Imagine Dragons im Hintergrund begleitete. Ich blendete die Blicke, die meine alte, überneugierige Nachbarin mir durch ihr Fenster gelegentlich zuwarf, aus, gab mich völlig dem Gefühl hin, endlich mal die Zügel in der Hand zu haben. Hier konnte ich wenigstens die Szene nach meinem Belieben steuern, ohne mich im letzten Moment doch wieder zurückzuziehen, und mich darüber zu ärgern, doch wieder nicht den Mund aufgemacht zu haben. Hier war ich frei. Meine Gedanken waren so fern, dass ich das Klopfen fast überhört hätte.

»Ja?«, rief ich verzögert, als die Tür bereits knarrend geöffnet wurde. Noch ein letzter Schliff mit dem indigoblauen Stift, damit mich das unvollständige Shirt meiner Protagonistin nicht bis in meine Träume verfolgen würde, und dann drehte ich mich erst zu der Person um, die geklopft hatte. Doch da hatte sich Sam schon über meine Schulter gebeugt, dass ich japsend nach Luft schnappte.

»Ah, diesmal sind's Vampire?« Das Licht meiner Schreibtischlampe spiegelte sich in seinen Brillengläsern, dass ich das schelmische Glitzern in seinen haselnussbraunen Augen nicht erkennen konnte – aber ich wusste, dass es da war.

»Mach das ... nie wieder!« Theatralisch griff ich mir an die Brust. Wie konnte ein Kerl von der Körpergröße von fast zwei Metern nur so leichtfüßig unterwegs sein?

»Auch dir einen wunderschönen Abend, Kleine«, gab er sarkastisch von sich und drückte mir einen zärtlichen Kuss auf den Haaransatz, bevor er sich erneut über meine Schulter beugte und mein Werk der letzten Tage begutachtete.

Mein Blick blieb für einen Moment an den frisch rasierten Konturen seines Bartschattens hängen, der fast schon zu gepflegt aussah, wenn man sich seine wilde Frisur, die bald zu einem lockigen, dunklen Wald auf seinem Kopf werden würde, ansah. Obwohl ich ihn bald schon ein Jahr lang in meiner Nähe schätzen durfte, schloss ich noch heute für einen kurzen Moment die Augen und sog geräuschlos den Geruch seines Aftershaves auf, das die perfekte herbe Note zu seinem leicht erdigen Körpergeruch ergänzte, welcher mich immer an meinen liebsten Ort in diesem Kaff erinnerte: den Wald.

»Wow, das sieht wirklich megagut aus! Wie lange hast du an dem gesessen?«, fragte Sam und steckte sich die Hände in die Hosentaschen.

Ich drehte mich auf meinem Bürostuhl um und betrachtete die unvollendete Seite, die gerade davon handelte, dass die Protagonistin ihrem Freund gestand, ein Vampir zu sein.

»So vier, fünf Tage.«

»Sauber. Ich bin zwar nicht so der Twilight Fan, aber das sieht echt klasse aus!«, lobte er mich und schenkte mir ein provokantes Grinsen.

»Das ist kein Twilight. Die glitzern nicht«, ging ich auf seine neckische Provokation ein und verschränkte gespielt beleidigt die Arme vor der Brust. »Aber danke. Was führt meinen größten Fan heute zu mir? Hast du meine Nummer verlegt?«

Das ließ den großen Senior Year Schüler breiter grinsen und seine Hand schob mir liebevoll eine gelöste Strähne hinter mein Ohr. »Deine Nummer ist wie das letzte Jahr auf Schnellwahltaste. Aber ich dachte, ich hol das kleine Nachtschattengewächs mal aus ihrer Bude für einen Überraschungsspaziergang.«

Nachtschattengewächs. Seit meine Mutter mich ein Mal so vor ihm genannt hatte, bekam ich das Wort nicht mehr aus seinem Sprachgebrauch. Ich präferierte eindeutig den Begriff *Kellerkind*, auch wenn ich im ersten Stock wohnte. Aber wie konnte man ihm böse sein, wenn er seinen Kopf so neckisch schieflegte, dass es ihn fast lächerlich aussehen ließ. Ich seufzte.
»Du bist so ein …«
»Ja?«, unterbrach er mich provokant grinsend. Nie konnte er ernst bleiben und das gefiel mir so an ihm. Man sah ihm genau an, wie er sich daran erfreute, wenn andere die Augen seinetwegen verdrehten.
Dieses waghalsige Glitzern in seinen warmen Augen, das ich nun sehr wohl erkennen konnte …
»Ein wundervoller junger Mann«, antwortete ich affektiert und klimperte übertrieben mit den Wimpern. Jap, ich konnte gut verstehen, warum man uns sagte, dass wir gut zusammenpassten. Na ja, warum Gabe und Skylar das sagten. Andere bekamen für gewöhnlich nicht mit, dass ich etwas zu sagen hatte.
»Ich wusste, dass du das sagen würdest. Deswegen werde ich die Jahrbuchkategorie *Bester Schwiegersohn* auch haushoch gewinnen.«
»Wer's glaubt«, erwiderte ich, musste aber nicht bestätigen, dass er eigentlich recht hatte. Meine Mutter würde ihm sofort glauben, wenn er ihr sagte, dass er mich zu einem Vollmondspaziergang mitnehmen würde, stattdessen aber mit mir zu einer Collegeparty ausführte. Und das, obwohl sie jeden Schritt ihrer beiden Kinder am liebsten auf ihrem Handy verfolgen würde.

»Also Romeo, was hast du Schönes geplant?«
Er runzelte die Stirn, verlor sein schiefes Grinsen aber nicht. »Romeo war kein guter Schwiegersohn. Seinetwegen haben Julias Eltern ihre Tochter verloren.«
Wie gesagt, nie konnte er ernst bleiben.
»Witzig. Also?«
»Sagte ich doch. Ich wollte dich auf einen Überraschungsspaziergang zum Sonnenuntergang abholen« Er befreite eine Hand aus seiner Hosentasche, hielt sie mir wie bei einer Aufforderung zum Tanz hin.
Ich betrachtete seine große Hand vor meinen Augen.
»Uff, kitschig und altmodisch!« Dann ergriff ich sie, genoss, wie sich seine Finger perfekt eingespielt um meine schlossen, und ließ mir von meinem Bürostuhl aufhelfen. »Gefällt mir.«
»Tja, ich dachte, weil ich die nächsten Abende beschäftigt sein werde, sollten wir diesen heutigen noch mal ausnutzen.« Er beugte sich zu mir herunter und gab mir einen Kuss, der süß und scharf zugleich auf meinen Lippen zurückblieb, als hätte er vor Aufregung auf dem Weg hierher noch schnell drei Kaugummi durchgekaut.
»Gehen wir an *unseren* Platz?«, schlug ich vor. Es war kein unsagbar besonderer Ort, nur eine Bank im Wald neben einer verwitterten Brücke. Aber im Laufe unserer Beziehung hatte es sich zu einem Rückzugsort von uns beiden entwickelt. Ein Ort, an dem wir beide zusammen unsere Ruhe haben konnten.
Doch Sams Augenbrauen zuckten kurz, als wäre er nicht mehr dieser Meinung. »Nein, nicht in den Wald. Ich dachte mehr an den Fluss am anderen Ende der

Stadt. Ein paar Meilen wird mein Jeep wohl noch laufen.«

Nachdenklich betrachtete ich seine versteiften Gesichtszüge. Es ging doch wohl nicht wieder darum, dass der Wald nachts gefährlich wurde, oder doch? Seit ich denken konnte, hatte ich dort tagein, tagaus Verstecke aus Ästen gebastelt, deren Überbleibsel noch heute zu sehen waren, hatte mir Geschichten zu Steinvorsprüngen ausgedacht, war auf die Hälfte der Bäume geklettert, die in dem kleinen Waldgebiet standen, welches eine breite Landstraße von dem riesigen Rest Forst trennte, den sonst niemand betrat. Und jetzt sollte selbst der kleinere Teil von Winchesters Wäldern nicht mehr zugänglich sein?

Geräuschlos seufzte ich.

»Klingt gut«, log ich. »Weswegen bist du die nächsten Abende noch mal nicht frei?«

Sams Lippen öffneten sich kurz und verzogen sich dann zu einem Lächeln. »Gabe und ich starten morgen einen X-Men-Marathon und ab Montag beginnt die Lerngruppe für die Abschlussprüfungen.«

Abschlussprüfungen. Dieses Wort hatte schon immer einen bitteren Beigeschmack in unserer Beziehung.

Jedenfalls für mich. Denn es erinnerte mich daran, dass uns noch ein Gespräch über unsere gemeinsame Zukunft bevorstand.

»X-Men, hm? Dabei sind auf Netflix gerade fast alle Avengersfilme verfügbar. Das würde ich vielmehr ausnutzen«, sagte ich stattdessen mit einem gespielt vorwurfsvollem Blick.

»Gibt Schlimmeres, Ry.« Lachend tätschelte Sam mir den Kopf und führte mich aus meinem Zimmer auf unseren letzten unbeschwerten Dämmerungsspaziergang. Er sollte Recht behalten, es gab tatsächlich Schlimmeres, wie sich in den nächsten Tagen herausstellen sollte.

Kapitel 4

Als ich am Samstag durch den Wald zum Walmart ging, um mich dort mit Skylar zu treffen, ließ ich meine Gedanken kreisen.

Winchester grenzte direkt an ein riesiges Waldresort, welches sogar noch halb in unser kleines Städtchen ragte und den nordwestlichen und südwestlichen Teil voneinander trennte.

Skylar und ich wohnten im nördlichen Teil und mussten entweder den Weg durch den städtischen Wald nehmen, welcher von einer bewachsenen Landstraße vom großflächigen Naturschutzgebiet abgetrennt wurde, oder einen Umweg von gut fünfzehn Minuten mit dem Auto in Kauf nehmen. Doch keiner von uns besaß ein Auto, und dadurch, dass sich meine kontrollsüchtige Mom mir jedes Mal in den Weg stellte, wenn ich mir ihren Wagen leihen wollte, würde ich bis nach dem College

nicht einmal selbst hinter einem Steuer sitzen. Als hätte sie noch immer Angst, dass ich mich mit ihr streiten, dann davonfahren und verschollen gehen könnte ...
Sam wohnte im Südwesten, nah unserer High School. Leicht erreichbar zu Fuß oder mit dem Fahrrad, wenn man den Waldweg nahm – aber wenn mir jetzt ständig untersagt wurde, an den Ort zu gehen, an dem ich bestimmte Bäume schneller fand als einzelne Straßen im Ort? Schon immer war das hier der Ort gewesen, an dem ich mich für einen Spaziergang zurückgezogen hatte, um einen klaren Kopf zu bekommen. Egal ob bei Tag oder Nacht. Schon immer war das hier der Ort gewesen, an dem ich nicht von unserer Nachbarin Mrs. Hudson durch ihr Fenster beobachtet wurde, an dem ich nicht von den lauten Technobässen meines Bruders genervt wurde, an dem ich nicht von meiner Mutter gestört wurde, die seit dem Tod meines Vaters vor sieben Jahren immer wieder kontrollieren musste, ob alle Schäfchen noch da waren und sie nicht verlassen hatten. Ich erinnerte mich nur noch dumpf an die Zeit, in der mein Vater noch da war, aber seit meine Eltern im Streit auseinandergegangen und mein Dad auf dem Weg nach Willow Creek und bei einem Wildunfall ums Leben kam, musste meine Mom ständig ein Auge auf alles und jeden haben.
Dass Sam unangekündigt in meinem Zimmer auftreten konnte, ohne, dass meine Mutter seine Ankunft anmoderieren musste, war ein Privileg, das er erst seit zwei Monaten genoss, seit sie wusste, dass wir ein Paar waren. Zwar hatte sie das ein gutes halbes Jahr zu spät

mitbekommen, aber ich konnte mich glücklich schätzen, dass sie es überhaupt wusste. Für einen Kontrollfreak interessierte sie sich seltsam wenig für das eigentliche Leben ihrer Kinder. Noch heute versuchte ich, mich daran zu erinnern, ob das vor Dads Tod auch schon so war. Aber ich wusste es nicht mehr. Da waren nur noch die Erinnerung, dass sie uns mit unserer Trauer allein gelassen hatte, während sie wiederum die Hilfe eines Seelenklempners aufsuchte, ohne uns davon zu erzählen. Aber in dieser Stadt blieb kein Geheimnis lange verhüllt. Und anscheinend hatte sie nach zweieinhalb Jahren das Gefühl gehabt, das gesamte Leben von meinem Bruder und mir verpasst zu haben.

All diese Gedanken konnte ich zwischen dem Rauschen der Blätter und dem Knacken der Äste vergessen, als wäre es eine Welt, in der meine Alltagsprobleme keine Rolle spielen würden. So, wie er es in den drei harten Jahren nach unserem Umzug in dieses Kaff auch getan hatte.

Kopfschüttelnd rieb ich meine feuchten Handflächen an meiner Hose ab, die dennoch anfingen zu schwitzen, obwohl ich mich mit dem Gedanken an meine kontrollsüchtige Mom hatte ablenken wollen.

Der Gedanke an den tödlichen Unfall meines Vaters, von dem bis heute keiner sagen konnte, wie er passiert war, jagte mir bis heute noch Schauer über den Rücken. Es wurde von einem Bärenangriff ausgegangen. Das ließ das Metallwrack und die tiefen Kratzer damals jedenfalls vermuten. Ob dem so wirklich war, konnte keiner bestätigen, dazu hatte niemand gesehen, was von meinem Vater übriggeblieben war. Er war nie gefunden worden.

Ich erschauderte erneut und versuchte meine Gedanken endlich weg von dem Thema zu lenken.

Würde ich jetzt nicht auf der Straße durch den Wald laufen, sondern zwischen den Bäumen verschwinden, hätte ich womöglich weniger Schwierigkeiten, mich zu beruhigen. Doch seitdem der Aufruhr in der Stadt lauter geworden war, suchten mich die Gedanken an meinen Vater öfter heim. Als schüttelten die Geschehnisse nicht nur die Sorge der Bewohner frei, sondern auch den Ort in meinem Kopf, an dem die Erinnerungen an die neunjährige Rylee vergraben lagen. An den Bärenangriff.

Ein Bärenangriff im Wald. Ein Grund, warum ich mich eigentlich von dem bäumegesäumten Ort fernhalten sollte. Doch im Gegenteil. Obwohl ich mir nicht einmal den Film Bärenbrüder ansehen konnte, ohne, dass sich meine Kehle von selbst zuschnürte, konnte mich keiner vom Wald fernhalten. Hier hatte es noch nie Bären oder irgendwelche anderen gefährlichen Tiere gegeben.

Hoffentlich hörten die Gerüchte um die Gefahr in diesem friedlichen Ort bald auf.

Vor dem Walmart wartete Skylar schon ungeduldig hin und her wandernd auf mich.

»Fünf Uhr!«, rief sie mir von weitem zu, um mich auf meine Verspätung hinzuweisen. Das Orange der sich ankündigen Dämmerung verlieh ihrem pechschwarzen Haar einen punkigen Farbschimmer.

Ja, vielleicht hatte ich etwas getrödelt auf dem Weg.

Vielleicht hatten mich meine Gedanken etwas von der Zeit abgelenkt.

»Sieben nach fünf!«, ließ ich sie und den halben Parkplatz nach einem Blick auf mein Handy wissen und merkte erst, wie laut ich gewesen war, als sich zwei Paare und eine gesamte Familie zu mir umdrehte und konnte nicht anders, als zusammenzuzucken. Mit eingezogenem Kopf hob ich entschuldigend die Hände. Manchmal vergaß ich, wie ich auf andere wirken könnte, wenn Skylar dabei war.

Keine viertel Stunde später kamen wir mit Tüten voller Chips, Popcorn und Softgetränken aus dem Supermarkt und nahmen selbstverständlich unseren gewohnten Weg durch den Wald zurück.

Sams und Gabes X-Men-Abend hatte uns dazu motiviert, dasselbe in klein mit den Avegersfilmen zu tun. Es sollte ein entspannter Abend werden, gespickt mit Action, gutaussehenden Superhelden und dem einen oder anderen mädchenhaften Kommentar, dem man Skylar bei Zeiten mal entlocken konnte. Aber für *entspannt* war Skylar wohl noch nicht bereit, denn sie lief mir quasi vor der Nase weg. Also ließ ich mich extra zurückfallen, damit sie nach kurzer Zeit bemerkte, dass ich nicht mehr neben ihr herrannte ... ich meine, ging. Verdutzt drehte sie sich nach einigen Schritten zu mir um, lief aber weiterhin rückwärts in unsere Zielrichtung. »Kommst du, Rylee?«

»Hast du's so eilig, zu beginnen?«

Skylar ließ ihre Stirn nach vorn sacken und warf mir damit einen provokanten Blick zu. »Haha, Witzbold.«

Ungeduldig ließ sie ihre Boots über den Asphalt scharren und mich wieder aufschließen.
»Nein, im Ernst: Warum rennst du so?«, wollte ich wissen.
»Krieg dich mal ein. Ich renne doch nicht. Ich ...« Ihr Blick zu den letzten Sonnenstrahlen, die sich durch die hohen Kiefern kämpften, sich aber in Sträuchern verhedderten. »Vielleicht sollten wir vor Sonnenuntergang zuhause sein.«
Ich zwang mich, nicht zu aufzustöhnen. Hoffentlich meinte sie das nicht ernst.
»Das wird nicht der letzte sein, den du sehen wirst.« Neckisch stieß ich sie mit der Schulter an, dass sie die knisternde Tüte in ihren Armen nachfassen musste, und grinste. Doch das Grinsen wischte mir ihr Gesichtsausdruck schnell wieder aus dem Gesicht. Skylar und ich waren selten ernst miteinander. Meine Spitze musste einen Nerv getroffen haben, wenn sie meine Worte nicht als Scherz verstand.
Resigniert seufzte ich. »Wieso? Was hast du denn nun wieder gehört?«
Als ich ihr genau in die Augen sah, spürte ich, wie sich meine Nackenhaare alarmierend aufstellten. Zum ersten Mal seit Langem sah ich etwas in ihren schwarz umrahmten, grünen Katzenaugen aufblitzen, das nicht neckisch war. Ich musste an Sams Worte zurückdenken. *Sie lügt. Sie hat Angst.*
»Du weißt doch, mein Dad arbeitet als Cop beim Police Office ...« Sie versuchte wohl, einen lockeren Plauderton anzuschlagen, doch irgendwas in ihrer Stimme zit-

terte, dass sie sich räuspern musste und aus dem Grund kurz verärgert dreinschaute. Oh ja, leider konnte ich ihr die Angst genau ansehen und es gefiel mir genauso wenig, wie ihr. Ich fragte mich, was sie mir nun erzählen wollte, wenn sie es so einleitete. Wir kannten uns seit der Junior High und ich hatte ihren Dad schon bei unzähligen Abendessen unerlaubt von der Arbeit erzählen hören.

Nach einem weiteren Räuspern zupfte sie an ihrem abgewrackten Parker, der perfekt zu ihren alten Boots passte. »Na ja, vielleicht hatte dieser Naturschutz-Kerl nicht unrecht mit seiner Warnung, nicht bei Nacht durch den Wald zu gehen. Seit ein paar Wochen traten vermehrt Wildunfälle auf. Nicht schlimm. Passiert halt. Natur und so. Rehe gibt's genug. Aber ...« Sie stockte und ich hätte sie dafür packen und rütteln können, an so einem Punkt zu pausieren. Trotzdem blieb ich ruhig und gab ihr die Atempause, um ihre bröckelnde Coolness wieder aufzufrischen.

»Na ja, mittlerweile sind's halt auch Menschen«, fügte sie knapp hinzu, als ginge es nur darum, dass nicht nur Rehe, sondern nun auch Bären attackiert wurden.

Aber ... Menschen?

Obwohl mir meine Finger sich raschelnd um die Tüten schlossen und mir klar war, dass ich eigentlich gar nichts über Vorfälle in *meinem* Wald hören wollte, siegte trotzdem meine Neugierde.

»Was genau meinst du?«, wollte ich wissen und mochte es gar nicht, dass meine Stimme so fad klang. Meine Handflächen klebten klamm an dem Papier der Tüten.

»Es war wohl ein Wildunfall. Aber so wirklich sicher sind sich die Officer nicht ...«

»Na ja ... es wurde halt jemand angegriffen. Schwer verletzt. Beim Spaziergang mit seinem Hund. Der Hund hat's nicht gepackt, er schon.« Skylar räusperte sich leise.

Angegriffen. Beim Spaziergang. Nicht im Auto.

Warum sah ich dann trotzdem das Wrack eines Jeep Wranglers vor meinen Augen?

Stopp, mein Vater hatte keinen Wrangler gefahren. Das Herzrasen kam nicht von den Erinnerungen an seinen Unfall. Vor meinen Augen tauchte Sam auf. Ob er auch davon wusste? Ob er mich deswegen nicht an unseren Platz an der Brücke hatte gehen lassen wollen?

Innerlich schüttelte ich den Kopf. Ob ich mich selbst beschwichtigen oder einfach nur die Bilder aus meinem Kopf verjagen wollte, wusste ich nicht genau.

Unbemerkt war mein verschwommener Blick auf meine dreckigen Schuhspitzen gewandert und richtete sich erst wieder auf, als Skylar meinen Namen rief.

»Passiert halt«, tat sie mild lächelnd ab, »aber man muss es ja nicht provozieren, oder?«

Sie spielte zwar cool, aber wenn ich sie so betrachtete, wurde mir klar, dass Sam schon Recht gehabt hatte mit seinen Beobachtungen. Ihr Kommentar war eine Spur zu schnell über ihre dunkel bemalten Lippen gekommen.

Mein Blick fing ein paar im Sonnenlicht glitzernde Tröpfchen ein, die ein Vogel bei seinem Absprung von einem Ast durch die Luft schleuderte.

Ich spürte, wie ich gedankenverloren auf meiner Unterlippe herumkaute. Eine schlechte Angewohnheit, die sie mir immer wieder aufreißen ließ. Es war wohl besser, nicht weiterzufragen, weil es Skykar anscheinend auch nicht gerade gefiel, darüber zu sprechen. Skylar! Das Mädchen, das alle drei *ES*-Filme mitsprechen konnte. Aber anderseits konnte ich auch nicht mit dem Gedanken leben, nicht zu wissen, was wirklich in unseren Wäldern passierte.

»Wer war's?«

»*Wer*? Du glaubst, es war ein Mensch, der hier nachts mit einer …«

»Nein, ich meine den Kerl mit seinem Hund. Kennt man ihn?« Ich wusste nicht, warum ich nach dem Opfer und nicht nach dem Täter fragte. Es würde das beklemmende Gefühl in meiner Kehle nicht lindern. Mein Wald war ein Tatort.

»Jemand namens Topper. Milo Topper? Mino, Matthew vielleicht? Noch nie von ihm gehört … Er soll aus Georgetown hergezogen sein, liegt dort nun aber auf der Intensiv. Weit hat er's nicht geschafft.«

Im Augenwinkel sah ich Skylar bitter lächeln. Nicht jeder konnte mit ihrem zynischen Humor umgehen. Gut, dass ich mich in den letzten Jahren gut daran gewöhnt hatte und wusste, dass man ihre Kommentare nicht mit Kaltherzigkeit verwechseln durfte.

»Nicht wirklich«, murmelte ich zustimmend.

Georgetown, wo ich geboren wurde, war die nächstgrößere Stadt in der Umgebung. Es kam vor, dass andere Leute außer uns sich entschieden, das Stadtleben hinter sich zu lassen, und sich an dem öden Vorstadtlifestyle zu versuchen, der langsam anfing, nicht mehr allzu öde zu sein. Dass er nun wieder in seiner alten Heimatstadt lag, bescherte mir ein Schaudern. Winchester besaß zwar ein Krankenhaus, aber für schwere Fälle war es nicht ausgestattet.

»Und es soll ein Tier gewesen sein?«, hakte ich nach.

»Komisch, dass sowas in den letzten ... sieben Jahren nie passiert ist.« *Sonst wäre ich wohl auch schon einmal in Georgetown gewesen*, fügte ich stumm hinzu, verkniff mir aber den Kommentar. Gäbe es gefährliche Tiere in Winchester, hätte mich meine Mutter nach Dads Unfall wohl nie in den Wald gelassen. Denn genau das war der Grund, warum sie uns in dieses Kaff gezogen hatte.

»Das will mir mein Dad nicht sagen. Polizeigeheimnis und so. Aber ich glaube, es ist eher, weil die Polizei es selbst nicht so genau weiß. Du weißt ja, wie gesprächig Dad am Tisch ist«, antwortete Skylar gefasst.

Ja, ich erinnerte mich nur zu gut daran, dass ihm ein vereitelter Einbruch im Liquorstore nicht unangenehm zu erzählen war. Es hatte ihn nicht wirklich gestört, dass ich damals mit am Essenstisch gesessen hatte. Aber einen gewissen Alan Blueman hätte es sicher gestört, wer alles von seinem dummen Plan erfahren hatte.

»Was hat dir dein Dad noch so darüber erzählt?«, fragte ich weiter, was meine Gänsehaut nicht unbedingt linderte. Warum tat ich das? Um mich zu vergewissern, dass nicht wieder nachts ein zerstörter Wrangler – nein, ein Ford Pick Up! – ein zerstörter Ford Pick Up, wie ihn mein Vater gefahren hatte, auf der Landstraße gefun-

den wurde?
»Nichts …« Skylar zuckte mit den Schultern, »er verbietet mir nur ständig, durch den Wald zu gehen.«
So wie Sam, ging es mir durch den Kopf.
»Aber es passiert halt auch nur nachts, nicht tagsüber«, fuhr Skylar fort. Dann sah sie mich mit dem gewohnten Glitzern in ihren Augen an, was mich bereits innerlich darauf vorbereitete, dass ihre makabere Seite gleich wieder aufblitzen würde. Dennoch entging mir nicht, dass sie ihre Schritte wieder vergrößerte. »Es bleibt aber wohl recht viel von den Tieren übrig. Haut, Knochen, selbst die Organe – nur das Fleisch wurde säuberlich abgeknabbert.«
Angewidert verzog ich das Gesicht. »Willst du mir jetzt damit Angst machen, oder was?« Allerdings konnte ich nicht anders, als erleichtert Luft auszustoßen. Wenigstens verschwand keiner völlig von der Bildfläche.
»Nein, ich find das nur spannend.« *Natürlich tust du das, was auch sonst.* »Da ist jemand sehr wählerisch.«
»Und wie soll dieser Topper dann überlebt haben, wenn den anderen Tieren das gesamte Fleisch fehlt?« Warum hatte ich das gefragt? Meine Arme drückten trotz erster Erleichterung die Tüte näher an meine Brust und meine Kehle schnürte sich zu.
Ja, mein erster Gedanke, der sich wie ein Parasit an meinen schwitzigen Rücken geklammert hatte, fiel langsam wie eine vollgesaugte Zecke von mir ab, aber wirklich beruhigt war ich nicht. Meine Gedanken glitten zu Sam und was ich tun würde, wäre er an Toppers Stelle gewesen. Oder meine Mutter – oder Skylar!

Verdammt, jetzt hatte sie mir doch mit ihrer Geschichte Bammel in mein Hirn gepflanzt!
»Gute Frage.« Skylars Blick ging nachdenklich in den Himmel. »Er hatte wohl Glück, dass er seinen Hund dabeigehabt hatte. Ist sicherlich einen heldenhaften Tod gestorben.«
»Sicherlich«, wiederholte ich murmelnd. Das klang nicht real – es klang wie eine erfundene Horrorgeschichte. In unserem Kaff! In *meinem* Wald! »Aber ...«, ich räusperte mich, meine Stimme versagte, »... dann müsste der Tierschutz oder sonst was doch schon mal was gefunden haben. Oder nicht?«
»Nicht unbedingt.« Skylar schüttelte den Kopf.
»Aber sag mal, wieso wusstest du davon nichts? Es stand doch dick und fett in der Zeitung.«
Mir entfuhr ein Lachen. Ein sarkastisches, aber ein richtiges Lachen. »Zeitung ... wie alt bin ich denn?«
»Wo du recht hast ...« Ein leichtes Glucksen schwang in Skylars Stimme, aber wirklich heiter klang sie dennoch nicht. Sie sah mich mit ernster Miene von der Seite an. »Fakt ist, dass ich nicht um meine Wald-Abkürzung bringen lasse, nur weil hier irgendwas – oder irgendwer – seine Wut auslassen muss. Wenn nicht in ein paar Tagen wieder alles normal ist ...«
Sie sprach den Satz nicht weiter, er verlor sich in einem Grummeln in der Ferne. Ihr beiläufig zustimmend, drehte ich mich in die Richtung, aus der wir gekommen waren und schielte in den dunkel behangenen Himmel. Ein kühler Windstoß ließ nicht nur die Kiefernadeln rascheln und irgendwo einen Ast knackend zu Boden

rauschen, sondern wirbelte mir auch die schulterlangen Haare ins Gesicht.

»Vielleicht sollten wir wirklich vor Sonnenuntergang zuhause sein, wenn wir nicht noch schneller rennen wollen.« Wieder stieß ich sie mit der Schulter an. Diesmal war ihr einziger Kommentar ein ausschnaubendes Lachen.

»Wir brauchen einen Angriffsplan, Stark!«
Skylar griff raschelnd in ihre Nusstüte. Ihre Obsession mit Studentenfutter war einzigartig.
»Ich habe einen Plan: Angriff«, antwortete Tonys Stimme aus Skylars Fernseher.
»Sag mal, das kann doch so nicht weitergehen!« Verwundert sah ich von dem Geschehen auf dem Bildschirm auf und lenkte meinen Blick zu Skylars Zimmertür, als könnte ich durch das *My Chemical Romance* Poster durchschauen.
»Das geht schon seit gestern so«, mampfte Skylar unbeeindruckt und tastete nach ihren vier silbernen Ohrsteckern am rechten Ohr, als müsste sie prüfen, dass sie alle noch da waren.
»Was soll ich denn machen?«, brüllte eine Männerstimme zurück. Das war unverkennbar derselbe Mann, der letzte Woche noch stolz am Esstisch von seinem Erfolg mit dem Graffiti-Rowdi erzählt hatte.
Wie spannend das Polizistendasein in einem langweili-

gen Vorort sein musste …!
»Ihr seid die Polizei! Irgendwas müsst ihr doch machen …!«
Mein Blick flog wieder zu Skylar, um ihre Reaktion zu dem Streit vor ihrer Tür zu sehen. Ihre Augenbrauen waren genervt in die Höhe gezogen, ihre Lippen geschürzt. Doch ihre Aufmerksamkeit hing nicht mehr an dem Film vor uns, sondern wanderte über die posterbehangene Wand hinter dem Fernseher. Von *Supernatural* über *ES* bis hin zu *Pierce The Veil* war alles dabei. Kaum zu glauben, dass vor zwei Jahren die grinsenden Gesichter von *One Direction* den dunkel gekleideten, grimmig dreinschauenden Tätowierten und Geschichten über Tod und Unheil gewichen waren.
»Das ist aber nicht so, wie du es in deinen Filmen immer siehst! Das ist nicht nur so … auf Leute schießen, wenn sie eine Bank ausrauben. Oder nur Spurensuche. Es gibt auch Papierkram!« So hatte Mr. Miller es uns bis jetzt aber nicht verkauft – jedenfalls mir nicht. Glaubte man seinen Erzählungen, war es *ganz genau* wie in den Filmen.
Ich brauchte Skylar nicht fragen, worüber sie sich lauthals stritten. Ihr leerer Blick sprach Bände – und die ausschlagend piepsige Stimme ihrer Mutter, die sogar das Kampfgeschrei aus Skylars Boxen übertönte, auch.
»Einfach nicht hinhören«, stöhnte meine beste Freundin neben mir.
»Ach ja?« Da war Mrs. Millers Kieksen schon wieder. »Löst Papierkram in dem Fall das Problem?«
»Nein, aber …«

»Da hast du es! Dann tu doch etwas!«
Unbehaglich rutschte ich auf ihrem abgewetzten Sofa herum. »Ist nicht so leicht«, kommentierte ich.
»Was soll ich denn deiner Meinung nach tun? Ich bin auf meine Vorgesetzte angewiesen.« Die Stimme von Skylars Dad wurde nicht nur lauter, sondern zitterte mittlerweile vor Wut. Ich konnte mir genau vorstellen, wie rot sein Gesicht gerade anlief. Aber er wollte ja nicht einsehen, dass er ganz sicher an Bluthochdruck litt.
»Nicht deinen Bauch mit Donuts vollschlagen und auf deinem, ach so bequemem Bürostuhl rumrollen!«, schrie Mrs. Miller. Jap, genau so sah er auch aus.
»Weißt du überhaupt, was man als Polizist macht?!«
Ich versuchte, nicht in Gedanken zu antworten, aber ich konnte die Stimme in meinem Kopf nicht aufhalten: *Also nach dem, wovon du immer prahlen musst …*
»Anscheinend ja … nicht so viel!« *Amen.* »Denk doch mal an die Leute, die hier leben!«
Wieder ein Stöhnen von Skylar. Sie griff nach ihrer Fernbedienung und steuerte die Lautstärke herauf, um das Gebrüll ihrer Eltern zu übertönen. Aber selbst ihre Boxen kamen gegen den Streit nicht an.
»Wir haben weitaus mehr Fälle, als so diesen! Und auch du hast hier nicht so viel zu machen!«, konterte Mr. Miller wütend.
Ich sog angespannt die Luft um mich herum ein. *Das hat er jetzt nicht gesagt.* Mein Blick auf Syklar bestätigte, dass sie das Gleiche dachte. Allerdings schob meine beste Freundin sich gerade grinsend eine weitere Nuss

zwischen die Zähne. Als genoss sie das Real-Life-Kino vor ihrer Tür mehr als den Film. »Heute Nacht schläft er auf dem Sofa«, kommentierte sie mampfend.

Ich öffnete den Mund, um ihr zu antworten, dass ich es an ihrer Stelle nicht so witzig finden würde, zögerte aber einen Moment zu lang, als ich beobachtete, wie Skylar stumm einen Silberring nach dem anderen an ihren Fingern drehte, und kam dann erst gar nicht dazu, meinen Senf dazuzugeben.

»Ach, ist das so?« Mrs. Miller schnaubte. »Wer macht das Essen? Wer macht die Wäsche? Wer lernt mit den Kindern? Wer deckt den Tisch? Wer achtet darauf, dass du was zu essen bei der *Arbeit* hast?«

»Auf einmal ist das wieder so viel – oder was? Du kannst dich auch nie entscheiden!«

Ich wünschte, Skylar würde den Fernseher noch lauter drehen, aber ich wusste auch, dass selbst das dieses unangenehme Streitgespräch nicht übertönen würde.

»Ist es nicht Zeit für dich zur Nachtschicht zu gehen? Zu einem Mitternachtsdonut und Abendnickerchen? Hm?«

Das war deutlich. Ein Glück schien das Gespräch sich dem Ende zuzuneigen.

»Ich …« Pause. »Wir bekommen den Kerl, versprochen.« Das war nun wieder so leise, dass ich mich anstrengen musste, Mr. Miller zu verstehen. Den Kerl.

Ich erschauderte. Also ging die Polizei doch davon aus, dass es kein Tier war. Kein … Bär, sondern ein Verrückter? In unseren Wäldern?

Leises Gemurmel drang durch Skylars Tür, was das viel

zu laute Filmgeschehen nun doch fast gänzlich verschluckte.

»Keine Sorge. Sie hat einfach nur Angst«, versuchte Skylar die Situation herunterzuspielen. »Sobald er mit Blumen ankommt, fällt sie ihm wieder um den Hals.« Sie verzog das Gesicht, als kostete es sie viel Kraft nicht auch noch *ekelhaft, sowas!* hinzuzufügen und griff stattdessen wieder in ihre Nusstüte. Dann galt ihre Aufmerksamkeit wieder dem Kampf der Avengers und ich versuchte, es ihr gleichzutun. Doch Mr. Millers Versprechen hing mir selbst noch auf dem Heimweg im Ohr.

Kapitel 5

»Ms. Jackson!«
Auf der Suche nach Skylar, um sie zu fragen, ob sie heute den Bus nach Hause oder mit mir den Fußweg nehmen wollte, blieb ich inmitten der Schülerschaft stehen. Kurz nach dem Klingeln zu Schulschluss war der Flur wie ein Wespenstock – dass man lebend rauskam und einander dabei auch noch wiederfand, war ein Glücksspiel. Daher passte es mir wenig, mich jetzt zu meinem Sportlehrer umzudrehen.
»Ja?« Ich sah dem hochgewachsenen, muskulösen Kerl, der nicht älter als dreißig sein konnte, in die wachen Augen. Durch sein junges Alter hatte er viel zu viel Motivation, aus der Zukunft seiner Schüler etwas zu machen. Klasse für sportverrückte Jungs und Mädels, aber selbst in mir hatte er versucht, sportliches Talent zu finden. Es hatte gute zwei Jahre gebraucht, um ihn

davon zu überzeugen, dass meine Zukunft nicht im Sport, sondern höchstens im Zeichnen lag. Aber anscheinend bedarf es eines weiteren Gesprächs. Mir wurde jetzt schon heiß bei dem Gedanken, mich herausreden zu müssen. *Mr. Tucker, es liegt nicht an Ihnen, sondern an mir! Wirklich, meine Mutter hat schon immer gesagt, dass ich …*
»Ihr Freund hat sich noch nicht bei mir bezüglich des Stipendiums gemeldet. Die Deadline ist morgen. Er weiß Bescheid, oder?«
Ich blinzelte verdutzt drein und stieß die Luft aus, von der ich nicht gemerkt hatte, sie angehalten zu haben. Erleichtert, dass es diesmal nicht darum ging, mir auf Zwang eine Sportart aufzudrücken, in der ich höchstens mittelmäßig war, wunderte ich mich dennoch, dass er mich deswegen ansprach. Jetzt musste ich ihm nicht nur beibringen, dass ich mich nicht für Sport interessierte, sondern auch Sam keine Lust mehr hatte, seine Footballkarriere zu verfolgen, obwohl er ganz offenkundig mehr Talent im Umgang mit Ballsportarten hatte als ich.
»Er ist heute zuhause geblieben. Es geht ihm nicht gut«, antwortete ich ausweichend und knetete meine Finger. *Wie in den letzten Monaten immer wieder.*
»Ja doch, das weiß ich. Aber morgen ist der letzte Termin. Sie haben nicht zufällig mit ihm über sein Vorhaben geredet?«
Doch, unzählige Male. Und jedes Mal hatte er beteuert, dass er lieber ein Jahr im Supermarkt arbeiten wollen würde. Dennoch schüttelte ich den Kopf und unter-

drückte ein Seufzen.

Mr. Tucker konnte so hartnäckig sein. Ich befürchtete, nicht mehr so schnell von ihm losgelassen zu werden. Wie kam ich nur hier weg? »Nein.«

Im Augenwinkel erhaschte ich einen Blick auf meine Rettung. Einen kurzen Moment knetete ich weiter meine Fingergelenke und rang mit mir. Aber so eine perfekte Gelegenheit konnte ich nicht verstreichen lassen! Ein letzter Atemzug, ein letzter Ruck, und wich ich mit einer flinken Bewegung einem breitgebauten, sicher dreimal sitzengebliebenen Senior-Schüler aus und bekam doch noch Gabes Ärmel zu fassen, der uns gerade mit Kopfhörern in den Ohren passierte. »Aber Gabe weiß sicherlich mehr.«

Fast schon flehend sah ich auf zu Sams bestem Freund. Seine hellen Augen waren vor Überraschung aufgerissen, und er brauchte einen Moment, um zu verstehen, in welche Situation ich ihn gerade gezerrt hatte. »Hm?«, stieß er aus, als er sich die Kopfhörer aus den Ohren zog, aus dem leises Schreien durch den vollen Schulflur drang.

»Du hast doch das Wochenende mit Sam verbracht. Hat er da was wegen der Footballdeadline gesagt?«, fragte ich ihn, in der Hoffnung, dass er so uns beide aus der Affäre zog.

Für einen Moment runzelte Gabe die Stirn und ich befürchtete, dass der Mann, von dem ich nicht wusste, auf welcher Position genau er spielte, immer noch nicht verstand, was ich von ihm wollte. Ich wusste, dass Sam Quarterback war, aber wie man Gabes Position nannte, hatte er mir vier Mal erläutern müssen, ich vergaß es bis heute. *Dick und Doof* hatte ich sie aus Witz immer genannt, wobei mein drahtiger Sam nur *Doof* war, weil er nicht der dickere von beiden war.

Doch *Dick* sah gerade auf mich herunter, als wäre er beides. »Ich war am Wochenende nicht bei ihm.«

»Wie jetzt?«

»Ich war nicht bei ihm«, wiederholte er, als wäre ich schwer von Begriff. Dann richtete er sich an den Sportlehrer vor uns. »Und ich weiß nicht, ob er vorhat, sich einzuschreiben. Ich versteh bis heute nicht, warum er aufgehört hat.« Er zuckte mit den Schultern.

»Na gut …«, seufzte Mr. Tucker und raufte sich die langen braunen Haare, die von einem Sportband aus seinem spitzen Gesicht gehalten wurden. »Sagt ihm bitte Bescheid, dass er *wirklich* nur noch bis morgen Zeit hat.«

»Aye aye, Coach!«, rief Gabe ihm nach, doch mich hielt seine vorige Aussage noch im Griff.

Mein Blick glitt zu ihm hinauf. »Ich dachte, ihr wolltet einen X-Men-Marathon machen?«

Mann, ärgerte ich mich, dass meine Stimme mal wieder so leise klang, als wollte mein eigener Körper jeglicher Konfrontation ausweichen.

»Frau, du musst auf den Kopf gefallen sein. Das hätte ich gewusst.« Er tätschelte mir den Kopf, dem ich mich aber sofort entriss. Nur Sam durfte mir die Frisur zerstören. »Übrigens …« Er reckte den Kopf und sah über das Schüler-Gewusel hinweg, »… deine scharfe Emofreundin sucht dich, glaube ich.«

Perplex von den neuen Informationen drehte ich mich um, aber natürlich konnte ich Skylar nicht sofort durch den Pulk erkennen. Im Augenwinkel sah ich, wie Gabe sich wieder die Kopfhörer in die Ohren steckte und sich gerade umdrehen wollte. Doch er hielt inne. »Aber Ry, Coach hat recht. Vielleicht redest du noch mal mit Sam. Er war der beste Quarterback, den wir hatten. Jetzt aufzuhören ist echt dumm.«
Er nickte mir zu. »Wir sehen uns.«
»Ich versuch's«, murmelte ich ihm halbherzig nach, aber wir wussten beide, dass ich es nicht tun würde. Sam war eigentlich ein nachgiebiger Typ, doch bei diesem Thema verhielt er sich seltsam stur und abweisend. Ich hatte viele Gespräche darüber angefangen und viele sofort abgebrochen, als ich den Ärger, den das Thema auslöste, in seiner Stimme gehört hatte.

»Hey Ry. Willst du nach Hause laufen?« Ich spürte Skylars kalte Hand auf meiner Schulter und nickte ihr gedankenverloren zu. Verloren in den Gedanken, warum Sam mich hätte anlügen wollen.

Die Überbleibsel des Regens tropften frisch auf den feuchten Waldboden und es roch nach feuchtem Laub. Ein Anblick, den ich jeden Tag von neuem genießen würde, weil er doch immer ähnlich, aber an keinem Tag gleich war. Ich würde, wie jedes Mal, wenn es erst kürz-

lich gegossen hatte und das Wetter uns aber einen kleinen Zeitraum gewährte, um trocken nach Hause zu kommen, einen tiefen Atemzug nehmen und meine Gedanken von der Frische der Natur beruhigen lassen. Doch nicht heute mit dem Gedanken an Sams Lüge.
Nicht nur, dass ich mich vor Gabe und Mr. Tucker blamiert hatte, jetzt spukte auch noch das Misstrauen in meinem Hinterkopf, ob er wirklich zuhause geblieben war, weil es ihm nicht gut ging oder er diesbezüglich nicht auch gelogen hatte. Und ich hätte am laufenden Band schnauben können, bei dem ekligen Gedanken meines Argwohns. Das war nicht richtig, ich sollte meinem Freund vertrauen können. Und das hatte ich auch immer. Doch nun fragte ich unweigerlich, ob das ein Fehler gewesen war und ich ihn schon vorher hätte bei einer Lüge ertappen können, wäre ich aufmerksamer gewesen. Plötzlich strauchelte ich, denn Skylar hatte mir einen groben Schubs gegeben.
»Du hörst mir gar nicht zu.«
»Ich …«, krampfhaft versuchte ich, mir eine Floskel zurechtzulegen, verwarf es aber sofort. »Ne, sorry.«
»Was ist denn los mit dir? Du bist den ganzen Weg schon so abwesend.« Auf ihren Lippen lag ein provokantes Grinsen, dass ich wusste, dass sie bereits eine Stichelei in petto hatte. Aber ich war froh, dass sie gleichzeitig die Stirn in Falten legte und sie dennoch für sich behielt.
Ein Seufzen kam mir über die Lippen.
»Es ist … Sam hat mich angelogen.«
»Huch?« Das klang seltsam aus Skylars Mund, aber ehr-

lich überrascht. »Mit was denn?«
»Dass er den Filmmarathon mit Gabe macht. Ich hab ihn heute drauf angesprochen und er wusste nichts davon.«
»Hast du ihn denn gleich im Gespräch damit konfrontiert?«
»Was?« Mein Hirn brauchte kurz, um zu verstehen, was Skylar gesagt hatte, denn meine Augen erfassten in der Ferne ein flatterndes gelb-schwarzes Absperrband, welches sowohl die lieblos geteerte Straße als auch den Fußweg daneben versperrte. »Nein, ich habe mit Gabe geredet, nicht mit Sam. Lass uns da lang gehen.« Ich zeigte auf den rechten, urbanen Waldteil, der durch die Straße von dem Naturschutzgebiet zu unserer Linken getrennt wurde.
»Straßenarbeiten?«, dachte Skylar laut nach.
»Ich hoffe. Sam fährt immer Slalom um die Schlaglöcher.« *Und ich brauche keinen weiteren Unfall, der mir den Weg durch den Wald verbietet*, fügte ich gedanklich hinzu, würde es aber ganz sicher nicht aussprechen.
Als wir den Weg verließen und durchs Dickicht liefen, um den abgesperrten Bereich zu umgehen, knirschte der feuchte Boden unter unseren Sohlen.
»Mr. Tucker hat mich mal wieder dazu bringen wollen, mit Sam über seine Sportkarriere zu reden, und als ich Gabe dazugeholt habe, damit er mich aus der Situation rettet, kam vor beiden raus, dass er gar keinen Marathon mit ihm gestartet hatte. Sehr unangenehm.«
»Hm«, machte Skylar nachdenklich.
»Und jetzt frag ich mich halt, ob das vielleicht nicht mal

die erste Lüge von ihm war. Ich meine, jedes Mal, wenn ich ihn darauf anspreche, warum er mit Football aufgehört hat, lenkt er ab oder sagt mir, dass er einfach den Spaß daran verloren hat«, sprudelte mein erster Gedanke heraus.

»Und jetzt denkst du, dass das vielleicht auch gelogen war«, stellte meine beste Freundin fest, während sie unter einem sperrigen Ast hindurchkletterte.

Mein Blick ging nachdenklich zu Boden. Meine Sneaker würden bald durchweicht sein, da waren Skylars Boots weitaus geeigneter für eine spontane Wanderung.

»Na ja … ja.«

»Hm, zugegeben, das verstehe ich bis heute auch nicht. Er war gut, glaube ich. Jedenfalls wenn man seinem *Tight-End*-Kumpel glaubt.«

Seinem Tight-End-Kumpel. Stimmt, so nannte man Gabes Spielerposition. Dafür, dass Skylars Standard-Reaktion auf meine Frage, ob sie mich auf ein von Sams Spielen begleitete, für gewöhnlich ein Stöhnen und Augenrollen, gefolgt von einem *Na gut, weil du's bist,* war, kannte sie sich sonderbar gut aus. Mehr als einen argwöhnischen Blick konnte ich ihr aber nicht zuwerfen, denn sie fuhr gleich fort: »Aber vielleicht sieht er sich einfach nur nicht da. Warum sollte er dich belügen?«

Innerlich seufzte ich, als ich über einen morschen Ast sprang. »Ich weiß es nicht. Vielleicht aus demselben Grund, warum er heute zuhause geblieben ist?«

»Rylee.« Skylar blieb plötzlich stehen und gab mir den abschätzigen Blick, der noch perfekt unterstrichen worden wäre, wenn sie die Hände in ihre schmale Taille

gestemmt hätte. Ich drehte mich zu ihr um.
»Jetzt werd' mal nicht paranoid, okay?« Dann setzte sie sich wieder in Bewegung und fügte mit dem Blick auf den Boden hinzu: »Der Kerl ist verrückt nach dir. Vielleicht mal darüber nachgedacht, dass er extra nicht das Stipendium will, um noch ein Jahr hierzubleiben? Bei dir?«
Geräuschlos japste ich nach Luft und schob einen feuchten Ast von mir weg, um mir den Weg freizumachen. Verdammt nein, darüber hatte ich tatsächlich nicht nachgedacht. Aber wie auch, wenn ich den Gedanken über unsere Zukunft nach seinem Abschluss ständig verdrängte?
»Nur ein Gedanke, der mir gerade so kam«, murmelte Skylar, die mein Schweigen wohl falsch interpretiert hatte.
Ich musste schwer schlucken. Ja, vielleicht hatte sie recht, vielleicht tat ich ihm gerade wirklich unrecht, und er enthielt mir nur Informationen vor, um mich nicht schlecht fühlen zu lassen. Und dennoch drückte da dieses seltsame Gefühl auf mein Gemüt, wenn ich an seine Wochenendplanung dachte.
»Und deswegen lügt er über den Filmmarathon?«
»Hey, ich bin emotionaler Beistand, keine Hellseherin.« Skylar hob beschwichtigend die Hände und schob sich mit einer geschmeidigen Bewegung einen weiteren Ast aus dem Gesicht. »Da solltest du ihn selbst fragen.«
Ein Seufzen entfleuchte meinen Lippen. So zynisch Skylar sein konnte, sie hatte auch ihre weisen Momente und schaffte es immer wieder mich auf den Boden der

Tatsachen zu holen. »Du hast ja recht.«
»Ich hab immer recht«, erwiderte sie feixend.
»Keiner mag Klugscheißer, Sky«, stichelte ich, hielt aber inne. »Außer vielleicht *Tight Ends*.« Ich warf ihr einen verschmitzten Blick zu und hoffte, dass sie die Anspielung verstand.
»Pff … Footballer«, war ihre einzige Antwort darauf, doch ich konnte ihre Mundwinkel dabei zucken sehen. Ja ja, genau. So schlimm fand Skylar Football gar nicht. Gerade wollte ich ihr eröffnen, wie Sams bester Freund sie vorhin genannt hatte, als mich ein Klingeln innehalten ließ. Ich musste nicht darüber nachdenken, wer mich da anrief, denn diesen bestimmten Klingelton hatte nur eine bestimmte Person zugewiesen bekommen.
Wenn man vom Teufel spricht.
Ich zog mein Handy aus meiner Hosentasche, hielt Skylar kurz das Display mit Sams Namen vors Gesicht und nickte ihr zu, um ihr zu verstehen zu geben, dass ich ein paar Schritte vorgehen würde, um in Ruhe telefonieren zu können.
»Sam?« Das erste Wort, das ich seit Freitag mit ihm wechselte. Dabei fiel mir auf, wie meine Stimme belegt klang und sich kribbelnde Wut in mir aufbaute. Wut?
»Sprich ihn drauf an!«, rief mir Skylar im Flüsterton hinterher.
Mit einer schwunghaften Bewegung drehte ich mich zu ihr, wedelte mit einer Hand in der Luft herum, um ihr zu bedeuten, ruhig zu sein, musste dann aber doch feixen, als sie mir mit einem lächerlichen Grinsen beide

Daumen hinhielt.
»Hi Rylee, sorry, dass ich mich heute noch nicht gemeldet hab.« Konnte ich gerade förmlich sehen, wie der allzeit unernste Kerl seinen Kopf hängen ließ? Jedenfalls ließ mich das seine dünn klingende Stimme mutmaßen. Und darauf wollte ich wirklich wütend sein?
»Alles okay? Geht's dir gut?«
Er räusperte sich. »Joa« ein weiteres Räuspern, dann ein sichereres: »Ja. Alles gut.«
So klang er aber nicht.
»Sicher?«, hakte ich nach und lief immer weiter in den Wald, ohne an Skylar zu denken. Es war wie ein Automatismus, der sich einstellte, sobald ich zwischen meinen bekannten Bäumen war.
»Sicher. Ich ... ich hab bis gerade eben geschlafen und wollte nur deine Stimme hören.«
Eigentlich hätte ich jetzt dahinschmelzen dürfen, aber stattdessen spürte ich, wie sich meine Stirn von allein argwöhnisch in Falten legte. Ob es an seiner Lüge lag? Oder daran, dass Sam süß sein konnte, aber noch nie kitschig gewesen war?
Sprich ihn drauf an!, ging es mir durch den Kopf.
Ein Moment lang wurde es still und ich hörte nur das Rauschen der Blätter. Die Geräusche – zwitschernde Vögel, raschelnde Blätter im Wind, knackende Äste unter meinen Füßen. Kühle Luftzüge strichen über meine Wangen und verwüsteten meine kurze Frisur. Der Geruch von frischen, feuchten Blättern und das Rauschen des Wassers vom Fluss in der Nähe wirkten so beruhigend auf mich, dass ich mich zwang, gleich

noch einen tiefen Atemzug zu nehmen, um ihn auf meine Sorgen anzusprechen. Doch bevor ich mir eine Antwort zurechtlegen konnte, unterbrach Sam meinen Gedankengang: »Bist du gerade im Wald?«
»Ja.«
»Rylee …«
»Es ist Tag, jetzt beruhig dich«, kam es gereizter aus meinem Mund, als ich es hatte klingen wollen.
»Nein, ich hab … nur gehört, dass er versperrt sein soll, weißt du? Ihr werdet nicht durchkommen.«
»Ich weiß. Wir umlaufen es gerade.«
»Ihr … ihr geht …«
»Mr. Tucker hat mich auf die Deadline angesprochen«, wechselte ich schnell das Thema, damit er nicht wieder von seinem Waldverbot anfangen konnte, und unmittelbar, nachdem ich es ausgesprochen hatte, ertönte ein Stöhnen vom anderen Ende.
Wieder nahm ich einen tiefen Atemzug und gab mir einen weiteren Ruck. Meine Finger spielten an dem Reißverschluss meiner Jacke, als ich herauspresste: »Magst du mir einfach mal sagen, warum du aufgehört hast, damit ich alle anderen nicht damit vertrösten muss, dass ich auch keine Antwort darauf hab?«
»Ich …«, er unterbrach sich mit einem müden Ächzen. »Rylee, das ist nicht so wichtig. Echt nicht. Ich hab nur einfach keinen Bock mehr. Und ich bin jetzt echt zu müde, um diese Diskussion wieder zu führen.«
Wie immer.
»Ich hab den ganzen Tag geschlafen und könnte dich jetzt gut hier haben und einfach nur hier liegen und

einen Film mit dir im Arm gucken«, seufzte Sam müde.
»Okay.«
Stille.
»Okay?«, wiederholte er, als hätte er nicht mit einer Antwort gerechnet.
»Okay, dann komme ich nachher rum und wir machen genau das. Deine Lerngruppe wird doch sicher eh ausfallen, wenn es dir nicht so gut geht, oder?« Hinter mir hörte ich ein lautes Knacken und ein leises Fluchen von Skylar, doch ich drehte mich nicht um, sondern sah nur auf meine eigenen verdreckten Schuhe.
Am anderen Ende wurde es still und ich dachte schon, dass die Leitung unterbrochen worden wäre, doch dann hörte ich Sam schwer atmen.
»Rylee, das war eigentlich eher …« Er stockte und in der Ferne hörte ich Skylar meinen Namen rufen. Mein Kopf ruckte auf, als Sam einen neuen Satz begann: »Also ich werd' wahrscheinlich später trotzdem zur Lerngruppe gehen, aber …«
»Rylee, das musst du sehen!«
»Ist das Skylar?«, fragte Sam und ich hörte ihm an, wie erleichtert er über die Ablenkung war.
»Äh, ja«, antwortete ich knapp und schaltete vom Schlender- in den Eilgang, direkt in die Richtung, wo ich meine Freundin in der Ferne über etwas gebeugt stehen sehen konnte. Mir fiel auf, wie das ganze Gespräch über schon eine passivaggressive Nuance in meiner Stimme zu hören war und ich hoffte, dass Sam sie nicht bemerkt hatte. Ich meine, ich wusste noch nicht, ob das die ganze Sache mit Gabe nur ein reines

Missverständnis war, aber ich würde es hoffentlich heute Abend herausfinden, wenn ich zu ihm ging. Denn die Unsicherheit in seinen stockenden Antworten jagten meinen Puls etwas in die Höhe und ließ meine Hand zur Faust werden.

Nein, ich kann Sam vertrauen. Er ist ein Guter, redete ich mir stumm ein, während Sam fragte: »Was ist passiert?« Ich wollte ihm gerade antworten, als Skylar mich mit aufgerissenen Augen, aber einem verkniffenen Grinsen energisch heranwinkte. Oh, ich kannte diesen Ausdruck in ihrem Gesicht. Genau das gleiche Gesicht machte sie, wenn sie mir von *100 dumme Todesfälle* erzählte. Und der Gedanke daran gefiel mir gar nicht.

Zwei Schritte später wusste ich auch schon, warum sie dieses Gesicht aufgesetzt hatte, und ich zuckte erschrocken zurück.

Sie kicherte dreckig. »Ist das nicht …«

»Ekelhaft!«

»Cool?«

»*Cool?* Wirklich?« Ich sah Skylar mit schiefgelegtem Kopf an, um den Kadaver vor uns nicht ansehen zu müssen.

»Was ist ekelhaft cool?«, wollte Sam am anderen Ende der Leitung wissen.

»Komm schon.« Skylar hockte sich vor dem Reh hin. Beziehungsweise, was von ihm noch übrig war. »Das wurde richtig ausgeschleckt. Ich weiß nicht, wie Dad darauf kommt, dass das ein Mensch gewesen sein soll. Guck mal, hier.« Sie zeigte auf die Überbleibsel des armen Tiers.

»Alter, Skylar!«, rief ich und drehte ihr und dem Kadaver schaudernd den Rücken. Ich musste mir kein Tier ansehen, das auf den ersten Blick aussah, als wäre es regelrecht auseinandergerissen worden. Ich brauchte keinen Blick auf die Blutlache werfen und auch nicht auf das Innere, in dem sowohl jegliches Organ als auch jede Muskelfaser fehlte.

So sieht kein Wildunfall aus, versuchte ich mich über das Pochen meines Herzens hinweg zu beruhigen. Aber wie sollte mich das nur beruhigen, wenn es in *meinem* Wald passiert war?

»Rylee!«, schrie mich Sam förmlich durch das Handy an, und ich merkte, wie ich für einen Moment vergessen hatte, dass das Gespräch noch lief. »Was habt ihr gefunden?« Seine sonst so ruhige Stimme erreichte Höhen, die ich vorher noch nie bei ihm gehört hatte.

»Skylar popelt in Rehüberbleibseln rum«, presste ich hervor.

»Tu ich gar nicht«, protestierte meine Freundin und ich fragte mich, wie viel von ihrer Begeisterung echt war. Ich wusste, dass Skylar einen makaberen Humor hatte und an Filmstellen auflachte, bei denen andere sich die Augen zuhielten, aber wenn ich mich daran erinnerte, wie sie vor zwei Tagen noch bei den Erzählungen über die Unfälle erschaudert hatte, musste ein Teil hiervon aufgesetzt sein.

»Oh Ry, geht da nur weg. Bitte«, bat mich Sam.

»Kein Problem. Ich hatte eh keine Lust, mir das weiter anzusehen.« *Erinnert zu werden, zu was die Natur imstande war.* Mit belegter Stimme und zugeschnürter Kehle entfernte ich mich von dem Tatort, in der Hoffnung, dass die Bilder, vor denen ich keine drei Sekunden, nachdem ich sie als Reh erkannt hatte, die Augen verschlossen hatte, mich nicht in meinen Träumen einholen würde.

»Skylar, das hätte auch ein Mensch gewesen sein können«, rief ich meiner Freundin ins Gedächtnis, um sie endlich von dem grauenvollen Anblick losreißen zu können. Um sie zu erinnern, dass sie mit ihrer Begeisterung über Wildunfälle bei der Falschen war.

»Rylee, bitte sag sowas nicht«, sagte Sam, während Skylar kleinlaut »Hast ja recht« murmelte und ich im nächsten Moment den Waldboden unter ihren dicken Sohlen quietschen hören konnte.

»Aber stimmt doch«, stieß ich gepresst aus und wartete, bis sie mich eingeholt hatte. Meine Knie wirkten auf einmal zu weich, um mich sicher wieder auf den befestigten Weg befördern zu können. Ich fröstelte unter meiner dicken Winterjacke. Ich hatte nur einen Bruchteil einer Sekunde auf den Rest des armen Tiers gesehen und ich war heilfroh, dass mein Gehirn nicht weiterging mit seiner Vorstellungskraft. Zum ersten Mal hatte ich das Bedürfnis, mich bei meinem Spaziergang zwischen den Kiefern mehrmals umzudrehen. Zum ersten Mal fühlte ich mich nicht mehr sicher zwischen den Sträuchern. Zum ersten Mal kam es in meinem Kopf an, warum vor den Wäldern gewarnt wird.

»Dir wird nichts passieren, wenn du …«

»Ja ja, wenn ich mich nachts von den Wäldern fernhalte. Hab's verstanden. Ich komme nachher zu dir und dann ...« *Reden wir über Gabe,* hätte ich fast gesagt, konnte mich aber noch vorher stoppen, denn dieses Versprechen konnte ich mir selbst noch nicht geben. »... und dann gucken wir einen Film zusammen, okay?« Auch falls ich ihn nicht auf seine Lüge ansprechen würde, weil ich mir noch nicht sicher war, ob ich bereit für die Wahrheit war, würde mir etwas Ablenkung wohl doch guttun. Oh und wie wenig ich damals für die Wahrheit bereit gewesen war.

»Ich ...«, wieder unterbrach er sich stöhnend, »... okay. Ich freu mich auf dich.«

Kapitel 6

Den Abend bei Sam hatte ich mir irgendwie anders vorgestellt. In der Luft hing alles Unausgesprochene wie dicker Rauch. Nicht nur, dass ich mich einen Deut unerwünscht fühlte, weil ich mich ihm quasi aufgezwungen hatte. Mir war nicht entgangen, wie zögerlich er meiner Selbsteinladung nachgekommen war, und es ärgerte mich, dass ich über die Unsicherheit in seiner Stimme hinweggesehen hatte. Nur um mir die Möglichkeit zu schaffen, ihn auf die Lüge über Gabe anzusprechen, von der ich mir eh noch nicht sicher war, ob ich es schaffen würde, sie zu nutzen. Denn nun lag ich doch nur hier neben ihm und hatte bis jetzt nicht ein Wort darüber herausgebracht. *Typisch, Rylee.*
Mein Kopf ruhte in seiner Halsbeuge und nur eins meiner Ohren war bei dem *Captain America* Film, den wir angeschmissen hatten. Das andere lauschte seiner

unruhigen Atmung und dem nervösen Scharren seiner Finger auf der Matratze zu, von dem er wohl dachte, dass ich es nicht hörte – allerdings war es mir gleich aufgefallen, als die Anfangscredits des Films begonnen hatten. Also schien nicht nur ich etwas auf der Seele zu haben.

Sam hatte ich noch nie so rastlos gesehen, wie in den letzten Tagen. Noch nie. Und dass er genauso wenig redete wie ich, ließ sich diese halbe Umarmung, in der wir gegen das Kopfteil seines Bettes gelehnt waren, seltsam steif und fremd anfühlen.

Noch dazu schien ich mir einzubilden, dass ich etwas unter dem seltsam penetranten Duft seines Parfums, das mir anfangs fast die Tränen in die Augen getrieben hatte, noch etwas anderes zu riechen. Eine fast muffige Nuance, die mich an den veralgten Fluss im Wald denken ließ. Anstatt zu duschen, schien er das Ganze mit fünf statt zwei Sprühstößen seines Parfums kaschiert zu haben. Ebenfalls seltsam.

Mir entging auch nicht, dass sein Blick immer wieder zu der Wanduhr über seiner Tür glitt, als passte es ihm ganz und gar nicht, dass ich jetzt hier war, weil er noch ganz dringend irgendwo hinmusste.

Ich spürte, wie sich eine elektrisierende Spannung über meine gesamte Haut legte, die mich noch unruhiger werden ließ, als er es war.

Das war nicht mehr die entspannte Gelassenheit, mit der er für gewöhnlich alles wegsteckte. Dazu war das heimliche, aber stetige Trommeln seiner Finger auf seiner Matratze zu auffällig. Genauso wie sein Herz, das ich unter meiner Hand, die ich nicht nur zufällig auf seine Brust gelegt hatte, rasen spürte. Als nähme ihn der Film, den er schon mindestens dreimal gesehen hatte, mehr mit, als zu der Zeit, in der er das Ende noch nicht gekannt hatte.

Ungemütlich räkelte ich an seiner Seite und fand einfach keine Position, die sich auch nur annähernd angenehm anfühlte. Stumm hob er den Arm und sah auf mich herab, um mir den nötigen Freiraum zu geben, mich in eine angenehmere Position zu finden.

Aber das würde ich sicherlich auch nicht, bis mein Kopf nicht aufhörte zu rattern. Nicht bis die Gedanken über seine Lüge und seine Unruhe verstummten. Nicht bis er endlich ein Wort sagte. Und so eisern verschlossen, wie er den gesamten Abend schon war, würde das noch den gesamten Abend so weitergehen.

Als könnte ich so mehr Energie tanken, sog ich geräuschvoll Luft ein.

»Alles okay mit dir?«, fragte ich endlich und richtete mich auf, um ihn in die müden, haselnussbraunen Augen zu sehen. Seine Haut war so blass und er wirkte nicht, als hätte er sich von dem heutigen Tag genug erholt.

»Ja.« Sam erwiderte meinen Blick mit gehobenen Brauen. Doch das kaschierte die dunklen Schatten unter seinen Augen nicht. »Warum?«

»Weil ... du nicht so aussiehst.« Unbewusst biss ich mir auf die Unterlippe und zwang mich, gleich damit aufzuhören, damit Sam es nicht sah. *Gut zur Rede gestellt, Ry!*, schalt mich eine ärgerliche Stimme in meinem Kopf.

Hey, kleine Schritte. Nur weiter, motivierte mich eine andere.

Sam zuckte mit den Schultern und fuhr sich gedankenlos durch das fahle Gesicht, sodass er sich fast die Brille von der Nase gewischt hätte. »Ach, ich bin nur sehr müde. Vielleicht hab ich mir doch wieder was eingefangen oder so.« Er sah mich mit einem gequälten Schmunzeln an, das seine Augen nicht erreichte, machte aber keine Anstalten, mich wieder in den Arm zu nehmen, um den Film weiter zu verfolgen. Dafür atmete er aber schwer aus. Einige, endlos lange Momente starrte er mich nur an, und ließ die Stille zwischen uns mit Kampfgestöhne aus seinen Boxen füllen. Dann fragte er doch endlich das, was ihm anscheinend schon die ganze Zeit durch den Kopf gegangen war: »Das im Wald. Erzählst du mir das?«

Dass ich dich nicht auf die Lüge angesprochen hab? Dass ich so passivaggressiv war? Dass ich mich dir aufgezwungen habe? Er schien genau zu wissen, dass ich nicht nur einen Abend mit ihm hatte verbringen wollen. Ob er mir, wie gewöhnlich, gerade die Brücke zu dem klärenden Gespräch baute, die ich so dringend brauchte? Die, die ich bis heute selten hatte selber anfangen können?

Mein Kopf legte ich perfekt getimet mit einer Explosion im Hintergrund schief. Diesen Ausdruck, den er in den Augen hatte, konnte ich nicht deuten. Aber es bescherte mir eine Gänsehaut, die mich kurz ablenkte.

»Was meinst du?«, kam es dümmlich aus meinem Mund, obwohl ich genau wusste, was er meinte. Als wollte mein Mund noch etwas Zeit schinden.

»Du warst so … kurz angebunden.« Seine Augenbrauen zuckten.
Nett ausgedrückt, Sammy.
»Du warst nicht mit Gabe am Wochenende.«
So viel zum Zeitschinden.
»Was?«
Zitternd sog ich die Luft um mich herum ein und ballte die Fäuste.
»Du hast mich angelogen«, presste ich hervor. Mein Körper war so angespannt, als würde er sich direkt bereit zum Fliehen machen. »Gabe sagte, dass du nicht mit ihm verabredet warst. Wo warst du also?«
Die Spannung auf meiner Haut nahm noch um zehn Volt zu und kribbelte unerlässlich meinen Rücken hinunter. In meinem Kopf rasten meine Gedanken umher, die sich noch nicht entscheiden konnten, ob das hier eine gute oder eine schlechte Idee gewesen war. Und das nur, weil sich Sams Mund gerade öffnete und sich ohne ein Wort wieder schloss.
Der heutige Anruf, nur *um meine Stimme zu hören*. Die Tonne Parfum, die er aufgetragen hatte. Die Steifigkeit zwischen uns, die eigentlich hätte gemütlich sein sollen. Seine Unruhe. Seine Lüge.
Ich schluckte, doch es war keine Spucke in meinem trockenen Mund.
Stop.
Ich hatte keinen Verdacht. Ich war nicht misstrauisch. Ich dichtete ihm nichts an. Das war alles Quatsch in meinem Kopf. *Also hör auf, so zu denken.*
Er räusperte sich, um seine viel zu lange Pause zu

kaschieren, in der mir immer heißer wurde.
»Nein, Bucky ist mein Freund!«, schallte es im Hintergrund. Genau, er war *mein Freund.* Und in einer Beziehung war Ehrlichkeit das Wichtigste.
»Hat er dir auch gesagt, dass ich abgesagt habe?«
»Hm?«
Endlich stahl sich ein müdes Lächeln auf seine Lippen, doch mein Blick hing weiterhin an seinen seltsam stechend blickenden Augen und ich wusste nicht, welchem Teil seines Gesichts ich gerade glauben sollte.
»Es war geplant, ja. Aber ich habe abgesagt, weil ich mich schon Samstag nicht wohlgefühlt habe. Gestern habe ich ganz flach gelegen, aber heute ist's schon wieder besser.«
»Ich …«, … fühlte mich plötzlich ganz schrecklich, ihm misstraut und nicht einfach gefragt zu haben. Doch noch schrecklicher war, dass dieses Kribbeln auf meiner Haut nicht aufhören wollte, als glaubte ihm nicht jede Faser meines Körpers. Ich begann meine Finger zu kneten. Vielleicht war es ein Fehler, den Mund aufgemacht zu haben? »Du bist also zuhause geblieben?« Ich leckte mir über die Lippen und setzte noch, damit es nicht so skeptisch klang, leise hinterher: »Das hatte Gabe nicht erwähnt.«
Nach einem Räuspern sagte er: »Ja, habe den Marathon quasi selbst gemacht.«
Warum tat er das jetzt schon wieder? Fast hätte ich ihm geglaubt und dann räusperte er sich, so wie er es immer musste, wenn er flunkerte.
»Cap. Denk doch mal nach!«

»Kannst du den Fernseher ausmachen?«, presste ich hervor und massierte mir die Stirn. Die Situation war schon drückend genug, ohne die Kommentare im Hintergrund. Sie ließen mir keinen Freiraum, klar zu denken, lenkten mich wie selbstverständlich in die Misstrauenseinbahnstraße.

Er schaltete den Fernseher aus, huschte mit den Augen wieder zur Uhr und traf danach meinen Blick, senkte aber den Kopf leicht, als fühlte er sich ertappt, sodass seine Augen im Schatten seiner wirren Haare lagen.

»M... musst du noch wohin?«, fragte ich provokant und überkreuzte die Arme vor der Brust. Meine Frage war bestimmend gemeint, aber meine Stimme ließ mich so lächerlich unsicher wirken.

»Nein«, antwortete er sofort und legte seine warme Hand auf mein Knie und knetete es. Fast wäre ich zusammengezuckt, denn seine Bewegungen waren alles andere als sanft. Und die Wärme seiner Hand war auch leicht untertrieben. Sie glühte sich förmlich durch den Stoff meiner Hose. »Ich hatte nur kurz gedacht, dass es schon viel später wäre, weil ich ...«, er unterbrach sich und atmete schwer ein, als er die andere Hand vor den Mund hielt, aber es klang nicht, als gähnte er, »... echt fertig bin. Ich bin echt noch nicht ganz fit.«

Meine Augen fixierten weiterhin die seinen und ich konnte mich nicht von ihnen losreißen. Irgendetwas war anders. Nur vermochte ich nicht auszumachen, was es sein sollte.

»Trotzdem ist es schon recht spät dafür, dass wir nachts nicht mehr draußen sein sollten«, fügte er hinzu.

Mein Blick ging über die Schulter zu der Uhr bei seiner Tür. »Es ist doch gerade einmal acht.«

Das Kribbeln auf meiner Haut wurde stärker, aber diesmal war es der Gefühlscocktail aus Gereiztheit und Unruhe. Schon wieder musste er das Thema ansprechen, das ich am liebsten aus meinem Kopf gestrichen hätte, um mich nicht damit auseinanderzusetzen, dass etwas in meinem Wald herumlungerte. Anderseits hatte ich heute gesehen, was dieses Etwas im Wald anrichtete und bei dem Gedanken an Topper lief es mir eiskalt den Rücken runter.

»Stimmt, aber ich habe gehört, dass über eine Ausgangssperre ab acht debattiert wird«, erklärte er mit rauer Stimme.

Wo willst du das gehört haben, wenn du das Wochenende über hier warst?, schoss es mir durch den Kopf, schüttelte ihn dann aber, als könnte ich somit das nervtötende Misstrauen loswerden.

Was er sofort wieder aufbauen musste, indem er sein Handy aufnahm und einen Blick drauf warf, nur um es gleich wieder mit dem Display nach unten auf sein Bett zu legen, als er meinen Blick bemerkte. Als fühlte er sich ertappt.

Was hatte er nur noch vor? Auf was wartete er?

»Jetzt mal ehrlich, Sam«, begann ich die Frage, straffte die Schultern und … zog im letzten Moment doch wieder zurück. »Was ist los mit dir? Du siehst wirklich nicht gut aus. Du bist in den letzten Monaten seltsam oft krank. Meinst du nicht, es könnte was Schlimmeres sein, wenn es immer wieder kommt?«

Mal von der Rastlosigkeit seiner Finger und Augen abgesehen, klang er mittlerweile nicht nur müde, sondern auch gereizt. Alles an ihm war anders, als würde nicht mehr mein Freund vor mir sitzen. Seine pochende Hand rastete noch immer auf meinem Knie.

»Nein, keine Sorge. Das muss der feuchte Winter sein, der knockt mich dieses Jahr irgendwie aus.« Er musste sich räuspern und schien zu merken, wie mich das argwöhnischer machte. Dennoch fuhr er fort: »Ich hab in den letzten Nächten zu wenig geschlafen. Nicht … nicht mehr als ein paar … Stunden. Und das rächt sich wohl jetzt.«

Ein weiteres Kribbeln erfasste mich und ich fürchtete, heute gar nicht mehr zur Ruhe zu kommen.

Nachts nicht schlafen? Wieso war dieses schrille Geräusch in meinem Kopf da? Alarmglocken …

»Wieso denn das?«, fragte ich und legte den Kopf schief. Wieso konnte ich nach diesem Satz nicht richtig denken? Wieso wollte ich unbedingt etwas zwischen den Zeilen lesen?

»Ach, keine Ahnung. Ich … schlaf einfach nicht mehr. Ist wohl nicht so gut für's Immunsystem.«

Er schielte auf seine Decke. Seine Augen lagen tief im Schatten seines dunklen Schopfes. Auf einmal wirkte er unheimlich erschöpft, dass ich mich für einen Moment schlecht fühlte, nicht sofort sorgend meine Hand auf seine gelegt zu haben. Das holte ich jetzt zwar nach, beobachtete, wie sich unsere Finger miteinander verschränkten, aber es fühlte sich irgendwie taub an. Dass seine Haut glühend heiß war, registrierte ich nur am

Rande. Da war nur dieses Gefühl in mir. Dieses Gefühl, das ganz genau wusste, dass er log. Nur warum?
Ich hob den Kopf und unsere Blicke kreuzten sich und ließ mich verstört Luft einsaugen. Mein Körper erstarrte, doch das bekam mein Freund gar nicht mit, denn er widmete sich wieder seinem Handydisplay, das er kurz umdrehte.

Vorsichtig löste ich meine Finger aus seinen, sodass er verwundert wieder aufsah, und nahm ihm behutsam die Brille ab, konnte meine Augen nicht von seinen abwenden. Wollte wissen, ob es die Reflexion der Lampe in seinen Brillengläsern war, die mich halluzinieren ließ. Doch so war es nicht.

»Was ist?« Sams Augen wurden groß. Doch das machte alles nur noch schlimmer. Am liebsten hätte ich, dass er sie schloss, und wenn er sie wieder öffnete, alles wieder normal war.

»Deine Augen …«, murmelte ich und als Sam sie noch weiter aufriss, war mir klar, dass er vermutlich wusste, dass sich langsam das Weiß um seine schönen Augen zu adrigem Rot verfärbte, dass ich nicht hätte weiterreden brauchen. Trotzdem musste mein Mund den Satz beenden: »… sie sind rot.«

»Was?«

Mit einem Satz war er aufgesprungen und war im nächsten Moment schon aus der Tür geeilt. Ließ mich allein auf seinem Bett. Allein in seinem Zimmer. Passierte das hier gerade wirklich?

Im nächsten Moment zuckte ich verschreckt zusammen. Die Matratze fing an zu vibrieren und übertönte fast den leisen Klingelton, den Sams Handy von sich gab. Den ich nie zuvor gehört hatte, da er sein Handy normalerweise immer stumm schaltete. Nie hatte ich gewusst, dass mein Freund einer der seltsamen Menschen war, die nicht den typischen Apple-Klingelton gewählt hatten.

»Sam …«, murmelte ich, um ihn auf den Anruf aufmerksam zu machen, und streckte meine Finger nach seinem Handy aus.

Da stand er aber auch schon wieder neben mir, riss es mir vor den Fingern weg, und klickte das Klingeln weg. Sein Kopf war gesenkt, sodass ich ihm nicht in die Augen schauen konnte, doch mein Blick war eh auf seine weiß hervortretenden Fingerknöchel gerichtet, die sein Smartphone umklammerten, als würde er es jeden Moment mit einer Hand zerbrechen wollen.

»Du …«, wieder räusperte er sich, »… es wäre vielleicht ganz gut, wenn du nach Hause gehen würdest.«

Mit den Worten ließ er mich alleine in seinem Zimmer und dem Knarren zufolge, hatte er sich wieder in den Flur begeben. Um … mich auszuladen?

Nun stand auch ich kerzengerade. Was war hier los? Meine Alarmglocken liefen Amok in mir. Etwas war hier gewaltig falsch. Ich ließ seine Brille auf die Bettdecke gleiten, stolperte zur Tür und schlüpfte hindurch. In dem dunklen Flur vor seinem Zimmer stand er direkt neben dem Spiegel, zu dem er sich gerade gelehnt haben musste.

Lediglich seine gestreiften Socken und die Hosenbeine seiner Jogginghose wurden von dem Licht seines Zim-

mers erfasst, der Rest stand in einer Silhouette vor mir.
»Alles gut?«, wollte ich wissen und konnte dieses kribbelnde Gefühl in mir nicht abschütteln.
»Ist ... okay. I... ich glaube, ich entwickle nur langsam irgendeine Allergie oder so. Mit ekligem Augenjucken und so weiter. Ich scheine wirklich noch nicht fit genug zu sein, wie gedacht. Das haut mich mehr um, als erwartet.« Seine Stimme klang seltsam kehlig, dass er sich abermals räuspern musste, um weiter zu sprechen. »Ich will dich nicht anstecken. Und es ist schon spät. Wir ... wir sollten den Film wann anders weiterschauen.«
Er trat näher und legte seine Hände auf meine Arme. Sie waren kochend heiß und ich konnte seinen Puls durch meinen ganzen Körper zucken spüren.
Er wollte mich doch tatsächlich loswerden. Aber war es wegen des Anrufs oder weil es ihm wirklich nicht gut ging? Ich sollte ihn darauf ansprechen. Um Gewissheit zu bekommen, um ihm zu zeigen, dass er mich verunsicherte. Weil ich eine Antwort auf mein Misstrauen haben wollte. Aber wollte ich nur eine Antwort oder wollte ich nur *die* eine Antwort? War ich für eine andere bereit?
»Du bist sicher okay? Du bist ganz heiß ...«
Ich stellte mich bereits auf die Zehenspitzen, um seine Stirn zu fühlen, aber er zuckte ruckartig und blitzschnell zurück.
»Ja, so fühl ich mich auch. Deswegen wär's gut, wenn du gehst. Bitte.« Seine Stimme klang heiser und rau. Was passierte hier gerade?

»Samson? Was ist los?« Ich hoffte, Sam würde erkennen, dass ich mir Sorgen machte und mehr als nur ein »*Alles gut, geh nach Haus*« wollte. Er wusste, dass ich ihn sonst nicht beim ganzen Namen nennen würde.
»Es ist okay. Mach dir keine Sorgen. Aber bitte, geh jetzt, Rylee!« Sanft, aber drängend schob er mich Richtung Treppe. Seine Finger bohrten sich in meine Haut. Ungewöhnlich spitz und fast schon schmerzhaft.
»Aber nimm bitte den Umweg durch die Stadt. Da wo's hell ist! Ich melde mich bei dir.«
»D… dein Ernst? Das sind fast zwanzig Minuten mehr Fußweg«, rief ich fast. Ich versuchte, mich zu ihm umzudrehen und mich gegen seine Kraft zu wehren, aber er war zu stark für mich. Seine Hände waren wir Schraubstöcke. »V… verarschst du mich gerade?«
»Nein, tu ich nicht. Ich … glaub, ich hab mir was eingefangen. Und das musst du nicht auch noch haben.«
Er gab mir einen sanft gemeinten Schubs zur Treppe hin. Doch ich hielt mich vehement an dem Treppengeländer fest. Er war mir zu grob und die Situation zu doof. So schnell ließ ich mich nicht abwimmeln. Jedenfalls nicht ohne Erklärung.
»Rylee, bitte hör auf, dich zu wehren!«
Ich spürte, wie seine Hände sich unter meinen Beinen fanden und im nächsten Moment war mein zierlicher Körper bereits in seinen Armen, ohne, dass er auch nur einen Laut der Anstrengung von sich gab. Jetzt trug mich doch tatsächlich die Treppe hinunter, wie ein kleines trotziges Kind! Und das auch noch ohne Brille! Als wäre es ihm egal, wenn er mit mir in den Armen eine

Treppenstufe verfehlte.

Ich verdammte den Reflex, meine Arme um seinen Hals zu schlingen. Sein heißer Atem strich über meine Wangen und ich suchte seinen Blick, seine Augen, von dem gerade eben nicht ein bisschen Weiß übriggeblieben waren, doch er tat alles daran, mich nicht anzuschauen.

»Samson!«, rief ich ihm fast ins Gesicht und hoffte, dass ich jetzt nicht wieder stotterte, »w… was s… soll das, verdammt!« *Mist.*

Ich hatte es immer genossen, einen größeren und älteren Freund zu haben, doch in diesem Moment wünschte ich mir doch tatsächlich, er wäre lieber ein mickriger, schlaksiger Theaterspieler. Mit so jemandem wäre mir das sicher nicht passiert.

Unten angekommen, setzte er mich flink ab, schob mich weiter zur Tür und drückte mir einen Kuss auf die Stirn, der dieses Mal aber nicht wohlig kribbelte, sondern fast brannte. »Tut mir leid, ich liebe dich! Sei vorsichtig. Den Umweg!«

Mit diesen Worten drehte er sich um, jagte die Treppe mit wenigen Schritten hoch und ließ mich vollkommen perplex im Flur stehen.

Ja, ich machte mir Sorgen. Und ja – ich fühlte mich verarscht.

»Das ist gerade nicht wirklich passiert …«, murmelte ich fassungslos und suchte meine Schuhe zusammen.

Auf dem Weg nach Haus musste ich mich regelrecht zusammenreißen, nicht gegen jeden Mülleimer zu treten, nicht jeden Pfeiler anzubrüllen. Aber wenigstens in

mich hineinfluchen konnte ich. Der volle Mond am Himmel starrte provokant auf mich hinunter, als wollte er mir vorwerfen, nicht den Mund geöffnet zu haben. Ihn nicht darauf angesprochen zu haben.
Was war das bitte gewesen? Schnaubend dachte ich daran, was ich gesehen hatte. Die blutroten Äderchen, die sich um das schöne dunkle Braun geschlossen hatten, dass es mich selbst in Erinnerung erschaudern ließ. Der Anruf, der ihn dazu gebracht hatte, mich hinauszuwerfen. Ja, er hatte mich doch tatsächlich hinausgeworfen. Ich wollte, dass ich mich irrte, aber je mehr ich über die vorige Situation nachdachte, desto mehr überkam mich die Sorge, dass ich es nicht tat.
Meine Glieder waren taub, meine Beine schwer, als ich den Weg zur Hauptstraße nahm.
Aber geh den Umweg durch die Stadt.
Und ich schlug den Weg sogar ein und würde fast eine halbe Stunde länger brauchen. Nichts mit der Blase, in der ich mich sicher schätzen wollte. Ab diesem Tag war mir klar, dass wirklich etwas nicht stimmte.
Vor Wut zitternd – ich wusste nicht, ob es seinetwegen oder meinetwegen war – fingerte ich mein Handy aus der Tasche und hielt es gleich ans Ohr.
»Ry! Alles klar?«
»Ne … äh … ja. Alles klar. Sag mal, Sky, bist du schon auf dem Weg zur Party?«

Kapitel 7

Und so saß ich auf der Rückbank des klapprigen Pick-Ups, der von innen mit allen möglichen Stickern beklebt worden war. *Go Funk Yourself, Heavy Metal Rules!, I laugh when my music scares people.*
Der letzte Satz hätte nicht passender sein können. Nervös knetete ich meine Hände und fragte mich zum zweiten Mal, ob das hier eine gute Idee gewesen war, als Skylar unsere Mitfahrgelegenheit fragte, ob sie Ice Nine Kills anmachen könnte.
Das Grinsen des Schwarzhaarigen, der nickend seine gepiercte Augenbraue hob, stand im Kontrast zu meinem Zusammenzucken, als im nächsten Moment ein von Gitarren begleiteter Schrei durch die Boxen drang.
»Sicher nicht zu laut für dich, Ry?« Skylar drehte sich zu mir um und grinste mich breit an. Dieses Grinsen sah man für gewöhnlich nur, wenn man sie mit Kopfhörern

in den Ohren auf der Straße sah. Gleich nachdem sie ihr Gesicht schmerzhaft, aber irgendwie dennoch grinsend, zusammenzog. »*Keine Schmerzen, Ry, das ist mein Stankface.*«
Und dieses *Stankface* konnte ihr Begleiter Rob – kurz für Roberto – auch sehr gut, wie ich herausfand. Er war gute drei Jahre älter als seine kleine Schwester Rebecca, mit der wir zusammen zur Schule gingen. Die stille und schüchterne Rebecca, die mal so gar nicht wie ihr tätowierter, lauter Bruder war.
»Ne, ne. Geht schon«, murmelte ich.
»Was hast du gesagt? Ich versteh dich nicht, die Musik ist so …« Sie drehte sich zu dem Fahrer mit den vielen abgewrackten Festivalbändern um. »Mach ma' doch leiser, Rob.«
»Deine Schuld, wenn wir den *Breakdown* verpassen.«
»Ich kenn den *Breakdown*«, winkte Skylar ab und drehte sich wieder zu mir um, als Rob an der Lautstärke drehte und ich endlich wieder durchatmen konnte.
»Geht schon!«, wiederholte ich mit Nachdruck.
Oh, wie sehr ich vorziehen würde, von Sam nach Hause gefahren zu werden, zusammen das neue *Imagine Dragons* Album zu hören, verträumt, aber dümmlich grinsend aus dem verregneten Fenster hinauszuschauen, statt hier mit zusammengezogenen Schultern von allen Seiten angeschrien zu werden.
»Sicher, dass du nicht mit zur Party willst?«, fragte Rob und sah mich durch den Rückspiegel an. Seine gehobenen Augenbrauen verrieten, dass er die Antwort bereits kannte.

»N… nein danke. Ich brauch nur … eine Mitfahrgelegenheit.« Ich räusperte mich, um nicht weiter so piepsig zu klingen. Es war mir eh schon unangenehm, kaum einen sicher klingenden Satz vor Fremden herauszubekommen. Aber in diesem Metalclub auf vier Rädern, der leicht nach abgestandenem Rauch stank, kam ich mir so noch uncooler vor.

»Das ist nichts für Rylee«, unterstrich Skylar, dass ich völlig fehl am Platz war. Sie drehte sich wieder zu mir um und winkelte ihr Knie, das in einer schwarzen, gelöcherten Jeans steckte, welche, mehr Loch als Jeans war. »Aber sag mal, warum fährt Sam dich nicht?«

Direkt in die Wunde.

Ja, warum fuhr Sam mich nicht? Weil er mich loswerden wollte, um … sich auskurieren … bei einer anderen?

Verkniffen biss ich mir auf die Unterlippe. Ehrlich gesagt wollte ich es gar nicht wissen. Ich wollte, dass es einfach wieder wie früher war, als er mich mit seinem seltsamen Verhalten nicht dazu drängte, mich in die unangenehme Situation zu bringen, ihn darauf anzusprechen. Selbst bei dem bloßen Gedanken wurden meine Handflächen klamm und mein Mund staubtrocken.

»Kann nicht«, presste ich hervor und kaute weiter auf meiner Unterlippe herum. Skylars *Smokey Eyes* durchbohrten mich. Sie musste wissen, dass ich nicht die Wahrheit sagte. Oder jedenfalls nicht alles erzählte. So wie ich hier saß, band ich es ihr ja fast schon auf die Nase. Aber statt mich darauf anzusprechen, presste sie die dunklen Lippen zusammen und nickte mir nur stumm zu. Dann wandte sie den Kopf zur Seite aus dem Seitenfenster und zog die perfekt gezupften Augenbrauen zusammen.

»He Rob. Der Wald ist nachts doch tabu.«

Mein Herz machte kurz einen Satz. Aber das konnte auch von dem einsetzenden Finale des Metalsongs kommen, den *Breakdown*, den Rob angekündigt hatte.

»Hm? Sag nicht, du hast Angst.«

Angst.

Das Wort ließ Skylars Gesicht entspannen und die Lippen schürzen. »Pff.« Und schon hatte sie das Verbot vergessen, welches nicht nur in der Schule als Plakat prangte, sondern uns auch von allen Seiten verbal eingeprügelt wurde. Plötzlich war sie wieder *zu cool*, um Angst zu haben.

Aber was war, wenn *ich* Angst hatte?

»S… sie hat recht. Vielleicht … «, ich musste noch mal Luft holen, um meine Stimme fester klingen zu lassen, »vielleicht ist das keine gute Idee.«

Robs provokanter Blick traf mich durch den Rückspiegel. »Ganz ruhig, Kleine. Wir sind im Auto. Da passiert uns schon nichts.«

Gerade deswegen will ich nicht durch den Wald. Wieder sog ich Luft ein. Konnte mich nicht entscheiden, was mir mehr missfiel: Dass er genau das tat, was mich in letzter Zeit vermehrt an meinen Dad denken ließ, oder dass er mich *Kleine* nannte. Das durfte nur Sam. Aber ich wehrte mich gegen nichts von beiden und setzte mich stattdessen grummelnd auf meine Fäuste.

Glücklicherweise sah ich Skylars Finger hervorschnellen und hörte das Klatschen ihrer Hand auf seinen Oberarm perfekt in der Pause zweier Songs. »Nenn sie nicht so, Mann.« Dann warf sie mir einen Blick durch den Rückspiegel zu, genauso, wie es ihr Freund Rob getan hatte, nur waren ihre Augen sanfter zu meinen als die seinen.

»Aber er hat recht. Uns wird schon nichts passieren. Das hier ist nicht Willow Creek.« Verständnisvoll zog sie die Augenbrauen zusammen und ich musste mich zwingen, nicht zusammenzuzucken, als sie auf den Unfall anspielte. Meine Fingernägel unter meinen Oberschenkeln bohrten sich tiefer in meine Handflächen und erleichterten mir, das aufgesetzte Lächeln zu formen, das ich ihr als Antwort gab.

Keine Sorge, wir sind im Auto. Und zu dritt. Und in meinem Wald ist nichts, was uns gefährlich werden könnte, redete ich mir stumm zu, war mir aber nicht sicher, ob ich es nicht doch leise vor mich hingemurmelt hatte. Und doch musste ich die hochgezogenen Schultern wieder lösen, als wir die ersten Bäume an der durchlöcherten Landstraße passierten.

In meinem Wald ist nichts, was uns gefährlich werden könnte. Und warum wurde mir dann gerade heiß und kalt zugleich? Warum schaffte ich es nicht, meinen Atem wieder zu vertiefen?

In meinem Wald ist nichts, was uns gefährlich werden könnte. Und warum hatte Skylar dann aufgehört, mit dem Kopf zur Musik zu wippen, und schaute nur noch stumm aus dem Fenster?

Die meisten der schwachen Straßenlaternen, welche die

alte Landstraße säumten, waren schon vor Wochen ausgefallen. Das einzige Licht, was uns wirklich den Weg wies, war der riesige Vollmond, der durch die Baumwipfel auf uns herunterhöhnte. Und die flackernden Scheinwerfer von Robs alter Karre. Himmel, musste denn jeder einen nutzlosen Wagen aus den Achtzigern fahren?
»Ihr seid ja so still. Habt ihr doch Angst?«
Ich fing Robs Blick über die Schulter auf und sein Grinsen verriet, dass es mir anscheinend in dicken Großbuchstaben ins Gesicht geschrieben stand. Ich öffnete den Mund, doch es kam kein Wort heraus. Jedenfalls keins, das mich nicht wie ein verängstigtes Häschen klingen ließ. Mein Blick ging zu Skylar. Was würde sie erwidern, wenn sie merkte, dass ihre beste Freundin nicht *cool genug* für ihren Kumpel war?
Doch Skylar hatte wohl ganz andere Gedanken. Ohne den Blick vom Fenster zu lösen, antwortete sie: »Ich will den Song genießen. Ist das verboten?«
Ja sicher, Sky.
Normalerweise sollte mich das zum Grinsen bringen. Die allzeit gelassene Skylar versuchte krampfhaft, ihre bröckelnde Fassade zu retten. Aber in diesem Moment jagte mir das nur noch eine weitere eiskalte Gänsehaut auf die Arme, dass ich meine Hände von meinem Gewicht befreite und meine Jacke enger um mich zog. Himmel, was taten wir hier?
Nun löste Skylar doch den teilnahmslosen Blick und wollte Rob strafen, sie der Angst beschuldigt zu haben. Ihre Augen glitten langsam von dem Seitenfenster, über

die Frontscheibe, zu ihrem feixenden Kumpel.
Mir gefror das Blut in den Adern. Mir entfuhr ein Schrei, noch bevor sie durchs Auto brüllte: »Pass auf!«
Robs Aufmerksamkeit schnellte wieder auf die Straße. Doch es war schon zu spät.
Die Dunkelheit verschluckte es fast gänzlich. Nur die riesige Silhouette gaben die Scheinwerfer preis.
Meine Augen fixierten es für einen Bruchteil einer Sekunde. *Größer als ...*
Ein metallisches Knallen erschütterte den Wagen, riss uns mit voller Wucht herum. Mir entfuhr ein weiterer Schrei. Skylar stimmte ein. Der spärlich beleuchtete Wald wirbelte um uns.
Mein Körper krümmte sich auf dem Sitz, zog seine Beine an, machte sich ganz klein. Als änderte das irgendetwas. Meine Hände krallten sich an den zerschlissenen Polstern.
Das war es. Der Grund. Den ich hätte wissen müssen. Den Rob hätte ernst nehmen sollen. Der uns das Leben kosten würde.
Ruckelnd kam der Wagen zum Stehen. Bat uns eine Sekunde zum Durchatmen.
»Ver...«, setzte seine fahle Stimme an, doch eine weitere Wucht schnitt ihm das Wort ab. Mein Körper wurde vornüber geschleudert. Wäre der Gurt nicht gewesen, hätte ich wohl mein Gebiss an der Mittelkonsole vor mir verloren.
Mein Kopf wirbelte herum. Meine Glieder steif, mein Mund zu trocken zum Schreien.
Was war das?, hatte ich fragen wollen, doch über meine

tauben Lippen kam nur »Dad ...«.
Der schreiende Metal donnerte weiter durchs Auto. Schwer atmend fixierte ich meine Schuhspitzen. Versuchte, das Pochen aus meinen Ohren zu verdrängen. Versuchte, ruhig zu bleiben. Versuchte, nicht an das Wrack meines Dads zu denken. *Dad ...*
»Alle ... «, Skylar keuchte, »... alle okay?«
War ich okay? Ich wusste es nicht. War es vorbei? Keine Ahnung.
Zitternd hob ich den Blick, wollte antworten, konnte nicht.
Aber geh den Umweg durch die Stadt.
Scheiße.
Tut mir leid, Sam. Meine brennenden Augen füllten sich mit Tränen. *Du hattest recht, es tut mir leid.*
»Rob, verdammt. Alles *okay*?« Skylars Stimme war so fern. Klang nicht so, als wäre sie selbst okay. Als wäre es noch nicht zu Ende. Ihr Kopf wirbelte panisch herum. Links rechts, versuchte die Gefahr in der Dunkelheit auszumachen.
»I... i... ich«, hörte ich Rob stottern.
»Fahr, Mann!«, blaffte ihn Skylar an.
Im Augenwinkel sah ich Robs zitternde Hand nach dem Schaltknüppel greifen. Langsam. Kläglich langsam.
Fahr, Mann!, wollte ich schreien.
Wie eingerostet, drehte ich meinen verkrampften Oberkörper zur Heckscheibe. Wollte ich wissen, was uns da gerammt hatte? Was hier durch den Wald spukte? Was uns fast umgebracht hatte?
Mit rasselndem Atem sog ich Luft ein. Jeder einzelne

Muskel krampfte, als ich es sah. *Dad ...*

»FAHR!«, keifte ich und im nächsten Moment presste mich der Antrieb des aufheulenden Motors in die muffige Sitzgarnitur. Ließ uns hervorschießen. Raus aus dem Wald. Weg von dem großen Ungetüm, das auf keinen Fall wie ein Bär aussah.

»Scheiße, Scheiße, Scheiße!«, hörte ich Rob brüllen. Doch ich vermochte mich nicht nach vorn zu drehen. Meine Augen hingen an dem monströsen Tier, dessen Reißzähne in dem schwachen Rücklicht von Robs Karre rot aufblitzten. Seine Augen schienen genau mich zu fixieren, bohrten sich direkt in meine Seele, als wollten sie mir einbläuen: »*Diesmal nicht, Kleine, aber nächstes Mal.*« Mein klappernder Kiefer biss mir aus Versehen auf die Zunge, aber ich spürte es nicht. Ich hatte nur diese rotaufleuchtenden Augen im Sinn. Diese rotleuchtenden Augen dieses rotflimmernden Tiers, dessen schwache Umrisse nur von einer kläglichen, viel zu schwachen Laterne beleuchtet wurden. Das sich immer weiter entfernte und immer weniger zu erkennen war. Das fast die gesamte Breite der Straße einnahm. Und mich nicht aus den Augen ließ. Als wartete es nur darauf, dass wir uns in Sicherheit wogen, um uns dann direkt wieder zu rammen und für immer zwischen den Bäumen verschwinden zu lassen.

»Fahr!«, wimmerte ich erneut. Meine Unterlippe schmeckte salzig, mein Blick fast nutzlos von den ganzen Tränen.

»Was, meinst du, mach ich grad'?!«

»Shit, w... was war das?«, keuchte Skylar und ließ mich

endlich aus meiner Starre lösen. Als das Monster bereits seit etlichen rasenden Herzschlägen in die Dunkelheit gesprungen war. Als die Straße schon längst leer war. Meine zitternden Hände wischten grob die brennenden Tränen aus dem Gesicht. Mir war völlig egal, wo mir mein Mascara nun hängen mochte.
»K… keine A… Ahnung«, stotterte Rob mit fahler Stimme.
»Fahr weiter ….«, hauchte ich erschöpft, konnte meinen Blick immer noch nicht von dem Rückfenster lösen. »Fahr … weiter …«
Mein Herz hatte sich noch nicht beruhigt. Würde sich nicht beruhigen. Bis ich nicht im Bett lag und mir wirklich sicher war, dass ich tatsächlich noch lebte.
»Rylee.«
Erneut leckte ich mir über die salzigen Lippen. Die Lippen, die Sam fast nie wieder hätte küssen können.
»Rylee!«
Mein Kopf wirbelte zu Skylar.
»Bist du okay?« Aus ihrem Gesicht war jegliche Farbe gewichen. Ihre schwarzen Augen weit aufgerissen, ihr Mund verkniffen. Aber sie lebte.
»Ich …« Meine Stimme klang zu schwach, als dass sie gegen die Musik ankam. Konnte der Idiot dieses Geschreie nicht endlich abstellen?!
Stumm nickte ich ihr zu und musste genauso verschreckt aussehen, wie sie. Mein Herzschlag dröhnte mir noch immer in den Ohren.
Plötzlich verzog sich Skylars verschrecktes Gesicht zu einem breiten Grinsen. »Scheiße!«

Dann lachte sie laut los. Laut, glockenklar und völlig hysterisch. »Scheiße, wir haben's überlebt! Was auch immer das war, uns hat's nicht bekommen!«
Sie boxte Rob gegen die Schulter, der augenblicklich einen eiernden Schlenker auf der dunklen Landstraße hinlegte. Er wirkte alles andere als locker. Ich konnte sehen, wie sich seine Hände um das Lenkrad geschraubt haben, sein Blick wagte, nicht einmal von der Straße abzukommen. »Ja … haha …«, meinte ich ihn murmeln zu hören, während der ratternde Wagen uns aus dem Wald fuhr. Er musste ordentlich etwas abbekommen haben, ich konnte die gebrochene Achse unter meinem Hintern eiern spüren.
Meine Gedanken kreisten. Was ist das gewesen?
Verdammt, ich hatte es durch das spärliche Licht und meinen tränenverhangenen Blick nicht richtig erkennen können. Es hatte die Größe eines Bisons gehabt. Nein, größer. Reißzähne, die nur einen Biss zum Töten brauchten. Gliedmaßen, die ihn mit einem Satz jegliche Flucht vereiteln würde. Was hatte uns da gerammt? War das Ding der Grund, dass Topper nun in Georgetown lag? Waren wir gerade wirklich der Intensivstation – dem Tod – entkommen? Was streifte da nur durch unsere Wälder?
»Rylee!« Wieder drehte sich Skylar zu mir um. Diesmal grinste sie mich an und obwohl sich meine Muskeln nicht entspannen wollten, merkte ich, wie auch meine Mundwinkel zuckten. »Du lebst!«

Kapitel 8

Nicht nur der riesige Mond schien die Nacht mit seinem gleißenden Licht zum Tag machen zu wollen. Auch meine rasenden Gedanken ließen mich hellwach in meinem Bett liegen, als wäre es zwei Uhr mittags, nicht zwei Uhr abends.
Schaudernd ließ ich den Abend Revue passieren.
Von Sams Ausreden über seine Unruhe bis hin zu seinem Rausschmiss. Und so wenig ich es wollte, fragte ich mich unweigerlich, ob uns der Unfall im Wald nicht passiert wäre, hätte er mich bei sich behalten.
Seufzend schüttelte ich den Kopf.
Das durfte ich ihm jetzt nicht antun. Er hatte mir ausdrücklich angeordnet, den Umweg durch die Stadt zu nehmen. Rob war derjenige, der drauf gepfiffen hat. Und nun hatte er die Rechnung in Höhe eines neuen Kotflügels, Stoßstange und Rücklicht. Noch dazu durfte er sich um eine neue Hinterachse bemühen.

Und ich? Ich durfte nun schlaflos und zitternd in meinem Bett liegen und mich fragen, ob ich um ein Haar das Jackson-Schicksal fortgeführt hätte.
Es war ein Teufelskreis. Jedes Mal, wenn mir der Gedanke kam, wie mich meine Familie, wie mich Sam um ein Haar vielleicht verloren hätte, kam ich erneut darauf, ob nicht gerade ich diejenige war, die *ihn* verlor. Warum würde er mich sonst nach einem Anruf so hektisch loswerden wollen? Krampfhaft versuchte ich, mir Gründe für sein Verhalten auszumalen. Gründe, die nichts damit zu tun hatten, dass er nachts bei einer anderen verbrachte.
Ja, jetzt hatte ich den Gedanken endlich gefasst.
Schon seit ich die Wahrheit von Gabe erfahren hatte, spukte mir der Verdacht durch den Kopf und selbst bei Sam zuhause hatte ich ihn nicht aussprechen wollen. Und jede Reaktion, von der Unruhe bis zum Rauswurf, hatte mir keine Entspannung gebracht.
Dass neben meinem Zweifel auch noch Sorge um ihn mein Herz schneller schlagen ließ, machte mir das Einschlafen nicht gerade leichter.
Seufzend schloss ich erneut die Augen und riss sie sofort wieder auf.
Diese Augen. Diese roten Augen.
Wie hatten sie nur von einem auf den anderen Moment so gereizt und rot aussehen können? Ich hatte nur einen kurzen Blick auf sie werfen können, dann hatte mir jeden weiteren verwehrt, sich förmlich im Schatten versteckt. Stöhnend drehte ich mich auf die andere Schulter.

Vielleicht sollte ich das alles vergessen.
Jedenfalls für jetzt, denn sonst würde ich keine Sekunde Schlaf mehr finden.
Doch jedes Mal, wenn ich die Augen wieder schloss, tauchte dieser rötliche Blick vor ihnen auf, der mich irrsinnigerweise an die Augen der Bestie erinnerte, die von Robs einzelnem Rücklicht angestrahlt worden war.
Die Bestie.
Wieder war ich an diesem Punkt des Teufelskreises angekommen und konnte einfach nicht aus ihm herausbrechen. Mein Herz pochte mir gegen den Hals, mein Körper schwitzte jegliche Angst aus und ließ mich mit dem kalten Schweiß frösteln.
Ich wollte meine Decke wegtreten, nur musste ich feststellen, dass sie schon längst auf dem Boden lag. Wann war das passiert? Und warum schwitzte ich dann immer noch?
Seufzend schloss ich wieder die Augen und genoss die zwei Minuten der Gedanken, in denen Sams Augen oder die der Bestie nicht vorkamen. Und auch wenn ich die kurze Ruhe genoss, die Hitze hatte sich pochend an meine Haut geklammert wie ein Parasit.
Benommen schwang ich meine Beine aus dem Bett und torkelte zum Fenster.
Frische Luft würde mir guttun. Eine tiefe Nase kühle Nachtluft. Einen dicken Atemzug, der von Regen geschwängerten Brise. Unaufmerksam streckte ich die Hände aus und … wäre um ein Haar über den Fenstersims gestolpert. Sofort schwankte ich zurück. In meinem Kopf drehte sich alles.

Wann hatte ich denn das Fenster bereits geöffnet? Und warum war mir dann noch so unerbittlich heiß?

Ich schüttelte den Kopf, als könnte ich so alle Gedanken richten. Wenn so was nur gehen würde, würde es mir jetzt um einiges besser gehen. Verdammt noch mal! Ich musste meinen Kopf frei kriegen! Nicht morgen, nicht in drei Stunden – jetzt!

Mein Blick ging empor zum Vollmond, der die Baumkronen des Waldes in der Ferne in einen eisigen Schleier hüllte.

Was dort wohl heute Nacht vor sich ging? Wer wohl gerade um sein Leben rannte? Was wohl gerade in diesem Moment passierte, während ich hier schlaflos, aber unversehrt am Fenster stand?

Schwer und müde seufzte ich. Eigentlich wollte ich es gar nicht wissen. Eigentlich wollte ich, dass mein Wald wieder sicher war, damit mir keiner mehr anordnen konnte, den langen Umweg, statt meinen bekannten Weg neben der Landstraße zu nehmen. Damit ich mich wieder sicher fühlen konnte. Erschöpft ließ ich mich wieder in mein zerwühltes Bett fallen.

Es dauerte eine halbe Ewigkeit, in der mir etliche Gedanken durch den Kopf gingen, bis ich in den unruhigen Schlaf stolperte. Alle um Sam.

Um seine Lügen.

Um sein Vertrauen.

Und darum, ob es wirklich richtig war, dass ich hier gerade auf einen seligen Schlaf wartete, während jemand anderes da draußen gerade nur davon träumen konnte.

Mit einem Kaffee in der Hand schlurfte ich durch die Gänge.
»*F von X ist gleich X hoch zwei ... Ms. Jackson, hier spielt die Musik!*«
Wie erwartet verfolgte mich der gestrige Abend auch am heutigen Schultag. Nicht, dass ich vorher jemals wirklich in Mathe aufgepasst hätte, nachdem ich schon in den ersten zehn Minuten abgehängt worden war – aber heute hätte ich vielleicht eine Strichliste führen sollen, wie oft ich auf mein Tagträumen angesprochen wurde.
Statt den Gleichungen an der Tafel zu folgen, hechtete ich eher den Gedanken hinterher, ob ich mich bei Sam melden sollte. Ob er heute wohl in der Schule war, ob es ihm heute besser ging.
Ein Teil von mir wollte sich nach ihm erkundigen, ein anderer Teil war bockiger als ein Kleinkind und forderte, dass er sich zuerst bei mir meldete, nachdem er mich gestern so unsanft rausgeschmissen hatte.
Ich nahm einen Schluck aus meinem Kaffeebecher. Die Plörre in der Schule schmeckte fad, wie immer. Aber wenigstens würde sie mich etwas wachhalten, redete ich mir ein. Aus Sicherheit holte ich mir für die kommende Geschichtsstunde aber einen weiteren Kaffee und hoffte, dass mein Herz nicht vor meinen rasenden Gedan-

ken davonpeste.
Während uns Mr. Toads von der Boston Tea Party erzählte, ging mein müder Blick durch die lückenhaften Reihen. Nicht nur Sam schien es erwischt zu haben. Schon in der Mathestunde war mir aufgefallen, dass der eine oder andere fehlte, und auch der Geschichtsraum war leerer als sonst. Vielleicht war ich doch zu hart mit Sam gewesen und er hatte tatsächlich einen Schwächeanfall bekommen und mich nur aus dem Affekt rausgeschmissen?

Himmel, warum misstraue ich ihm auf einmal so sehr?, ging es mir durch den Kopf, als ich Kaffee Nummer zwei mit einem Zug leerte. Gab es denn keinen Knopf, mit dem sich diese herrlich zwiegespaltenen Gedanken ausschalten ließen? Gab es denn keinen Weg, diesen kleinen Teufel auf meiner Schulter, der mir ständig zuraunte, dass mein Freund mich anlog, von mir wegzulocken? Meinetwegen konnte er den Engel auf der anderen Seite, der mir zuflüsterte, dass ich ihm nicht misstrauen müsse, gerne mitnehmen.

»Wow, Ry, du siehst ja noch mieser aus als heute Morgen.« Mit einem Lächeln stellte mir Skylar in der Mittagspause Kaffee Nummer drei auf mein Essenstablett und ließ sich dann auf den Stuhl vor mir fallen.

Eigentlich hatte ich nicht vorgehabt, mir noch mehr Koffein einzuverleiben, aber wenigstens dran nippen sollte ich vielleicht doch, wenn meine beste Freundin schon so freundlich war, mir etwas zu spendieren. Anscheinend sah ich aus, als hätte ich es wirklich nötig.

»Danke, ich versuch mein Bestes«, brummte ich und

griff nach dem Kaffee. Schon allein der Geruch ließ mein Herz rasen. Also kaschierte ich mit einem Seufzen, dass ich nicht gleich einen Schluck nahm, und gestand ihr: »Der … Unfall gestern und das mit Sam raubt mir nicht nur den Schlaf, sondern auch meine Konzentration.«

Schon am heutigen Morgen auf dem Weg zum Bus hatte ich ihr endlich von dem Grund meines Anrufs und daraufhin auch von meiner darauffolgenden schlaflosen Nacht erzählt. Daraufhin hatte Skylar mich nur in den Arm geknufft und grinsend gesagt: *»Hey, sieht so jemand aus, der einen Bärenangriff überlebt hat?«*

Ich hatte sie nicht korrigiert, auch wenn ich mir ziemlich sicher war, dass ich keinem Bären in die Augen gesehen hatte. Die Erinnerungen an den gestrigen Unfall schnürten mir noch jetzt die Kehle zu.

»Und du bist dir sicher, dass er dich wegen Gabe angelogen hat?«, holte mich Skylar mit vollem Mund aus meinem Gedankenkarussell.

Brummend setzte ich den Kaffeebecher ab und stocherte lustlos in meinem Hähnchen-Gemüse-Reisgemisch herum.

»Ja … nein. Vielleicht hat er die Wahrheit gesagt. Vielleicht ging es ihm wirklich so schlecht, dass er mich nicht bei sich haben wollte. Keine Ahnung.«

»Hm, im Chemiekurs haben einige gefehlt heute. Vielleicht geht etwas rum?« Sie spülte ihren letzten Bissen mit einem Schluck Wasser herunter.

»Jap, bei mir in Englisch und Geschichte waren auch weniger da, als sonst. Vielleicht hast du recht.«

Und vielleicht sollte ich mir diese Worte zu Herzen nehmen. Vielleicht hatte sie wirklich recht und ich sollte aufhören, mir Gedanken zu machen. Aber irgendetwas in mir war noch immer unruhig – und das kam nicht von dem Kaffee, der mich aufputschte.

Einige Momente sah mich Skylar kauend an, bis sie mit der Gabel auf mich zeigte und vorschlug: »Du solltest dich ablenken. Mach mal irgendetwas, was nicht mit Stiften an deinem Schreibtisch zu tun hat. Du könntest zum Beispiel nachher mit meinem Dad zum Schießstand kommen.«

»Zum Schießstand?« Verdutzt legte ich den Kopf schief. »Seit wann schießt du denn?«

Skylar versuchte, sich bewusst von den meisten Schülern in unserem Jahrgang abzugrenzen. Ihr farbenfrohestes Kleidungsstück war dunkelrot. Das letzte Mal, als ich sie über einen Jungen kichern gehört hatte, war in der achten Klasse gewesen und ihre Freizeit füllte sie mit Videospielen, während sie *Schreimusik* im Hintergrund laufen hatte. Aber so taff sie sich auch gab, ihr Kern war eigentlich butterweich. Niemals hätte ich erwartet, dass sie mal Schießen außerhalb ihres Bildschirms als eines ihrer Hobbys bezeichnen würde.

»Vater-Tocher-Beziehung stärken und so. Vor allem habe ich das Gefühl, dass das in Zukunft noch nützlich werden könnte.« Sie zuckte mit den Schultern, widmete sich gleich aber wieder ihrem Essen, das sie in großen Haufen in sich reinschaufelte. Wüsste ich nicht, dass sie neben Zocken auch unerklärlicherweise gerne und viel joggte, wäre ich neidisch geworden, wie viel sie doch

essen konnte, und dennoch so schlank war.
»Ich ... ich passe, glaube ich«, antwortete ich ihr auf ihr Angebot. Allein der Gedanke, eine echte Waffe in der Hand zu halten, trieb mir kalten Schweiß auf die Stirn. Oder kam das vom Koffeinflash?
»Dein Verlust«, mampfte sie, »ich will dich nur auf andere Gedanken bringen. So wichtig dir dein Sam auch sein mag, lass dir den Tag nicht versauen, nur weil er ein Idiot ist. Du hast einen verdammten Bärenangriff überlebt! Check das mal! Außerdem riecht Sam in letzter Zeit öfter mal nach nassem Hund, findest du nicht auch?«
Der Reisberg auf meinem Teller war nun von der linken Ecke zur rechten gewandert und ich unterdrückte ein weiteres Seufzen. »Du hast recht.«
Dann kam ihr letzter Satz erst richtig in meinem Kopf an. Mir war klar, dass sie es nur aus Witz gesagt hatte, um mich aufzuheitern. Doch seltsamerweise musste ich ihr zustimmen. Dieser muffige Geruch, der gestern an ihm gehangen hatte ... Ja, er erinnerte mich an nassem Hund. Wie komisch.
»Wie war das?«, holte mich Skylar aus meinen Gedanken heraus.
Ich sah auf zu ihr. Mit den gefüllten Backen sah ihr breites Grinsen umso lächerlicher aus und passte noch weniger zu ihrem dunklen Erscheinungsbild.
»Du. Hast. Recht«, wiederholte ich extra langsam.
»Hach, davon kann ich nie genug bekommen.«
Schnaubend schüttelte ich den Kopf und grinste sie dabei an. Doch das Grinsen wurde mir mit einem Blick

auf mein vibrierendes Handy und dem darauffolgenden Herzstolpern aus dem Gesicht gewischt. Als hätte ich in dem Moment schon gewusst, dass etwas nicht stimmte.

Kapitel 9

Ich starrte auf seinen Namen, fokussierte das Herz dahinter, das mich höhnisch auszulachen schien. Der Gedanke daran, dass ich bei dem Anblick seines Namens und dem hinterlegten Bild, das uns beide Arm in Arm als Viktor und Emely aus *Corpse Bride* auf der letzten Halloweenparty zeigte, wenn er anrief, ins Stocken geriet, schickte mir einen Pfeil durchs Herz.
Ich wollte nicht, dass mein Misstrauen unsere Beziehung auseinanderdriften ließ. Anderseits war er nun auch nicht gerade unschuldig daran. Ich sollte ihn wirklich darauf ansprechen. Ich wollte ihn wirklich darauf ansprechen. Aber würde mein Mund nicht wie jedes Mal einfach eine andere Entscheidung treffen, als wären mein Kopf und mein Herz nicht von Bedeutung in der Debatte?
Schnaubend schüttelte ich den Kopf. Es brachte nun

auch nichts, ihn zappeln zu lassen, wenn ich doch selbst die Versöhnung und sein Vertrauen am meisten wollte.

»Willst du nicht rangehen?«, erinnerte mich Skylar daran, wie lange ich nun schon dort saß, ohne Anstalten zu machen, abzunehmen.

Ein kurzer Blick auf sie, um ihr zuzunicken, ein letzter Atemzug, dann drückte ich den grünen Hörer.

»Hallo?«

Ein unschuldiges Hallo, das nicht vermuten ließ, dass ich jetzt ein *Rylee, entschuldige, dass ich so ein Idiot war* oder ein *Nie wieder werd' ich dich rausschmeißen* oder sonst was in die Richtung erwartete. Nur würde ich nichts davon bekommen.

»Rylee? Bist du's?«

Ich sah, wie Skylar den Kopf schieflegte, als sich meine Stirn in Falten legte. Ich hatte zwar damit gerechnet, dass ich nicht gleich mit einer Entschuldigung begrüßt wurde, aber die Stimme, die jetzt nach mir fragte, hatte ich ganz sicher nicht erwartet.

Das war nicht Sams Brummen, es war die sorgengetränkte Stimme seiner Mutter.

»Mrs. – Sandra?« Auch nach einem Jahr hatte ich Sams Workaholic-Mutter nicht oft gesehen, dass mir ihr Vorname noch heute zu oft entfiel.

»Richtig.« Sie klang atemlos, aufgeregt. »Ist mein Sohn bei dir?«

Mein Sohn. Irgendetwas stimmte hier nicht. Ganz gewaltig. Und obwohl Sandra Raven nicht weiter ausführte, zog es mir die Lunge in der Brust zusammen, dass ich nach Luft schnappte, anstatt zu fragen, was passiert war.

Nun hörte selbst Skylar auf zu kauen und ihre Gabel, mit der sie schon den nächsten Bissen vorbereitet hatte, blieb vor ihrem Mund hängen.
»Äh, nein … gerade nicht«, presste ich hervor.
Plötzlich war ich wacher, als mich vier Kaffees hätten machen können, doch mein Kopf war weiterhin benebelt. Mein Bein fing an, unter dem Mensatisch zu zappeln.
Sam war nicht in der Schule und er war nicht zuhause – und hatte sein Handy nicht dabei. Welcher Jugendliche ließ denn heutzutage sein Handy bereitwillig zuhause? Vor allem, wenn man sich eh schon nicht gut fühlte. Was, zum Teufel, passierte nur gerade mit Sam?
»Nein. Ich dachte vielleicht, dass er bei dir übernachtet hätte«, Mrs. Ravens Stimme, die sonst so liebevoll und bestimmend gleichzeitig war, klang gerade so dünn, dass es mir einen Schauer über den Rücken jagte.
»Heute Morgen war er jedenfalls nicht mehr zuhause. Und seine Schulsachen stehen noch hier.«
Ein weiterer Schauer ließ mich erzittern. So aufgewühlt hatte ich sie noch nie gehört. Gut, zugegeben, ich hatte sie generell verhältnismäßig selten gehört. Und erst recht nicht in Situationen, die vergleichbar waren mit dieser hier.
Ich blickte in Skylars verdutztes Gesicht, als es mich durchfuhr wie ein Blitz. Sam war nicht zuhause. Er war nicht in der Schule. Gestern noch hatte er mich hinausgeworfen, um Ruhe zu bekommen – aber nach Ruhe klang das hier nicht. Mehr nach etwas, das Skylar als *rote Flagge* beschreien würde. Eine rote Flagge, auf der die

höhnenden Worte prangten: *Ich werfe meine Freundin hinaus, um die Nacht bei einer anderen zu verbringen.*
Dann traf mich mit voller Wucht ein anderer Gedanke. Mir wurde schwindelig und mein Herz pochte nun schneller als nach dem Zug am dampfenden Kaffee, den Skylar mir mitgebracht hatte. Er war doch wohl nicht nachts rausgegangen, obwohl er mir seit Tagen das Gegenteil riet? Er war doch wohl nicht dem Schicksal erlegen, dem wir gestern nur um Haaresbreite entkommen waren? Er lag doch wohl jetzt nicht im Wald, darauf wartend, nach Georgetown gefahren zu werden, um dort …
Ich wollte den Gedanken nicht zu Ende denken. Ich konnte auch nicht. Die Bilder, die mir jetzt in den Kopf schossen, schnürten mir die Kehle zu, dass ich mich selbst wunderte, wie ich die nächsten Worte überhaupt rausbekam: »Ach, ich …, ich meine, er h… hätte gestern irgendwas in die Richtung erwähnt, dass er bei … Gabe übernachten würde. Z… zum Lernen vielleicht? Er hat ja gestern die Lerngruppe verpasst.« Ich hätte mich selbst ohrfeigen können, dass ich nun selbst Gabe als Lüge missbrauchte. Er könnte sonst wo sein, bei sonst wem liegen … und ich verteidigte ihn. Entweder war es dumm, weil er es nicht verdient hatte, oder es war dumm, weil niemand nach ihm suchen würde.
»Vielleicht tut er das.« Mrs. Raven klang nicht wirklich überzeugt. Was mich einerseits freute, denn so blieb sie hoffentlich wachsam, um ihn zu finden, andererseits beunruhigte es mich gleichermaßen. Denn jetzt hatte Sam ein Problem. Wenn er das nicht eh schon hatte.

Sie seufzte am anderen Ende. »Aber hätte er sein Handy dann nicht mitgenommen? Oder sich bei mir abgemeldet?« Wieder ein Seufzen. »Dann hätte ich nicht einfach an sein Handy gehen müssen. Ohne euren Jahrestag wäre ich eh nicht weit gekommen.«

Unter dem kalten Zittern, das mich seit Mrs. Ravens beunruhigenden Nachrichten nicht mehr losließ, mischte sich ein kurzes warmes Kribbeln. So selten sie auch zuhause war und sich stattdessen die Füße wund arbeitete, bemühte sie sich dennoch, am Leben ihres Sohnes teilzuhaben. Sonst hätte sie mit dem Datum unseres Jahrestages Sams Handy nicht entsperren können.

Meine Mutter hätte sich den nicht in zehn Jahren merken können. Nicht, dass sie jemals mal nachgefragt hätte. Sie interessierte sich nur dafür, wo mein Bruder und ich waren und was wir taten, allerdings kein bisschen dafür, was dahintersteckte.

Innerlich schüttelte ich den Kopf, um die Gedanken um das distanzierte Verhältnis zu meiner Mom loszuwerden. Es gab Wichtigeres. Mein Mund wusste das und redete bereits gedankenlos weiter: »V… vielleicht hat er's nur vergessen. Oder … wahrscheinlich hat er's extra zuhause gelassen. Digital Detox ist doch jetzt voll das Ding.«

Auf Social Media war es jedenfalls ein Trend, aber mein Handy würde mir sicher keiner für eine Woche abnehmen können. Doch bevor Mrs. Raven auch nur einen Einwand hegen konnte, redete ich mich – und meinen Freund – weiter in die Lüge hinein, ohne zu wissen, ob ich ihm gerade einen Gefallen tat oder ihm nur noch mehr Schwierigkeiten bereitete: »Ah und, äh … jetzt wo du's sagst: Er hat mich gestern nach Haus geschickt, weil er vergessen hat, dass er sich v… verabredet hatte. Ich glaube, er hat wirklich von Gabe geredet. Da wird er sicher übernachtet haben.« Ich konnte nur hoffen, dass Mrs. Raven nicht bei Gabe anrief, und die gleiche Szene durchmachen musste, wie ich gestern.

»Frau, du musst auf den Kopf gefallen sein. Das hätte ich gewusst.«

Das wäre unvorteilhaft für uns beide.

»Und die Schule geschwänzt haben …«, fügte Mrs. Raven betont langsam zu meiner Aussage hinzu und ließ mich somit zweifeln, ob ich gerade wirklich das Richtige getan hatte.

»Ich …«, … *sollte lieber den Mund halten,* dachte ich und redete trotzdem weiter, »… hab ihn heute zwar noch nicht gesehen, d… das muss aber nicht heißen, dass er nicht hier ist.«

Puh, zum Glück endlich die Wahrheit.

Wenigstens teils. Ob er wirklich nicht hier war, konnte ich nicht beweisen. Aber es würde mich stark wundern, wenn er durch diese Wände taperte, ohne auch nur einmal nach seiner Freundin zu sehen.

»Aber …, wenn ich ihn sehe, kann ich dir Bescheid geben.«

Wenn ich ihn sehen würde, würde ich zuerst *ihm* Bescheid geben, wie unmöglich ich sein Verhalten fände. Wie sehr ich ihm mittlerweile misstraute, auch wenn mir das selbst nicht recht war. Ich kniff die Augen zusammen, während ich irgendwo in mir etwas zersplittern zu meinen hörte: die Teilung meines Vertrauens zu ihm in zwei Lager.

»Das ist sehr lieb von dir.«

Nun konnte ich nicht mehr ausmachen, ob seine Mutter besorgt oder wütend war. Womöglich hatte ich einen Fehler begangen … andererseits war es nicht meine Schuld. Hätte er mich vorher ins Bild geholt, wäre ich besser vorbereitet gewesen und diese Situation wäre sicher besser ausgegangen. *Was verheimlichst du uns nur, Sam?*

»Ist doch klar … Ich melde mich.«

Bevor ich auflegte, gab ich Mrs. Raven noch eine kurze Pause zur Verabschiedung, aber es kribbelte in meinen Fingerspitzen, die besorgte und vielleicht wütende Mutter wegzudrücken.

Worein hatte ich mich da nur geritten? In welche Lage hatte ich Sam jetzt gebracht? Und was zur Hölle sollte ich jetzt tun? Ich wusste ja selbst nicht einmal, ob ich sauer auf ihn sein sollte, besorgt oder einfach nur vollkommen verwirrt.

»Alles gut?«, fragte Skylar und schob sich endlich wieder eine Gabel voll Reis in den Mund.

Sie versuchte, verdutzt zu wirken, doch ich sah die Sorge in ihren grünen Augen.

»Sam ist nicht zuhause.« Meine Hände ließen das Handy sinken, wollten es aber noch nicht zurück in meine Hosentasche stecken. Als hofften sie, dass Mrs. Raven jeden Moment zurückrief mit der Nachricht: *Alles gut, hab ihn gefunden!*

»Zu lang gefeiert und bei wem anders verschlafen?«,

mutmaßte sie und wir wussten beide, dass sie das selbst nicht glaubte und nur versuchte, mir meinen skeptischen Gesichtsausdruck auszutreiben.
»Bei wem anders. Genau«, knurrte ich.
»Hey, Rylee! Der Kerl betrügt dich nicht.« Sie zeigte mit der Gabel auf mich und ihr Gesichtsausdruck wurde hart.
»Was macht dich da so sicher?«
»Der Hundeblick, den er dir zuwirft. Den kann man nicht faken.« Nun zierte ihr scharfer Blick doch ein Lächeln.
Meine Hand umschloss mein Handy fester und fester. Natürlich wusste ich, dass sie recht haben würde, aber dennoch war da irgendetwas in mir, das fast schon wollte, dass er mich betrog. Denn, wenn das nicht der Fall sein sollte, würde es gleichzeitig heißen, dass es wahrscheinlicher war, dass ihm etwas zugestoßen war.
Wieder schnürte sich meine Kehle zu und demonstrativ schob ich mein kaum berührtes Essenstablett von mir weg, als die unsicher lächelnde Rebecca sich gerade mit einem leisen »Hey« neben Skylar niederließ.
»Mir ist gerade der Appetit vergangen.«

»Mann, Rylee! Jetzt zieh doch mal die Mundwinkel hoch! Ich bin der Emo von uns beiden.«
Ich wusste, dass das Skylars Versuch war, mich aufzumuntern, ansonsten hätte das von ihr verachtete Wort

Emo nicht selbst benutzt. *Sie war kein Emo, sie zog ein schönes, freundliches Schwarz nur vor.*
Aber seit Mrs. Ravens Anruf in der Mittagspause tobte in mir ein Kampf zwischen Sorge und Wut. Dass ich nicht wusste, ob er gerade jegliche Moral über Bord warf oder ihm wirklich etwas zugestoßen sein könnte, machte mich verrückt. Ich hatte Robs Auto nach unserer Begegnung im Wald gesehen und nun Sams alten Wrangler so vor meinen inneren Augen zu haben …
»Ich kann nicht«, seufzte ich und ließ meinen Blick durch den Waldabschnitt gleiten, als erwartete ich, eine neue Absperrung zu finden, hinter der ich seinen Körper erspähen könnte. Skylar hatte darauf bestanden, die bäumegesäumte Abkürzung zu nehmen.
Traumaprophylaxe hatte sie es genannt. *»Nachdem man vom Pferd fällt, soll man doch auch wieder aufsteigen, oder nicht?«*
Nur, dass mir der Gedanke an die Wucht, die uns gestern erfasst hatte, weitaus mehr Angst bereitete, als von einem einenmeterfünfzig großen Pferd zu fallen. Einzig das Argument, dass wir ihn bei Tag durchqueren, hatte mich überzeugen können, zuzustimmen. Und während wir im bedrückenden Plauderton nebeneinander her schlenderten, fühlte ich mich wie ein Hund, der sein Revier verteidigen wollte. Keiner würde uns aus *unserem* Wald vertreiben. Nicht mal diese Bestie. Das redete ich mir jedenfalls bellend ein. Doch sowohl Skylar und ich wussten beide, dass wir sofort mit eingezogenem Schwanz um unser Leben rennen würden, würde einer von uns noch einmal diese Augen zu Gesicht bekommen.

»Sicher, dass du nicht doch mit zum Schießen kommen willst?«, fragte Skylar.
»G… ganz sicher.«
»Das würde dein Mindset von *Warten und Leiden* vielleicht auf *Machen und für dich einstehen* ändern. Wir können doch nicht tatenlos hier rumsitzen und …«
»Ich bin ganz sicher, Sky«, unterbrach ich sie mit fester Stimme. Ich wollte nicht mehr darüber hören, dass ich mich ablenken sollte. Vielleicht hatte ich die Sorge um Sam ja ganz freiwillig in meinem Kopf. Auch wenn ich wünschte, dass sich keine der beiden möglichen Szenarien in meinem Kopf bewahrheiteten. Dass Skylar damit vielleicht viel mehr hätte meinen können, als nur meine Ablenkung, konnte ich damals noch nicht ahnen.
»Ich mein ja nur.« Unschuldig hob sie beide Hände und fegte sich mit einer geschmeidigen Handbewegung die schwarzen Haare von der Schulter.
»Ich …« Mein Blick ging wieder durch die Baumgruppen, die sich dicht an dicht und leicht entwurzelt aneinanderschmiegten. Wir waren an dem Waldabschnitt angekommen, der letztens noch abgesperrt gewesen war. Nicht unweit von unserem Unfallort. Ich erkannte es an dem kleinen Trampelpfad, der links in das Naturschutzgebiet führte. Unser Trampelpfad.
»Ich werd' einen kleinen Umweg machen. Geh du schon mal allein nach Hause«, bat ich Skylar und suchte in ihrem Gesicht nach Bestätigung.
Ihre Augen wanderten zu dem Pfad auf der anderen Straßenseite und schon nach wenigen Sekunden konnte ich ihr ansehen, dass sie verstand.

»Zur Bank am Fluss?«, fragte sie.
»Ja.«
»Na gut.« Sie seufzte. »Aber lass dich nicht fressen.«
Ich erstarrte und mir musste der Schreck ins Gesicht geschrieben sein, denn Skylar knuffte meinen Arm. »He, guck nicht so! Das war ein Scherz ... nur ein doofer Scherz.«
Sie konnte ja nicht wissen, dass ich Sam nicht nur des Fremdgehens verdächtigte. Sie konnte nichts von meiner Angst um ihn wissen. Ich hatte ihr nicht erzählt, dass es mich beunruhigte, vielleicht den nächsten Anruf aus einem Krankenhaus zu bekommen.
»Hey.« Einfühlsam legte mir meine Emofreundin die Hand auf den Oberarm, den sie gerade noch geknufft hatte. »Nicht gefressen werden und keine unnötigen Tränen vergeuden, ja? Du bist nicht wehrlos.«
Nicht wehrlos. Das sollte ich mir merken.
»Danke.«
Ich verabschiedete mich und folgte allein dem feuchten Trampelpfad, der mich zu der Bank am Flüsschen bringen würde, den Sam und ich zu unserem Platz auserkoren hatten. Weswegen es mich dorthin zog, wusste ich nicht. Ob ich an einen Ort wollte, den ich mit ihm verband oder ob ich so nur einen Waldbereich abchecken konnte, in dem er ganz sicher nicht zwischen feuchtem Laub und Tannennadeln lag? In dem er ganz sicher nicht lag. Ganz sicher. Er war sicher nur treulos, nicht tot.

Als mir der kühle Wind um die erhitzten Wangen wehte und ich die Fäuste in meine Jackentaschen steckte, fragte ich mich, was das hier überhaupt sollte? Was erhoffte ich mir davon? Es war ein kleiner Ort in ganz Winchester. Das Städtchen war klein, aber selbst die Straßen zu Fuß abzusuchen, würde einen halben Tag dauern. Und der Waldabschnitt hinter der Landstraße war riesig und unübersichtlich – selbst für mich. Ich würde einen mickrigen Bereich abhaken können, wenn ich zu unserer Bank ging. Aber wäre er nicht dort, hätte ich nicht mehr geschafft, als mich an einen Platz zu begeben, der mich nur schmerzlich an Sams Geheimniskrämerei erinnerte.

Mein Blick ging Richtung Horizont, der sich schon bald rot färben würde. Viel Zeit hatte ich nicht mehr, wenn ich mich an die Anordnungen halten wollte, die gerade für Winchesters Bürger galten. Wenn ich nicht wieder vor den rötlichen Augen des Monsters erstarren wollte. Ob sie wohl wirklich eine Ausgangssperre verhängen würden?

»Sam?«

Ich bemerkte erst, dass ich seinen Namen rief, als er mir schon das dritte Mal über die Lippen ging. War das nun fürsorglich oder dumm? Machte ich jetzt mit meinem Gebrülle auf mich aufmerksam oder rief ich jemandem hinterher, der es nicht verdient hatte – oder der hier nicht einmal im Wald war, weil nur ich einen Gedanken an unseren gemeinsamen Ort verschwendete?

Meine Gedanken rasten so schnell an mir vorbei, dass es unmöglich schien, einen zu greifen. Mein Herz klopf-

te mir bis zum Hals, auch wenn ich nicht wusste, ob mein Aufenthaltsort, mein Misstrauen oder meine Sorge der Auslöser dafür war. Japsend öffnete ich meine verkrampften Fäuste, wischte die klatschnassen Handflächen an meiner Hose ab und ballte sie dann unbeabsichtigt wieder zu Fäusten, dass mir die Unterarme zu schmerzen begannen. Es war nicht einmal Nacht und dennoch war von dem beruhigenden Gefühl, das ich immer zwischen diesen Bäumen bekam, kaum mehr etwas übrig.
»Sam, bitte! Bist du hier?«
Dabei wusste ich nicht, ob ich erleichterter sein würde, wenn er mir antwortete oder wenn er es nicht tat. Aber die Ungewissheit brachte mich um den Verstand.
Fast ein Jahr war alles gut gewesen. Fast ein Jahr waren unsere größten Probleme unsere unterschiedlichen Stundenpläne gewesen. Selbst die Frage, was er nach seinem diesjährigen Abschluss tat, während ich noch für mindestens ein Jahr weiter in diesem Ort gefangen war, hatten wir halbherzig gelöst bekommen. Warum musste es jetzt auf einmal schlagartig so abstrus, so kompliziert, so mysteriös werden?
Das Klingeln in meiner Tasche ließ mich so heftig zusammenzucken, dass ich fast über den Ast vor mir stolperte. Waren meine Beine wirklich den gesamten Weg über so weich gewesen? Das war ja eine super Ausgangssituation für eine Flucht …!
Mit zitternden Fingern fischte ich mein Handy aus der Tasche. Mein Herz machte einen Satz und ich hörte bereits das Schluchzen in der Stimme von Sams Mutter,

dass mir selbst die Tränen in die Augen stiegen, ohne, dass ich den Anruf von Sams Nummer angenommen hatte.
»Mrs. Raven?« *Sandra.* Sie hieß Sandra. Mein Kopf war gerade im Autopilot und konnte sich nicht noch auf Namen konzentrieren. Zitternd sog ich tief Luft in meine Lunge, um mich darauf vorzubereiten, was Sams Mutter mir zu sagen hatte.
»Ich bin's.«
Meine Beine ließen mich mitten zwischen den Bäumen stehen bleiben. Seine Stimme jagte mir ein Brennen in die Kehle.
»Sam?« Und warum triefte meine Stimme vor Wut, statt erleichtert zu klingen? Er war wohlauf. Er lebte. Er war zuhause und hatte sein Handy wieder. Das sollte mich beruhigen. Eigentlich. Der Wald um mich herum bewegte sich wieder. Meine Beine wurden von Pudding zu Stahl.
»Ja. Also, hör zu …«
»Wo, verdammt noch mal, warst du? Und was ist los mit dir?!«, rief ich nun aufgebracht ins Handy, obwohl ich wusste, dass mehr Mitgefühl besser angebracht gewesen wäre.
»Ich bin zuhause«, antwortete er und klang verdammt ruhig dafür, dass ich gerade mit Herzrasen durch den Wald geirrt war.
»Zuhause«, wiederholte ich knurrend. »Und was bringt dich dazu, da nicht über Nacht zu sein? Oder lässt es sich besser woanders ausruhen? Im Wald vielleicht? Oder bei vielleicht bei …«

»Das ist 'ne längere Geschichte«, unterbrach er meinen hervorragenden Versuch, ihn endlich zur Rede zu stellen. Verdammt, ja, dieser Versuch war endlich hervorragend und er ließ ihn mich nicht einmal auskosten!
Nun joggte ich doch tatsächlich. Meine Schultasche auf meinem Rücken fühlte sich an, wie mit Steinen gefüllt. Aber das war mir egal. Ich wollte nur raus hier. Raus aus dem Wald, Richtung Wohnsiedlung. Richtung Familie Raven.
»Meine Mom weiß Bescheid.«
»Worüber?«, keuchte ich ins Handy und füllte die aufkommende Stille mit meinem erbärmlichen Hecheln. Ich hätte öfter zustimmen sollen, als Skylar mir angeboten hatte, zusammen laufen zu gehen.
»Worüber, Sam?« Ich erreichte die Straße.
»Also …«
»Samson!«, unterbrach ich ihn. Kontraproduktiv, das wusste ich. Aber mir war bewusst, dass ich eh nur Gestottere zustande bekommen würde.
»Mach dir keine Sorgen, Rylee. Wirk…«
»Hab ich aber«, brüllte ich und merkte, wie der Waldweg vor meinen Augen verschwamm. Wenigstens erkannte ich schon die ersten Häuser hinter den Bäumen.
Der Himmel hüllte sich bereits in einen pastelligen Rotton und würde in nicht einmal einer halben Stunde brennen.
»Brauchst du aber nicht. Wirklich. Mir geht es …«
»Und was ist …« Ich holte japsend Luft, aber langsamer zu laufen kam nicht infrage. »Was ist mit mir?«
Wieder Stille. Gespickt von meinem Schnaufen. »Wie

geht's mir mit deinen ganzen Geheimnissen?«
»Rylee …« Sam klang müde, unsagbar erschöpft und toppte das mit einem langen Seufzen.
Wie konnte er es wagen, jetzt diese Tour abzuziehen?
»Überleg dir gut …«, O Mann, ich könnte mit einer besseren Kondition so viel wütender klingen, »wie du's mir gleich … erklären willst.«
»Gleich?«
»Ich bin gleich … bei dir.«
Hechelnde Stille.
»Dann will ich die Wahrheit.«

Kapitel 10

Ich gab mir höchstens dreißig Sekunden vor Sams Haus, die sich anfühlten, wie eine halbe Ewigkeit, in denen ich mich japsend auf meinen Oberschenkeln aufstützte und nach Luft rang. Keine Lügen mehr.
Keine Lügen mehr. »Keine … Lügen«, keuchte ich leise, ohne es zu merken.
Kurzerhand griff ich in den Blumentopf neben der Tür und fischte mir den Ersatzschlüssel unter dem Stein neben der verdorrten Blume hervor.
Mit zitternder Treffsicherheit versenkte ich den Schlüssel im Schlüsselloch, drehte ihn, drückte mich durch die Tür. Mein Blick ging die Treppe hinauf, die gleich neben dem Eingang ins erste Stockwerk führte. Die mich Sam erst gestern noch wie ein genervter Vater heruntergetragen hatte. Doch er stand nicht da, erwartete mich nicht. Obwohl ich mich angekündigt hatte.

So ein Feigling.

Die Schuhe von meinen Hacken zu treten brauchte fünf Sekunden, die Treppe hinaufzustürmen höchstens zehn, mich zu beruhigen sicher mehr als nur ein *Alles gut, Rylee.*

»Samson«, brüllte ich, ohne Rücksicht auf seine Mutter zu nehmen, und warf mich quasi gegen seine Zimmertür, »was ist …«

Als ich dann in seinem Zimmer stand, stockte mir der Atem. Die Wut blieb mir im Hals stecken und ließ mich erneut japsen. Oh, was hatte ich mir nur gedacht?

»Was … was ist passiert?«, entfuhr es mir atemlos.

Muffiger Duft schlug mir gleich entgegen, als hätte er seit Tagen sein Zimmer nicht gelüftet. *Außerdem riecht er in letzter Zeit nach nassem Hund, findest du nicht auch?*

Sam saß oberkörperfrei und in sich zusammengesunken auf seinem Bürostuhl. Dunkle Ringe klafften unter seinen müden Augen, seine linke Augenbraue war von einem frischen Ritz geteilt. Seufzend fuhr er sich mit der Hand durchs blasse Gesicht. Seine Brille lag auf seinem Bett, fast so, als hätte sie sich nicht bewegt, seit ich sie gestern Abend dort hingelegt hatte. Seine Haare standen wild zu allen Seiten ab.

Ich schluckte, als ich die braunen und rötlichen Flecken auf seiner Jeans sah. Erst als er seine Hand wieder sinken ließ, konnte ich einen Blick auf seinen geschundenen Oberkörper erhaschen. Mir wurde schwindelig, als ich die Kratzer, das Blut sah. Vier lange rote Linien klafften auf seinem linken Oberarm, die nicht so aussahen, als hätte man sich schon um sie gekümmert. Die

Erde, in der er sich gewälzt haben musste, hatte er auch noch nicht geschafft abzuwaschen.

»Ach du Sch... Sam ...«, stammelte ich, als er mir nicht antwortete. Was hatte er getan?

Ich wollte, dass er lachend versicherte, dass er nun doch dem Theaterclub eingetreten war, er nur aus der Maske kam. Aber seine zusammengezogenen Augenbrauen nahmen mir diese Hoffnung.

»Du ... warst doch wohl nicht ...« ... *Über Nacht im Wald*, beendete ich den Satz in meinem Kopf, weil ich es nicht schaffte, ihn auszusprechen. Der Kanon aus Robs, Skylars und meinen Schreien schoss mir durch den Kopf und ließ mich zusammenzucken.

Er öffnete den Mund, bekam aber keine Worte heraus. Mit weichen Knien stolperte ich auf ihn zu und legte meine Hand auf seine verletzte Schulter. Der muffige Geruch, der wieder an ihm hing, war heute so stark, dass er mir Tränen in die Augen trieb. Oder lag das gar nicht an dem Duft?

Er zuckte zusammen, als meine kühle, feuchte Hand auf seine heiße Haut traf, als meine Finger die Blutkruste berührten. Erst dann griff er nach meiner Hand, um sie von seinen Wunden zu entfernen, und murmelte mehr, als dass er versicherte: »Es sieht schlimmer aus, als es ist.«

»Was zur Hölle ist passiert?«, wiederholte ich wispernd. Ich konnte nicht anders, als auf seine zerkratzte Brust zu starren. Auf seine sonst so makellose Brust, auf der die wenigen Sommersprossen verrieten, wie sein hübsches Gesicht im Sommer aussehen würde. Wenigstens sah es auf den ersten Blick so aus, als wäre das Blut auf seinen Rippen nicht seins. Aber ob mich das wirklich beruhigte, wagte ich noch nicht zu entscheiden.

Ächzend erhob er sich, auch wenn er versuchte, die Schmerzen, die ihm ins Gesicht geschrieben standen, zu verbergen. Nun überragte er mich wie gewohnt um mehr als einen Kopf, hielt meine Hand mit beiden seiner, obwohl zwei meiner kleinen Hände in eine seiner Pranken gepasst hätten.

»Das ist 'ne lange Geschichte. Kann ich sie dir irgendwann anders erzählen?« Er löste seine rechte Hand aus meiner und hob mein Kinn, sodass ich in seine erschöpft funkelnden Augen sehen musste. Augen, in denen kein roter Schimmer zu erkennen war. Nur trübe Müdigkeit.

»Was?«, entfuhr es mir perplex, ohne an sein Energielevel zu denken, »W... wieso nicht jetzt? Ich hab mir extreme Sorgen gemacht – und deine Mutter auch!« Dass ein Teil meines Hirns ihn des Seitensprungs verdächtig hatte, behielt ich für mich.

Ich sah ihm direkt in die Augen und musste mich wirklich konzentrieren, nicht diesen gruseligen Rotton dazuzudichten, der mich seit gestern verfolgte, sobald ich die Augen schloss. *Braun, Rylee. Sie sind braun*, redete ich mir selbst ein, während ich auf Sams Antwort wartete.

»Ich weiß. Sie weiß Bescheid«, versicherte er mir ruhig. Trotzig entzog ich mein Kinn seinem Griff. »Ach ja? Und wieso ich nicht?«

»Weil ...«, er brach seufzend ab, »weil ... es vielleicht besser für dich ist.« Es war keine Frage gewesen, doch er ging trotzdem mit der Stimme am Ende des Satzes hoch. Sein Blick galt nun seinen nackten Füßen.

Er konnte mir nicht einmal in die Augen schauen!

»Das ... hast du gerade nicht wirklich gesagt! D... das ist nicht dein Ernst.« Mir entfuhr ein freudloses Lachen, das mir in der Kehle stecken blieb, als Sam seinen Blick wieder hob.

»Doch.« Auf seiner Stirn entstand eine Sorgenfalte. »Ich kann nicht verantworten, dass du mit reingezogen wirst. Das würdest du nicht aushalten.«

»Und was, wenn doch?« Meine Hand packte seinen freien Unterarm. Konnte ich gerade seinen Puls rasen spüren?

Sam schien zu merken, dass mich seine Aussage getriggert hatte. Nervös fuhr er mit der Zunge über die Lippen. »Gut, vielleicht doch. Aber ich möchte das nicht. Ich will nicht, dass du ...«

Er brach den Satz einfach ab und es entstand eine unangenehme Stille zwischen uns, in der wir uns nur aneinander festhielten und schwiegen. Aber es war kein wohliges Schweigen. Es war eins, das vor Spannung nur so knisterte und drohte, sich jeden Moment mit einem Donner zu entladen.

»Was willst du nicht ...?«, flüsterte ich letztendlich. Kein Ton in meiner Stimme. Kein klarer Gedanke in meinem Kopf.

»Ich ... will dich aus der ganzen Sache raushalten.«

»Was?« Was sollte das schon wieder bedeuten?

Meine Hände lösten sich langsam von ihm.

»Rylee, vertrau mir ...«

»Das will ich ja!«, donnerte ich und wich zurück, um meinen Kopf nicht mehr so in den Nacken legen zu müssen, »aber du gibst mir so viele Gründe, es nicht zu tun!«

»Rylee ...« Er kam einen Schritt auf mich zu, doch ich wich weiter zurück. Die Sorge in meinen Adern wurde zu flammender Wut. Das musste er selbst ohne Brille erkannt haben, denn ich meinte ihn kurz zusammenzucken zu sehen.

»Rylee, sei jetzt bitte nicht verletzt!«, bat er mich leise.

»Das bin ich aber!«, erwiderte ich umso lauter.

Wow, wann hatte ich das letzte Mal meine Stimme so laut schreien gehört? »Denkst du, ich merk nicht, wie du mich seit Tagen anlügst? Meinst du, ich kann so beruhigt schlafen? Oder beruhigt zur Schule gehen, wenn ich nicht weiß, ob ich dich dort sehen werde? Wenn deine Mutter mich panisch anruft und ich nicht weiß, ob ich dich vielleicht eines Tages aus dem Wald ins Krankenhaus ziehen muss?« Ich deutete an ihm herab.

Bei jedem Satz verzog sich sein Gesicht mehr und mehr, als wäre jedes meiner Wörter ein weiterer Dolch, der sich in seine Flanken bohrte. Und wieder brachte er keine Worte aus. Wieder standen wir schweigend dort.

»Du warst doch im Wald, oder nicht?« Ich bemühte mich, nicht zu schreien, was mir doch tatsächlich gelang. Zwar schrie ich ihn nicht an, knurrte aber wie ein Wolf.

Er deutete ein Nicken an. Nicht mal hierauf konnte er eine klare Antwort geben.

»Und du riechst schon wieder nach nassem Hund«, rutschte es mir gepresst heraus.
Seine Brauen schossen in die Höhe. »Was?«
Ach, das war ihm nicht einmal aufgefallen?
»Du hast mich gehört.«
»Ich ... ich rieche ...«
»Nach nassem Hund«, schnitt ich ihm das Wort ab und hoffte, dass mein Blick ihn ins Schwitzen brachte. »So wie schon seit Tagen. Fällt selbst Skylar auf. Warum?«
Hat sie einen Hund?
Er schnappte nach Luft und fing erbärmlich an zu stottern. »Ich ... kann's ...«
»Mir nicht sagen?« Ich stemmte die Fäuste in die Hüften und legte den Kopf schief. Plötzlich war es mir egal, wie ramponiert er aussah, wie gebrochen er mich betrachtete, wie groß meine Sorge war, dass er womöglich im Wald hätte sterben können. Obwohl sein körperlicher Zustand sowohl für Opfer als auch Täter sprach. »Sag mal«, knurrte ich kurzerhand, »willst du mich verarschen?«
»Ich will dich beschützen«, beschwichtigte Sam.
»Und wann hab ich dich danach gefragt?«
Stille.
»Richtig. Aber ich hab dich nach der Wahrheit gefragt. Also ...?«
Wieder Stille. Dieses verdammte Schweigen. Es war schlimmer als jede weitere Lüge, die er mir hätte auftischen können. Schlimmer als jeder weitere Dolch, den er mir ins Fleisch stoß, mit seiner Stimme in meinem Ohr: »*Ich – vertrau – dir – nicht.*«

»Alles klar«, seufzte ich letztendlich, als nichts weiter von ihm kam. Das war Antwort genug. »Einen Tag hast du. Ansonsten weiß ich nicht, ob sich das hier«, ich wedelte mit der Hand zwischen uns hin und her, »ohne Vertrauen lohnt. Überleg's dir.«

Schnurstracks machte ich auf dem Punkt kehrt, ließ den schweigenden Sam hinter mir und stolperte zur Treppe. Kein »Warte!«, kein Geräusch, keine Anstalten mich aufzuhalten. Unter drückender Stille, die sich wie ein elektrisierendes Stromnetz auf meine Haut legte, ging ich die knarzende Treppe hinunter und schlüpfte in meine Schuhe. Immer noch kein Laut von oben.

»Alles klar …«, wiederholte murmelnd ich geknickt und glitt aus der Tür.

Kapitel 11

Der braune Buntstift füllte gerade den Holzpflock, den der Hauptcharakter meines Comics in der Hand hielt, kurz bevor er sich entscheiden würde, ob er mit ihm seine Liebe tatsächlich für immer ins Jenseits schicken sollte. Ich hatte ihn vor ein paar Tagen Steward genannt, doch mein wütender Teenagerkopf wollte ihn nun in Sam umbenennen.

Während ich auf dem Weg nach Hause Tränen vergossen hatte, als hätte ich sie zu verschenken, holte mich hier am Schreibtisch nun wieder die Wut ein, die mich mein Handy wütend auf mein Bett hatte pfeffern lassen, um mich von der Außenwelt abzuschotten. Nun saß ich über das Finale meines Comics gebeugt, meinen Laptop vor mir, auf der die Playlist lief, die Skylar mir für genau diese Momente zusammengestellt hatte. *Jeder braucht mal ein bisschen Metal, um sich abzureagieren.* Und es half tatsächlich. Auch wenn ich mir sehr wohl bewusst war, dass sie das hier eher als Kuschel-Metal bezeichnen würde. Mich schrie ja nicht einmal jemand an, aber die Gitarrenriffs spiegelten dafür umso besser wider, wie es gerade in mir tobte.

Das Gespräch mit Sam hatte mir absolut gar nichts gebracht. Im Gegenteil. Es hatte mir weder vollkommen versichert, dass er sich nicht doch mit jemand anderen traf, noch hat es mir die Angst genommen, dass er fast im Wald umgekommen war – und zu allem Überfluss hatte sich auf dem Heimweg eine weitere Sorge in meinen Kopf gepflanzt: Was war, wenn er etwas mit den Vorfällen im Wald zu tun hatte?

Mein Kopf war so voll und leer zugleich, dass ich kaum abschätzen konnte, welcher meiner Verdächte an den Haaren herbeigezogen war und welcher so offensichtlich war, dass jeder mich mit einer fetten Facepalm bestrafen würde, wenn er hiervon wüsste.

Mein Blick verlor sich in den letzten roten Streifen, die sich vor meinem Fenster durch den dämmrigen Abendhimmel zogen.

Was dachte sich Sam, mir vorzuschreiben, was sicher für mich war und was nicht? Was dachte er sich dabei, mich das nicht selbst entscheiden zu lassen? Nie war es ein Problem gewesen, dass er fast zwei Jahre älter war als ich, nie war es ein Problem gewesen, dass ich die *Kleine Siebzehnjährige* war. Immer waren wir auf einer Augenhöhe gewesen – zwar nicht physisch, aber mental. Und jetzt behandelte er mich wie eine Zwölfjährige, die man vor der realen Welt schützen musste?

Ein Seufzen kam mir über die Lippen und der braune Stift rutschte mir aus den Fingern.
Da hatte ich endlich mal den Mund geöffnet und dennoch alles falsch gemacht.
Warum hatte ich ihm ein Ultimatum gestellt? Damit hatte ich mich selbst in die Situation gebracht, in der ich nichts anderes tun konnte, als abzuwarten. Hilflos, abhängig, passiv. Diese Rolle gefiel mir ganz und gar nicht. Wie unbefriedigend, darauf zu vertrauen, dass alles gut würde, obwohl ich mir sehr bewusst war, dass es das nicht werden würde.
Stöhnend raufte ich mir die Haare, ließ meinen Finger auf die Leertaste fallen, um Skylars Playlist zu stoppen, und war im nächsten Moment schon vom Stuhl aufgestanden, um dem Drang, der in solchen Momenten immer wie automatisch aufkam, zu folgen. Gedankenverloren zog ich mir einen Hoodie über, suchte mir Socken zusammen und schlüpfte leise durch meine Zimmertür. In der Küche klirrte bereits das Geschirr, also meldete ich mich vom Abendessen ab. Natürlich nicht ohne die Anordnung, meinem Wald nicht nahezukommen. Meine Mutter kannte mich und meine Gewohnheiten zu gut. Sie wusste, dass nur der Laubboden, die hohen Pinienbäume und der Geruch von Harz meinen Kopf freibekamen. Und wie recht sie hatte, denn das war tatsächlich mein erster Gedanke gewesen. Doch nun entschied ich, mit trockenem Mund, stattdessen planlos über den öden Teer dieser Stadt zu tapern. »W... *was war das?*«, hallte mir Skylars quietschende Stimme im Ohr und erinnerte mich wie-

der daran, was ich in der letzten Stunde erfolgreich verdrängt hatte.

Mit einem letzten Schnauben – ich wollte die Sicherheit meines Waldes wieder! – beugte ich mich zu meinen Schuhen hinunter, warf mir die Jacke über und war im nächsten Moment auch schon vor der Haustür.

Frische Luft.

Ein tiefer Atemzug. Ein und aus. Und schon fühlte ich mich nicht mehr so eingepfercht, so machtlos wie nur wenige Minuten zuvor.

Der leicht ovale Mond stand bereits hoch am Himmel und hüllte meine Nachbarschaft in einen hellen, mystischen Schleier. Während vor ein paar Tagen noch auf der linken Seite ein letzter Hauch zur Fülle gefehlt hatte, zog sich heute bereits die rechte Seite des Mondes zurück.

Mein Blick glitt zu den Straßenlaternen, deren sanftes Licht die Straße erhellte. Ohne lang nachzudenken, setzten sich meine Füße in Bewegung. Ich würde nur an der Straße bleiben, keinen Schritt zum Wald machen, so, wie ich es jedem in meinem Umfeld, wie ich es mir, selbst versprochen hatte. Aber nichts würde jetzt besser helfen als ein kurzer Spaziergang an der kühlen Luft. Es fehlte der Charme der raschelnden Blätter im Wind, aber zum ersten Mal gab ich den Warnungen nach. Nachdem ich das Reh gesehen hatte, nachdem ich von Topper gehört hatte – nach meiner gestrigen Todesangst – konnte ich mir Angenehmeres vorstellen, als mit rasender Lebensmüdigkeit in meiner Brust durch den Wald zu wandern.

Das Reh und Topper. Dad ...
Zum ersten Mal ließ das Drama, das Misstrauen, die Lügen um Sam, Platz für Erleichterung, dass er doch tatsächlich heute vor mir gestanden hatte. Zwar verwundet, erschöpft, verdreckt. Aber lebend. Wie hatte er das geschafft? Wie hatte ich nicht daran denken können, zu fragen, was er im Wald angetroffen hatte? Wie er entkommen war? Wenn er denn entkommen war ...
Tausend Fragen wirbelten in meinem vollen Kopf umher. Was war es, das Sam vor mir verstecken wollte? Dass er etwas über die Vorfälle in unseren Wäldern wusste? Dass er vielleicht wusste, dass es kein Tier, sondern ein Mensch war? Dass er es vielleicht selbst war?
»Nein, nein«, sprach ich laut aus und schüttelte den Kopf, um den Gedanken loszuwerden. Meine Augen sahen meinen Füßen beim Gehen zu und konzentrierten sich nicht auf den Weg vor ihnen.
Aber warum sollte er mich sonst aus seinem Haus schmeißen? Warum sollte er sonst so verletzt, aber nicht krankenhausreif nach Hause kommen, nachdem er eine Nacht und sogar einen Schultag vermisst wurde?
Verdammt, er wurde vermisst, hätte tatsächlich umkommen können und ich hatte nichts anderes im Kopf als ihm gedanklich vorzuwerfen, dass er mich betrog oder ... etwas über das Unheil, was Winchester gerade heimsuchte, wusste? Warum, verdammt, tat er nur so geheimnisvoll?
»Warum die Augen?« Wieder erwischte ich mich, wie meine Stimme ungefragt aus meinem Mund kam.

Gleich gefolgt von einem Stöhnen.
Sam, entscheide dich bitte richtig und erzähl mir, was los ist!, schrie eine verzweifelte Stimme in meinem verrücktgewordenen Unterbewusstsein.
Als wollte sie ihr antworten, meldete sich Sams Stimme in meinem Kopf zu Wort: *Meine Mom weiß Bescheid.*
Und was machte ich falsch, dass ich es nicht wissen durfte? Ich wollte doch nur etwas erfahren, das mir die Sorge um ihn nahm. Die Sorge um unsere Beziehung. Die Sorge um unser Vertrauen.
Rylee, bitte …. hallte seine Stimme wieder durch meinen Kopf. *Rylee, bitte …*
Bitte was, Sam?! Ich werde nicht aufhören zu fragen. Ich will doch nur wissen, dass es kein Fehler war, dir ein Jahr mein vollstes Vertrauen geschenkt zu haben, antwortete ich ihm innerlich.
Rylee, bitte!, wiederholte mein Kopf Sams Stimme. *Vertrau mir.*
»Nein.« Ich kam mir nicht mal doof vor, dass ich den Erinnerungsfragmenten in meinem Kopf laut antwortete. Es war befreiend. Das Gespräch, das ich nie hatte richtig führen dürfen. »Nein, vertrau doch *mir*.«
»Rylee.«
Es wollte nicht aufhören, die Stimme würde nicht aufhören, wenn ich ihr weiter antwortete. Das hatte keinen Sinn.
»Rylee!«
Mit einem Laut, das ich weder als Knurren noch als Schnauben definieren konnte, rieb ich mir das Gesicht. »Rylee, verdammt!« Nun sah ich auf. »Was machst du hier?«

Mein Blick klebte an der hochgewachsenen Silhouette, die geradewegs zwischen den Bäumen hervortrat.

»Was machst *du* hier?« Das konnte nicht sein Ernst sein! Er verbot mir, durch den Wald zu gehen, und spazierte selbst nach Einbruch der Dunkelheit hindurch, als wäre es sein Schulweg? Und das, nachdem er anscheinend nach dem letzten Besuch gerade so mit seinem Leben davongekommen war? Nachdem, was uns gestern passiert war? Auch wenn er davon nichts wissen konnte … konnte ich es nicht fassen!

Mit einem kurzen Blick auf meine Umgebung musste ich feststellen, dass ich gedankenverloren *schon wieder* Richtung Wald gelaufen war. Es war, als zöge er mich magisch an, als rief er mir zu: *Komm her, hier findest du doch schon seit Jahren Ruhe und Frieden! Warum nicht auch jetzt?*

Das war nicht beabsichtigt gewesen, nicht im Geringsten. Aber ich befand mich noch auf der Hauptstraße, also hatte ich an sich noch nichts falsch gemacht. Der Mann, der allerdings gerade auf mich zugeeilt kam, schon. Und zwar hatte er gegen das verstoßen, was er mir selbst verboten hatte. Und da sollte ich ihn noch ernst nehmen?!

»Mich … mich entschuldigen, wie du's wolltest.«

Er breitete für einen Moment unschuldig die Arme aus. Je näher er kam, desto besser konnte ich ihn erkennen. So zum Beispiel, dass er gar keine Jacke trug, wie ich, sondern nur einen Hoodie. Und das obwohl die kühle Nachtluft zum Zittern war.

»Das …« unvermittelt blieb ich stehen, schüttelte den

Kopf und wartete einen Moment, bis er vor mir stand, um nicht durch die Nachbarschaft schreien zu müssen. »Das meinte ich nicht.«

»Sondern?« Mit zusammengezogenen Augenbrauen legte er den Kopf schief, als bereitete er sich schon einmal mental darauf vor, was ich ihm jetzt ankreiden würde. Als wüsste er genau, dass er etwas falsch gemacht hatte, nur noch nicht, was. Das helle Licht des Mondes betonte den frischen Kratzer, der seine Augenbraue teilte, und ließ den fast vollen Ball sich in seinen Brillengläsern spiegeln.

Ich warf einen missbilligenden Blick hinter ihn, dass er ihm folgte und sich umdrehte. Dann wandte er sich wieder mir zu, doch sein fragender Blick ließ mich erkennen, dass er keinen Schimmer hatte, was ich meinte.

»Sicher durch den Wald gekommen?« Schnippisch verschränkte ich die Arme vor der Brust.

»Ich …« Er fuhr sich durch die Haare, während er wieder einen Blick über seine Schulter auf den Wald warf. »Ich …«, begann er erneut, als er sich wieder mir zuwandte. Dann seufzte er tief. »Ich hab nicht allzu viel Zeit, aber ich … ich werd's dir erklären.«

Ich sah ihn schwer schlucken. »Jetzt.«

Jetzt.

»Jetzt?«, wiederholte ich dümmlich. Natürlich machte mein Herz einen Hüpfer, dass er seine Meinung doch innerhalb kürzester Zeit geändert hatte. Doch hatte ich nicht damit gerechnet, gleich damit überrumpelt zu werden, während ich doch eigentlich nur eine kurze Runde drehen wollte, um den vollen Kopf freizubekommen. Als Sam erneut tief durchatmete, um nickend meine Frage zu beantworten, war ich mir auf einmal nicht mehr so sicher, ob ich mich darüber freuen sollte, dass er es sich anders überlegt hatte. Es schien ihm nicht so leichtzufallen, wie erwartet. Sollte ich mich jetzt schlecht fühlen, dass ich ihn zu etwas drängte, was ihm offenkundig Schwierigkeiten bereitete?

»Komm.« Er bot mir seine Hand an, die ich aus irgendeinem Grund erst mal nur anstarrte, ohne sie zu ergreifen.

»Bitte, ich hab's echt etwas eilig.«, drängte er daraufhin und sah mich mit zusammengezogenen Brauen an.

»Wo willst du denn um diese Zeit noch hin?«, wollte ich wissen und merkte selbst zu spät, wie pampig ich klang. So kannte ich mich ja selbst nicht einmal.

»Gehst du jetzt mit mir eine Runde, damit ich es dir erklären kann?« Er beugte sich etwas zu mir hinunter, um mich endlich dazu zu bringen, ihn zu begleiten.

Also ergriff ich nun endlich doch seine Hand – und hätte sie fast wieder losgelassen, hätte Sam nicht sofort seine Finger in meine verhakt, als hätte er bereits mit meiner Reaktion gerechnet. Schon immer hatte ich als Frostbeule Sams Körperwärme genossen. Doch das hier hatte nichts mehr mit Wärme zu tun. Das hier war buchstäblich ein Glühen, das von seiner Haut ausging. Ob er deswegen ohne Jacke zu dieser Jahreszeit herumlief?

Sanft zog er mich in die Richtung, aus der er gekommen war.

»Du schläfst in letzter Zeit nicht gut, oder?«, fragte er

geradewegs heraus. »Ist es wegen mir oder wegen dem, was gerade in Winchester passiert?«
Ich überlegte kurz, bevor ich ihm antwortete: »Wohl beides. Aber ... woher willst du wissen, dass ich nicht gut schlafe?« Ich sah zu ihm hinauf, doch er richtete seinen Blick weiterhin stur geradeaus und antwortete, ohne mich eines Blickes zu würdigen: »Hm. In den letzten Tagen brennt dein Licht immer lang in die Nacht hinein und ganz ehrlich ...«, nun sah er doch zu mir herunter und presste die Lippen kurz zu einem schmalen Strich, »... man sieht es dir auch an.« Dann galt seine Aufmerksamkeit wieder dem Weg und ich fühlte mich auf einmal wie ein kleines, perplexes Kind an der Hand seines Vaters.
»Wie?«, brachte ich atemlos heraus. »Du ... beobachtest du mich nachts?« *Was zur Hölle?* Ich wusste nicht, ob er mich gerade auf den Arm nahm oder mit Ernst sprach. Noch wusste ich, ob ich mich geschmeichelt oder verunsichert fühlen sollte. Andere Leute würden das als Stalking bezeichnen.
»Ich ... hm ... mach vielleicht in letzter Zeit einen kleinen Abstecher hierher, ja. Einfach, um mich zu vergewissern, dass es dir gut geht.«
»Dass es mir gut geht? Warum soll's das denn nicht?« Der Mond malte ihm einen mysteriösen Kranz auf den dunklen Schopf. Eine Gänsehaut überkam mich und ich musste mich zwingen, mich nicht zu schütteln. Wie viele rote Flaggen wollte ich denn noch? Einen Spaziergang zur Nacht, seine Hand, die wie ein Schraubstock um meine gelegt war, das Geständnis, dass er mich

nachts beobachtete. Nein, so viele rote Flaggen dort noch kommen mochten, ich kannte Sam! Mit am besten, würde ich behaupten. Er war ein guter Kerl. Er war ein guter Kerl!

Dennoch wurden meine Knie auf einmal weich wie Butter, als mir klar wurde, in welche Richtung er mich gerade leitete.

»Sam.« Ich blieb abrupt stehen. »Wieso gehen wir in den Wald?«

Überrascht von meinem Stopp stolperte mein Freund kurz zurück und brauchte einige Sekunden, um sich zu fangen. Wie eine Pinie im Sturm schwankte er kurz hin und her, als hätte ihn der Richtungswechsel aus der Fassung gebracht. Dann war er auf einmal wieder seltsam klar, sah auf mich herunter, während er meine zweite Hand griff. Nicht weniger heiß und pochend.

»Okay Rylee, vertraust du mir?« Er drückte beide meiner Hände.

Meine Augen suchten die seinen hinter der Spiegelung seiner Brille. Ja, vertraute ich ihm? Da war ich mir ehrlich gesagt nicht mehr sicher. Ich wollte. Ja, verdammt, ich wollte ihm vertrauen! Aber alles in mir klingelte Alarm.

Das schien er zu bemerken, denn er sank kaum merklich ein und seine Augenbrauen fingen an, leicht zu zittern. »Ver… vertraust du mir …?«, fragte er zaghafter.

Eigentlich tat ich das nicht. Er hatte mich belogen, mir Dinge verschwiegen, mir Gründe gegeben, ihn mit den Attacken in unserem Städtchen in Verbindung zu bringen. Attacken, die nachts im Wald passierten – dort, wo wir uns gerade befanden. Oh Mist, ob ich ihm vertraute?

Ich nahm einen tiefen Atemzug, drückte seine Hände und antwortete mit dem Gedanken, dass die nächsten Minuten mein Leben völlig auf den Kopf stellen würde: »Ich vertraue dir.«

Kapitel 12

Immer weiter gingen wir Hand in Hand in den Wald. Zwar blieben wir auf dem beleuchteten Weg, aber dennoch fiel es mir immer schwerer, einen sicheren Schritt vor den anderen zu setzen. Meine Knie waren butterweich und das Kribbeln am gesamten Körper betäubte meine Haut. Verdammt, was tat ich hier? Vertraute ich Sam wirklich? War ich mir sicher, dass mir hier nichts passieren würde, trotz ihm an meiner Seite? Oder gerade wegen ihm an meiner Seite?
Ich schüttelte heftig den Kopf, um diesen Gedanken loszuwerden. *Sam ist ein guter Kerl!* Fast hätte ich das laut ausgesprochen, um mich selbst davon zu überzeugen.
»Was ist?«, wollte er wissen, als er mein Kopfschütteln im Licht der Laternen sah.
Aber das sollte ich doch wohl ihn fragen! Er war der-

jenige, der mich abends von zuhause abholte und mich schweigend in den Wald führte. Doch bis jetzt hatte er kein Wort gesagt. Bei dem Gedanken fingen meine Augen nun doch an zu brennen.

»Warum sind wir hier, Sam?« Meine Stimme klang so belegt, so eklig zittrig. Ich war mir sicher, dass er meine Tränen vielleicht noch nicht sah, aber dafür hören konnte. Denn er blieb abrupt stehen und legte mir seine zweite siedend heiße Hand auf die Schulter, die sich selbst durch meine Jacke brannte.

»Hey, nicht weinen! Bitte, es wird ab jetzt gut, okay? Nicht weinen.« Er führte seine Hand von meiner Schulter an mein Gesicht, um die noch nicht gelösten Tränen wegzuwischen.

Doch bei seiner Berührung zuckte mein Kopf automatisch zurück. Heiß. So kochend heiß!

»Warum?«, wiederholte ich mit festerer Stimme, wischte mir mit dem Handballen selbst über die Augen und kam mir dabei vor wie ein trotziges Kind. Meine letzten Minuten auf Erden würde ich weinend und mit gebrochenem Herzen verbringen.

Sams Seufzen zog seine Augenbrauen wieder schmerzlich zusammen. Dabei wusste ich nicht, ob es meiner Frage oder meiner Reaktion galt. »Es ist zu riskant an der Straße.«

Was sollte das nun schon wieder?

»Auf der …? Ich dachte, der Wald ist der Tatort?«, schnaubte ich und rieb mir mit einer hastigen Bewegung wieder über die Augen. Verdammt, warum musste ich jetzt nur anfangen zu weinen? Das hatte nicht die Wir-

kung, die ich bezwecken wollte!
»Für mich.« Er biss sich auf die Unterlippe, die seit gestern Nacht ebenfalls von einem Kratzer geteilt wurde. Sein Gesicht verzog sich, als hätte er gerade Schmerzen. »Zu riskant für mich.«
»Was …«, entfuhr es mir atemlos, »… was soll das bedeuten?«
So standen wir da, mitten auf dem Waldweg, wenn auch fünfzig Fuß hinter uns die südliche Wohnsiedlung anfing. Der Wind heulte und das Geäst spielte seine einsame Melodie. Seine pochend heiße Hand in meiner, die andere schlaff neben seinem zusammengesunkenen Körper hängend, nachdem ich ihr ausgewichen war. Und noch immer brachte er kaum einen Ton heraus. Als würde er das, was jetzt kommen würde, so lang wie möglich hinauszögern wollen. Als wäre ihm nicht klar, dass es das alles nur noch schlimmer machte.
Geistesgegenwärtig bewegte ich mich einen Schritt auf ihn zu, dass meine Nase nun fast seine Brust berührte.
»Sam«, wisperte ich, »ich hab Angst.«
Augenblicklich schlang er den Arm um mich, sodass mein Gesicht sich gegen seinen Oberkörper drückte. Diese Hitze. Dieses Pochen. Was war nur mit ihm los? Was war mit mir los, dass ich hier so mit ihm stand? Zögerlich erwiderte ich die Umarmung und sog seinen Duft ein. Duschgel und Wald. Nichts Fauliges, nichts Verdorbenes, nur Sam. Oh, wie ich das vermisst hatte.
»Ich weiß. Es tut mir leid.«
Meine Gedanken rasten. Ich wusste nicht mehr, was das hier werden sollte, wusste nicht mehr, was ich denken

sollte, wusste nicht mehr, ob ich ihn nun verdächtigen oder mich an ihn klammern sollte.

Plötzlich zuckte er mitten in der warmen Umarmung zusammen. Aus seiner Brust drang ein undefinierbares Geräusch. War das ein Grollen? Ein Knacken?

Ich riss mich aus seinen Armen, hielt ihn weiter an den angespannten Unterarmen. Sein Gesicht war schmerzverzogen, seine Augen zusammengekniffen.

»Sam!«, rief ich und mir war es plötzlich wieder völlig egal, wo und wann wir waren. »Was ist los?«

Hatte ich mich zu fest an seine Verletzungen von gestern gedrückt?

Er zwang sich, die Augen wieder zu öffnen, und rang sich ein gequältes Lächeln auf. »Alles okay.«

»Keine Lügen, verdammt!« Ich riss an seinen Unterarmen und erschrak, als sein Körper ganz von selbst nachgab und ich ihn so zum Straucheln brachte. »Du wolltest mir die Wahrheit erzählen!«

»Ja…ha.« Er atmete tief durch. »Das ist die Wahrheit. Es ist nicht gut, aber alles okay. Ich …« Er hielt wieder inne, kniff die Augen zusammen, zuckte diesmal aber nicht. »Okay, es ist Zeit.« Er schüttelte den Kopf und sah mich dann wieder an. »Können wir dabei weitergehen? Ich kann das nicht, wenn du mich so ansiehst.«

Er griff wieder nach meiner Hand, schraubte seine Finger um meine und zog mich sanft den Weg weiter. Widerwillig ließ ich mich von ihm mitschleifen. Bei jedem Schritt wich mir mehr Gefühl aus den Beinen.

»Es ist eine echt lange Geschichte. Und am Anfang will ich erst mal sagen, dass es mir wirklich leidtut«, fing er

an. »Wirklich. Das Lügen, das Verschweigen. Alles. Es ist nur ... so schwer seit ...«
Er unterbrach sich selbst und ließ eine viel zu lange Pause, in der mir immer schwindeliger wurde.
»Seit?«, presste ich hervor.
»Seit zwei Monaten.«
Immer weiter zog er mich, war immer einen Schritt vor mir, als konnte er es nicht erwarten, mich in den Tod zu ziehen.
Ein eiskalter Windstoß erwischte mich, ließ mich schwanken, nahm mir meine Balance. Irgendwo knackte es, ließ mich herumfahren. Die Blätter rauschten im Wind. Der metallische Knall von gestern durchzuckte mich und meine Kehle zog sich schmerzlich zusammen. Was tat ich hier? War das gestern nicht Warnung gewesen?
Ich fand meine Stimme nicht, hauchte lediglich: »Sam, ich will nach Hause.«
Doch Sam hörte es nicht. Natürlich nicht. Der Wald war zu laut und ich zu piepsig. Ruckartig zuckte sein Blick nach links, dann nach rechts. Er stolperte, fing sich aber sofort. Dann blieb er stehen und drehte sich endlich zu mir um, dass ich die Hoffnung hatte, dass er mich doch gehört haben könnte. Doch sein Anliegen war ein anderes, als ich hörte, wie er sich selbst zuzischte: »Verdammt, Sam, mach jetzt!«
Erst wollte ich wiederholen, dass ich hier wegwollte. Aber ich kam nicht dazu.
»Okay, Ry, ich weiß nicht, wie viel Zeit mir bleibt. Aber ich werd hierbleiben müssen. Wenn's soweit ist, läufst

du direkt wieder nach Hause, ja? Ich fühl mich eh schon schlecht genug, dass wir hier sein müssen, aber es geht nicht anders.« Er sah mich eindringlich, aber sanft an.
Mit trockenem Mund und steifen Gliedern nickte ich widerwillig. Zu mehr war ich nicht imstande. Meine Augen hingen an seinen. An dem traurigen Glitzern, an den gespiegelten Lichtern in seinen Brillengläsern an … der rötlichen Nuance. Ich erschauderte und als er das sah, griff er direkt wieder zu meiner anderen Hand.
»Vor zwei Monaten hat es erst angefangen. Als so viele hierhergezogen sind und …«
Er wurde von einem Heulen unterbrochen und wir zuckten beide simultan zusammen. Als würde er es überspielen wollen, redete er gleich mit kehliger Stimme weiter: »Vor zwei Monaten, als es hier noch sicher war und ich auf dem Weg von dir nach Hause war …«
Wieder wurde er unterbrochen. Diesmal von einem Knurren. Doch diesmal zuckte er nicht zusammen, sondern wirbelte seinen Kopf zur Seite.
»Nein!«, brüllte er auf einmal in den Wald hinein, dass ich erst recht zusammenzuckte. Seine Stimme klang so rau. So wütend. »Verpiss dich! Sie kriegst du nicht!«
Sie kriegst du nicht.
Was?
Mir wurde augenblicklich eiskalt unter meiner Jacke, als der nächste Windstoß mich spüren ließ, wie viel Schweiß sich in meinem Nacken gesammelt hatte. *Sie kriegst du nicht.* Warum war ich dann hier? Mit wem redete er da?
Wieder ein Knurren. Meine Augen suchten die Dunkel-

heit ab, aber trotz des schwachen Lichts der Laternen konnte ich niemanden erkennen, nicht mal eine Silhouette. Ich hörte nur das Knacken der Äste, Schnauben.
Sams Hände schraubten sich noch fester um meine. Seine Fingernägel bohrten sich in meine taube Haut.
»Sam …«, wisperte ich. Ich wollte nach Hause. Jetzt. Was hatte mich dazu gebracht, mit ihm mitzugehen? War ich lebensmüde? War ich wirklich so blind, so dumm gewesen?
»Das ist mir egal! Das ist meine Entscheidung und es ist richtig so! Also, geh jemand anderen anwinseln!« Auf einmal wirkte er so bestimmt, so viel kräftiger als nur wenige Momente zuvor. Der Oberkörper aufrecht, die Schultern zurückgezogen, die Brust aufgeplustert.
»Sam.« Ich zog an seinen Händen. »Sam, mit wem redest du? Ich …« *will nach Hause*, wollte ich sagen, aber es blieb mir im Hals stecken.
Für einen Moment starrte Sam weiter in die Dunkelheit. Hörte dem Knacken zu, dem Rauschen, wartete auf ein weiteres Geräusch. Ließ mich unendlich lange einfach so stehen, ohne mir zu antworten. Als er mich wieder ansah, versteifte sich mein gesamter Körper.
»Das kann ich dir nicht sagen, sorry! Ich …«
Er stockte, als ich einen Satz nach hinten machte und den Griff um seine Hände lockerte. Rot. Dieses lodernde Rot.
»Rylee, Shit! I… ich will es dir noch erzählen, bevor …«
Langsam wand ich mich aus seinem Griff, war nicht imstande, ihm zu antworten. Sah ihn mit offenem Mund an, beobachtete stumm, wie er sich wieder krümmte.

Was zur Hölle passierte hier?

»S... Sam«, stotterte ich endlich, bekam aber keine der tausend Fragen in meinem Kopf heraus. Ging es ihm gut? Was war hier los? Wer war das gerade eben? Was war mit seinen Augen? Würde ich heute hier sterben?

»Ry!« Er kämpfte sich wieder auf seine volle Größe zurück, ließ die Augen aber halb geschlossen. Aus Schmerz? Aus Anstrengung? Um mich nicht weiter zu verschrecken? Verdammt, ich hatte sie schon gesehen und sie jagten mir eine Scheiß-Angst ein! Er öffnete den Mund und schien noch etwas sagen zu wollen, doch dann riss er sich auf einmal die Brille von der Nase und hielt sie mir hin.

»Nimm die bitte und geh nach Haus!«

»W... was?«

Seine zitternde Hand hielt mir seine Brille nun direkt unter die Nase. »Nimm sie und geh! Das hier ... war ein Fehler! Morgen ...« Er schnappte nach Luft. »Bleib zuhause und ich ... komm morgens zu dir. Ich ... ich versprech's!«

Zögerlich griff ich nach seiner Brille und starrte auf seine verkrampfte Hand, aus dessen Handrücken seine Adern heraustraten.

»Wa...«

»Ry, lass mich ... für meinen Fehler nicht büßen. Tu's für ...«

Ein reißendes Knurren zerriss die Luft, ließ mich weiter zurückstolpern.

Sams stechend rote Augen trafen mich. Sie sahen so verändert aus und doch war da dieser Funke Sam drin, dieses Gutmütige, diese Sorge, dieses bekannte Glitzern. Er musste kein weiteres Wort sagen, sein Blick war Bitte genug. Ich verstand. Und rannte los.

Dass meine Beine mich überhaupt trugen. Dass ich überhaupt vorankam. Das war ein einziges Wunder.

Die Hand um Sams Brille geschraubt, als wäre sie das Letzte, was ich je von ihm in der Hand halten würde, rannte ich. Ich rannte und rannte. Die Sicht verschwommen, der Kopf zum Bersten voll, die Kehle voller Feuer.

Was sollte das hier? Was war das hier? Wo war ich hier reingeraten?

Mein Herz wollte, dass ich mich noch mal zu meinem Freund umdrehte. Mich vergewisserte, dass es ihm gut ging, dass ich ihn gerade nicht alleine ließ. Dass das hier kein Fehler war.

Doch mein Körper war nicht in der Lage, etwas anderes zu tun, als zu rennen. Raus hier. Raus aus diesem Wald, der sonst mein Ende werden würde. Und vielleicht gerade das von Sam war.

Shit.

Plötzlich stand ich doch. Verdammt, was machte ich hier?

Mein Herz pumpte mir bis zum Hals, die Luft war zu eisig, um genug Sauerstoff einziehen zu können. Mein Kopf dröhnte. Der Wind rauschte mir um die Ohren. Aber erzittern ließ mich nur der Anblick, als ich mich zu Sam umdrehte. Denn der stand dort nicht mehr. Er war fort. Der Weg war leer.

»S…« Ich rang nach Atem und wusste, wie dumm das

hier war. »Sam!«, schrie ich durch die Nacht.
Mein Blick fiel auf seine Brille in meiner Hand.
Nimm die bitte und geh nach Haus!
Warum? Warum drückte er mir seine Möglichkeit zu sehen in die Hand, als wollte er, dass ich etwas von ihm hatte, um mich an ihn zu erinnern? Von welchem Fehler hatte er gesprochen?
Das nächste schrille Heulen wurde von dem Wind direkt um meine Ohren gefegt. *Nimm sie und geh!*
Verflucht, ich war Freiwild. Verängstigtes Freiwild. Angst. Überall Angst. Und der Gedanke, meine letzten Schritte zu tun.
Ich fuhr herum. War da gerade ein Schatten an mir vorbeigehuscht? Oder war es ein weiterer Windstoß gewesen, der mir das wirre Haar noch mehr zerwühlte?
Bestie, rief mir etwas in meinem Kopf zu. *Bestie.*
Lass mich nicht für meinen Fehler büßen. Aber es war genauso *mein* Fehler gewesen, ihm einfach zu folgen. Und ihn jetzt hier der Nacht zu überlassen. Und was für ein Fehler! Vielleicht mein letzter. Kalter Schweiß trat mir auf die Stirn. Nein, ich war nicht allein. Jemand – oder etwas – verfolgte mich. Und das nicht ohne Grund. Meine feuchten Nackenhaare stellten sich auf.
»S... Sam?« Wie lächerlich, dass ich ständig nach ihm rief. Als ob er mir jetzt noch helfen könnte. Er war fort. Er stand dort nicht mehr. Mein Blick fiel wieder auf seine Brille, die vor meinen Augen verschwamm.
»Sam ...«
Mein Kopf ruckte zu dem Rascheln neben mir. Es paralysierte mich. Meine Augen fanden nichts in der

Dunkelheit. Ich schien allein und war es doch nicht.
Ich musste hier weg. Vielleicht würde ich es mir für immer vorhalten, Sam alleingelassen zu haben, aber ich musste jetzt hier weg. *Los Beine, wir müssen jetzt von hier weg!* Aber meine Beine reagierten nicht. *Los Beine!* Ich war wie versteinert. »Los jetzt!«
Nicht jetzt, nicht hier. Nicht wie Topper. Ich wollte nicht ins Krankenhaus, ich wollte nicht sterben! Nein, ich war definitiv zu jung!
Nach Hause! Ich wollte nach Hause! Wieso war ich Sam überhaupt gefolgt?! Meine Chancen standen fast im Minusbereich. Aber welche Chancen berechnete mein Kopf da gerade? Die Chance zu entkommen oder, dass ich nach dieser Nacht noch laufen konnte?
Laufen.
»Los jetzt!«, schrie ich mich selbst an. Und endlich trugen mich meine Beine wieder. Langsam, zu langsam, wackelig. Aber wenigstens hier raus. Doch zu früh gefreut. Im nächsten Moment schlug ich hart auf dem Boden auf. Mein Kopf dröhnte. Meine Handflächen brannten. Sams Brille schlitterte mir aus der Hand.
Hektisch sah ich mich um und versuchte, meine Schnappatmung zu beruhigen.
Hey, alles gut. Rappel dich auf, dann geht's weiter.
Aber so leicht ging das nicht. Der Schreck und die Angst lähmten mich und lösten eine Massenkarambolage in meinem dröhnenden Kopf aus. Einsamkeit, Wut, Schmerz, Angst, Verwirrung. Alles wurde zu Verzweiflung. Ich war der Bestie ausgesetzt. Oder?
Mein gesamter Körper kribbelte, mein Herz bollerte

mir in den Ohren und dennoch hörte ich das tiefe Knurren ganz nah bei mir. Dann ein weiteres. Anders. Tiefer.

Mein Blick raste umher, versuchte, etwas zu erkennen. Ich war den erhöhten Weg heruntergeschlittert und lag nun direkt im feuchten Moos. Irgendwo neben mir sah ich endlich eine verschwommene Silhouette.

Verdammt, warum musste ich nur wieder weinen?

Ein Fauchen ließ mich zusammenzucken. Ein seltsam kehliges Bellen antwortete. Knurren. Vibrieren des Bodens.

Das Letzte, was ich jemals hören würde.

Halluzinierte ich gerade? Schnaufend legte ich den Kopf in den Nacken und versuchte, kopfüber zu sehen. Mir wurde wirr im Hirn. Aber ich sah Umrisse. Erst schattenhafte, aber dann doch klare Umrisse.

Hunde? Nein, zu groß. Wölfe? Zwei? Ja zwei.

Glaubte ich. Weiteres Fauchen.

Mit einem lauten Knall erzitterte der Baum ein paar Meter von mir entfernt. Meine Augen brauchten einige Zeit, um sich an die Dunkelheit zu gewöhnen. Aber dann war ich mir sicher, dass das eine Tier vom anderen umgerissen wurde. Weiteres Knurren, ich sah Zähne aufblitzen. Scharfe Reißzähne direkt unter den leuchtend roten Augen.

Himmel. Und ich dazwischen.

Was war das hier?

Der Boden bebte. Fauchen, Knurren. Ich war mir nicht sicher, ob mein Kopf mir einen Streich spielte, aber ich war mir sicher, dass ich hier noch lag.

Quicklebendig, obwohl nur ein paar Meter neben mir zwei Bestien miteinander rangen. Bestien, die gestern Robs Pick-up gerammt hatten?

Wieso kämpften die beiden und stürzten sich nicht sofort auf mich? Hallo? Frisches Menschenfleisch!

Ich sah nur noch verschwommen. Presste die Augen zusammen, machte mich ganz klein, in der Hoffnung, ich bliebe so unentdeckt. *Ganz leise, Rylee. Dann überlebst du vielleicht.* Meine Knie schlotterten so sehr, dass ich niemals hätte mich aufraffen und fliehen können. Also setzte ich auf verstecken und zu dem Gott beten, an den ich vorher nie geglaubt hatte.

Mein Herz übertönte die knurrenden, fauchenden Geräusche, das Bollern, das deren riesige Pranken auf dem Boden verursachten. Sicher würden sie mich allein durch mein Herzrasen finden. *Ganz leise.*

Dann ein kleinlautes, ängstliches Winseln. Stille.

Unheimlich lange lag ich dort – oder waren es nur ein paar Sekunden? Zitternd kauerte ich zwischen Moos und Baumnadeln, hatte die Arme um meine Knie geschlungen, versuchte meinen Atem, mein armes Herz zu beruhigen. Mir war so kalt, so entsetzlich kalt. Der Wind zog mir direkt in den verschwitzten Nacken. Ich sollte die Augen öffnen, sollte herausfinden, was passierte, wie es um mich stand.

Ganz langsam und vorsichtig blinzelte ich in die Nacht. Die Furcht, was ich gleich erblicken würde, lähmte mich.

Und, Himmel! Japsend drückte ich mir die klamme Hand auf den Mund. Bloß nicht schreien!

Scharlachrot funkelnde Augen tauchten direkt über meinem Gesicht auf. Ließen mich erschaudern. Mein Zittern gar nicht mehr unter Kontrolle bekommen. Der faulige Atem des Wolfes trieb mir Tränen in die Augen. Sein Schädel war so riesig, sein Kiefer so gewaltig, dass er meinen Kopf mit nur einem Biss knacken könnte. Es würde ihn nicht mal anstrengen. Das entlockte mir ein Wimmern.

Mein Körper war wie paralysiert. Fliehen würde keinen Sinn mehr haben. Als hätten das meine Wackelpuddingbeine überhaupt geschafft.

Mit angehaltenem Atem starrte ich dem Wolf in die unheimlichen Augen. Und starrte. Und starrte …

Irgendetwas war merkwürdig.

Je länger ich den dunklen Wolf betrachtete, je länger unser Blickkontakt anhielt, desto mehr wich die Anspannung aus meinen Gliedern. Desto leichter fiel mir das Atmen. Es vergingen etliche Momente, bis ich verstand. Ohne, dass sein Geständnis mit Worten untermalt war.

Schweigend ließ ich meine zitternde Hand sinken und öffnete den Mund. Sollte ich etwas sagen? Gab es jetzt überhaupt noch einen Grund dafür? Ich würde eh keine Antwort bekommen.

»D… das« Meine Stimme versagte, aber wen wunderte das? Ich war froh, überhaupt etwas herauszubekommen. »Das ist also … die Wahrheit.«

Der Wolf schloss endlich sein stinkendes Maul und beobachtete mich weiterhin mit seinen rotfunkelnden Augen an. Dieser Blick, diese Gutmütigkeit, diese Sor-

ge. Das war verrückt! Das konnte nicht wahr sein.
Mit tauben Fingern fuhr ich durch sein weiches, warmes Fell, verhakte meine Hände darin und er ließ es zu. Das war Antwort genug. Das war verrückt!
Schwach zog ich mich an ihm hoch und versuchte, ins Sitzen zu kommen. Ob es mir wirklich gelang, wusste ich nicht. Denn mir wurde ganz plötzlich unfassbar schwindelig und meine Erinnerungen versanken in einem dunklen Fiebertraum.

Kapitel 13

Mit schweren Augen lag ich in meinem Bett. Das Licht der Morgensonne schien schon seit einiger Zeit durch mein Zimmer. Mein Blick fiel immer wieder auf die verdreckte Hose neben meinem Bett, meiner Jacke auf meinem Schreibtischstuhl.

Es war ein Leichtes gewesen, meine Mutter zu überzeugen, heute zuhause zu bleiben. Die Kopfschmerzen und den Schwindel hatte ich ihr nicht einmal vorspielen müssen.

Seufzend und mit schweren Gliedern kämpfte ich mich endlich ins Badezimmer und sah meinem Spiegelbild ins Gesicht. Die dunklen Augen trüb, die Krater darunter tief, meine sommersprossige Haut bleich. So hätte ich ganz sicher nicht in die Schule gehen können.

Geistesabwesend steckte ich mir die Zahnbürste in den Mund und zog beim Putzen Kreise im kleinen Bad. Da fiel mir erst auf, dass ich meine Pyjamahose auf links

angezogen hatte und noch immer meine Socken trug. Das brachte mich zum Anhalten.
Wie war ich eigentlich nach Hause gekommen?
Stopp, was war gestern überhaupt passiert? *Wirklich passiert?*
Meine Augen suchten wieder mein Spiegel-Ich. »Ich lebe«, murmelte ich mit dem Mund voller Zahnpasta, was dadurch eher klang wie *Isch lebbe*. Aber ja, ich war noch am Leben. Zum zweiten Mal hatte ich gestern Nacht nicht erwartet, dass ich diese müden Augen wiedersah, dass ich mich noch mal in meinem kleinen Badezimmer im Kreis drehen konnte. Dass ich noch mal den Geschmack von Pfefferminz am Morgen schmecken durfte. Ja, gestern hatte ich zum zweiten Mal wirklich geglaubt, mich mit meiner Naivität, meiner Dummheit in den Tod gestürzt zu haben. Aber ich lebte. Und ich war nach Hause gekommen – auch wenn ich nicht wusste, wie.
Hatte Sam mich gebracht?
Sam.
Wie es ihm wohl ging? Mittlerweile war ich mir sicher, dass ich gestern halluziniert haben musste.
Mein Kopf musste in der Angst vor dem, was in unserem Wald umhergeisterte, abgeschaltet haben. Musste mich irgendwie wieder vor meine Tür gebracht haben. Musste mich Dinge glauben haben lassen, die völlig lächerlich waren.
Ich musste auflachen und spuckte aus Versehen ein paar Sprenkel Zahnpasta auf den Spiegel. Riesige Wölfe und einer davon sollte Sam gewesen sein, dass ich nicht

lache! Da hatte ich gestern aber ordentlich etwas zu verarbeiten gehabt, dass ich von so einem Blockbuster träumte!

Ich spuckte aus, wusch mir das seltsam klebrige Gesicht mit eiskaltem Wasser und fuhr mir seufzend durch die Haare – und erstarrte. Hastig zog ich meine Hand zurück und schüttelte sie aus, als könnte ich so die Erinnerung von ihr abschütteln.

Angst, Kälte, Heulen.

Ich erschauderte. So sehr ich mir auch den Kopf darüber zerbrach, ich kam einfach nicht drauf, was nun gestern passiert war, und was nicht. Ich war mir sicher, dass die Angst, meine letzte Nacht angebrochen zu haben, real gewesen sein musste. Die eiskalte Angst, die mir meine Haare in den Nacken geklebt hatte, war noch so präsent in meinem Kopf, dass ich sie nur zu gern mit den Bildern der roten Augen über meinem Gesicht verdrängte. Auch die sah ich ganz klar vor mir – aber das musste seinen Ursprung in meiner Fantasie haben. Ja, so musste es sein.

Ich ertappte mich dabei, wie ich wieder freudlos auflachte.

Verflucht, ich wurde verrückt. Ganz sicher.

Das Display meines Handys leuchtete genau in dem Moment auf, als ich zurück in mein Zimmer tapste.

Sam <3 – 10:32
Guten Morgen
Hoffe, dir geht's gut. Bin in 5 Min bei dir. Hab Kaffee dabei!

Erschöpft ließ ich mich auf mein Bett sinken und warf einen Blick auf meine verdreckten Fingernägel.

Ging es mir gut? Ich wusste es nicht. Nach dieser Nacht wusste ich gar nichts mehr.

Benommen fuhr ich mir ein paar Mal durch die Haare, zog meine Pyjamahose richtig herum an und blieb schweigend auf meinem Bett sitzen. Mein Kopf war in einem Moment voll und im nächsten gleich wieder leergefegt und ich war nicht in der Lage auszumachen, was ich davon besser fand. Ich hatte gerade meinen dritten schweren Seufzer hinter mir, als mich die Klingel zusammenzucken ließ und mir einen dröhnenden Schmerz zwischen die Schläfen jagte.

Mann, was hatte ich gestern durchgemacht, dass es mich heute so mitnahm?

»Sam!« Die überraschte Stimme meiner Mutter. »Du hier? Um diese Zeit?«

Bleib zuhause, ich komme morgens zu dir, hörte ich den gestrigen Sam in meinem Kopf wiederholen, bevor der echte im Flur meiner Mom antwortete: »Ich will meine Freistunden richtig nutzen.« Ich hörte quasi das Lächeln auf seinen Lippen und spürte, wie ich dabei das Gesicht verzog. *Freistunden, von wegen!*

Es war unheimlich, zu hören, wie einfach ihm diese Lüge über die Lippen ging und ließ mich mit der Frage zurück, wie viel von dem, was er bis jetzt zu mir gesagt hatte, stimmte.

Im nächsten Moment klopfte es auch schon dumpf an meiner Tür. Sam brauchte einige Anläufe, die Klinke zu treffen und als er mit zwei Kaffee to Go Bechern in der

Hand im Türrahmen stand, verstand ich auch warum.
»Morgen!«
Er hatte noch das Lächeln im Gesicht, das er meiner Mutter vorhin präsentiert haben musste, doch seine Augenbrauen waren zusammengezogen, die Stirn in Falten gelegt.
»Ich ... hab Kaffee.« Er hob beide Becher in die Höhe und schloss mit einer geschmeidigen Bewegung mit dem Fuß meine Zimmertür hinter sich.
»Nötig!«, antwortete ich und rang mit einem Lächeln, doch ich spürte, wie schwer es mir fiel, wie aufgesetzt es aussehen musste. Er trug saubere Klamotten, hatte gemachte Haare und die Parfumschwade roch ich bis hier hin. Nur die tiefen Krater unter seinen Augen – seinen braunen Augen – zeugten davon, dass wir uns tatsächlich gestern Nacht getroffen haben mussten, so müde wie er aussah. Er stellte die beiden Becher auf meinen Schreibtisch.
»Kurz vorweg, ähm ...« Er fuhr sich über sein Kinn. Sogar glatt rasiert hatte er sich heute Morgen! Und ich hatte es gerade einmal zum Zähneputzen ins Bad geschafft ... »Du hast doch meine Brille noch, oder?« Er kniff die Augen zusammen und ließ seinen Blick durch mein Zimmer fliegen. »Ich musste heute hierher *laufen*. Du weißt ja ...«
Er beendete den Satz nicht, denn ich wusste, wie blind er ohne Brille war. Was mich erst recht kurz versteinern ließ. Seine Brille.
Keine Ahnung, wo ich die hatte. Ich hatte ja nicht einmal eine Ahnung, wie ich nach Hause gekommen war!

»Ich …«, murmelte ich, während auch ich den Blick durch mein Zimmer gleiten ließ, um sie zu finden.
Wenn sie denn zu finden war. *Wenn* ich sie denn mitgenommen hatte. Ich wäre schuld, wenn er die nächsten Tage blind durch die Gegend laufen musste. Er hätte sie mir nicht geben dürfen.
Er hätte sie mir nicht geben dürfen …
Nimm sie und geh!
»Ah«, holte mich seine Stimme aus meiner Paralyse, »hab sie!« Er beugte sich herunter und fischte sie aus meinem Klamottenberg meiner dreckigen Hose und meinem gestrigen Hoodie. »Danke fürs Aufpassen. Ich brauch jedes Mal Stunden, um sie im Wald zu finden. So, schon besser.« Als er mich durch seine Brille ansah, wischte es ihm das sachte Lächeln aus dem Gesicht.
»Bist du … okay?«, fragte er und setzte sich gleich neben mich aufs Bett. Sein Arm landete prompt auf meinen Schultern, dass ich mich gedankenverloren an ihn anlehnen konnte.
»Kopfschmerzen«, war das einzige Wort, was ich hervorbrachte.
»Du sahst gestern auch schon so blass aus, als ich dich nach Hause gebracht habe.«
Als er mich nach Hause gebracht hatte. So war ich also hierhergekommen.
Erst schwieg ich und ließ lediglich seine Nähe auf mich wirken. Das viel zu starke Parfum, der ruhige Herzschlag, seine Wärme. Kein fauliger Geruch, kein Herzrasen, keine abartige Hitze. So saßen wir nur da, ich in seinem Arm, mit schwirrendem Kopf, seine Hand in

meinem Haar.
Dann war es nicht mehr zurückzuhalten: »Was war das gestern?« Verstohlen lugte ich ihn von unten an und suchte in seinen Augen diesen roten Schimmer, der mich nicht nur in meinen Träumen zu verfolgen schien. Aber diesmal fand ich ihn nicht.
Ich spürte, wie Sam den Kopf etwas schief legte, und traf im nächsten Moment seinen haselnussbraunen Blick. Er sah aus, als würde er überlegen, ob ich meine Frage ernst meinte oder ihn auf den Arm nahm. Schweigend blinzelte er ein paar Mal, bis er sich räusperte.
»Gestern Nacht … im Wald. Als du …, als du endlich – und ja, ich weiß, viel zu spät – die Wahrheit erfahren hast.« Seine Stimme sank nicht ab, als hätte er noch etwas hinzufügen wollen. Doch sein Blick flog rastlos durch mein Zimmer, als wollte er alles andere eher sehen als meine Reaktion. Nur seine Hand strich vorsichtig über mein Haar, während ich nicht anders konnte, als die Luft anzuhalten.
Es stimmte also doch. Es war doch kein Traum gewesen, sondern …
Ich japste lautlos nach Luft. Also hatte ich es mir doch nicht eingebildet. Das Knurren, die Augen. Dass ich womöglich wirklich zum zweiten Mal fast meine letzte Nacht auf Erden erlebt hätte. Dass ich doch noch entkommen war, wegen … wegen …
»Wolf«, wisperte ich und biss mir sofort auf die Zunge. Nur ein zusammenhangsloses Wort. Wie lächerlich! Aber zu mehr war ich gerade nicht imstande.

Mein Kopf rauchte, als würde er eine Generalüberholung meines ganzen Lebens machen. Was hatte ich noch alles als Traum gehalten, obwohl es brutale Realität war?

Unter meinem Ohr hörte ich Sam stoßartig schnauben, als hätte es nicht zu einem Lachen gereicht. Auf meinem Kopf spürte ich ihn nicken.

»Ja, Wolf.« Er gluckste, aber es klang mehr nervös als erleichtert. Seine Finger strichen unentwegt über meine Haare.

»Das ... ist wirklich passiert«, murmelte ich, als auch er nicht mehr herausbekam und löste mich endlich von ihm, um in sein verzerrtes Gesicht zu sehen. Hatte er wirklich geglaubt, mit dem gestrigen Abend wäre alles gegessen und wir könnten einfach so weitermachen, als wäre die ganze Geheimniskrämerei nie passiert?

Er zwang sich, meinem Blick standzuhalten, doch ich sah, dass seine Augenbrauen nervös zuckten. Er seufzte mit geschlossenem Mund und nickte.

»Seit wann ...«, ... *lügst du mich schon an?* »Seit wann bist du ...« Ich könnte die Frage noch mal ansetzen, aber auch das dritte Mal würde ich sicher nicht beendet bekommen. Als würde mein Mund denken, dass das alles hier nicht wahr war, wenn er es nicht aussprach. Ich suchte Sams Augen, in der Hoffnung, dass er sofort wusste, was ich meinte und er mich nicht mit schiefgelegtem Kopf zwang, mich durch die volle Formulierung zu kämpfen. Hastig brach er den Blickkontakt ab, suchte irgendetwas auf meinem Bett, das er stattdessen betrachten konnte, doch, ohne sich zu räuspern, begann er zu erzählen: »Vor etwa zwei Monaten. Ich war auf dem Weg nach Hause von dir. Durch den Wald. Ich … ich erinnere mich an nicht mehr viel.«

Déjà-vu. Das schien die Begegnungen mit den … Wölfen mit sich zu nehmen. Ich sah, wie er sich über die Unterlippe leckte, auf der seltsamerweise die Wunde von gestern nur noch als zarte Narbe zu sehen war. Er hatte eine kurze Pause eingelegt und wandte sich nun wieder mir zu. Zwischen seinen Augenbrauen hatte sich eine tiefe Falte gebildet, aber sein Mund lächelte müde.

»Erinnerst du dich, als ich vor ein paar Monaten wegen Verdacht auf Masern zuhause geblieben bin?«

War wohl nicht wegen Masern. Stumm nickte ich.

»War kein Masern«, bestätigte er. »Ich brauchte nur einen Grund, warum keiner an mich rankam. Damit niemand meine Wunden sah. Damit niemand sah, wie ramponiert ich nach Hause kam. Um klar zu kommen. Ich schwöre dir, damals dachte ich, ich sterbe. Ich hatte absolut keine Erinnerung an den Weg nach Hause und keine Erklärung, als die Wunden sich am Tag darauf quasi vor meinen Augen geschlossen haben. Seitdem musste ich mich jeden Monat für ein paar Tage krankmelden, damit keiner mitbekommt, was nachts bei mir abgeht.« Er lächelte weiter, aber in seiner Stimme war keinerlei Anflug von Heiterkeit zu hören.

Erst als Stille zwischen uns herrschte und keiner von uns auch nur ein Wort sagte, stieß ich die Luft aus, von der ich nicht gemerkt hatte, sie angehalten zu haben. Mit zusammengeschnürter Kehle krächzte ich: »S… Sam … Oh Gott.« Ich japste. »Das tut mir leid. Furchtbar leid. Du hättest …«

»Zu dir kommen können?«, beendete Sam meinen Satz richtig und legte den Kopf schief. »Ganz sicher nicht. Ich hab mich ja nicht einmal aus meinem Zimmer getraut, um ins Krankenhaus zu gehen. Ich wusste selbst nicht, was mit mir passierte, und als ich am Tag darauf fast vollständig geheilt war, hatte ich eine riesige Angst, zu dem zu werden, das mich fast getötet hat. Und das an meine Freundin ranlassen?«

Energisch schüttelte er den Kopf. »Klares No Go. Vor allem brauchte ich selbst erst mal ein paar Tage, um klarzuwerden, was da mit mir passiert ist.«

»Aber …«, stotterte ich, »… aber warum sitzt du nun doch hier?« Reflexartig entzog ich eine Hand seinem Griff und fasste mir an den schwirrenden Kopf. So viele Informationen. So viel, von dem ich niemals erwartet hätte, jemals außerhalb des Fernsehers konfrontiert zu werden. Und dennoch musste ich feststellen – so verrückt das alles klang – dass ich ihm tatsächlich jedes Wort glaubte.

Er legte mir seine freie Hand auf das Knie und streichelte es sanft. So viel sanfter als noch zwei Tage zuvor. »Weil ich mir jetzt sicher bin, dass ich es mehr oder weniger unter Kontrolle habe. Ich …«, er stockte und rang nach Worten, »… das ist noch immer alles ziemlich neu für mich, aber … anscheinend hab ich mich aus irgendeinem Grund schneller damit abgefunden, als andere und bin der bestbeherrschteste Welpe, den das Rudel bis jetzt hatte.«

Er straffte die Schultern und setzte ein unpassendes,

freches Lächeln auf, das mich in dieser bizarren Szene unwillkürlich zum Grinsen brachte. Den zwei Meter großen Kerl vor mir als Welpe zu bezeichnen ... das war schon urkomisch.

»Aber ...«, es nervte mich, dass ich mich räuspern musste, bevor ich weiterreden konnte, »... warum hast du dich so schnell damit abgefunden?« *Und würde ich mich auch so schnell daran gewöhnen, dass mein Freund ein fantastisches Wesen mit Reißzähnen, so groß wie meine Hand war?* Himmel, wenn mich jetzt jemand denken hören würde ...!

Meine Augen beobachteten, wie Sam auf seiner Unterlippe herumkaute und sich durch die gemachten Haare fuhr. »Ehrlich gesagt: keine Ahnung. Vielleicht, weil ich keine andere Wahl hab?«

Ich spürte mich nicken. Ja, das klang nach Sam. Was andere frustriert fluchen ließ, nahm er einfach an. Während ich selten die Stimme erhob, weil es eh keinen Sinn haben würde, blieb Sam still, weil es bereits in seinem Kopf ratterte, wie er das beste aus der Situation machen konnte. Selbst in so einer abgedrehten Lage!

Ich wusste nicht, ob mich das beeindrucken oder enttäuschen sollte.

»Wenn ...« *Wenn das alles wirklich stimmt.* »Wie bin ich nach Hause gekommen?«

Genauso wie Sam es beschrieben hatte, fehlte auch mir ein großer Brocken Erinnerung. Die letzten Bilder in meinem Kopf endeten mit dem roten Aufleuchten, mit dem vollen Fell zwischen meinen Fingern, mit dem Versuch, mich aufzusetzen. Danach hatte ich die Augen in meinem Bett aufgeschlagen, als wäre ich inmitten eines Filmes eingeschlafen. Wie viel von letzter Nacht fehlte mir?

»Du bist relativ schnell weggetreten, dass ich erst Angst hatte, dir wäre wirklich etwas passiert. Also hab ich dich gebracht.« Seine Hand auf meinem Knie fuhr sich über das Kinn, an dem ich nun doch raspelkurze Stoppeln erkennen konnte. »Ich frage mich, ob das mit der Begegnung einhergeht.«

»Mich gebracht«, wiederholte ich ungläubig. »Bis vor die Tür?«

Er stutzte und betrachtete mich für einen Wimpernschlag stumm. »Nein, bis zum Klärwerk.« Endlich war da wieder dieses freche Grinsen in seinem Gesicht. »Ja, natürlich bis vor die Tür. Das war etwas riskant, vor allem, weil es etwas länger gebraucht hat, bis du endlich aufgewacht bist.«

»Bis ich …« Gedankenverloren kramte ich in meinem Kopf, doch ich konnte mich nicht erinnern, nach der Waldszene noch einmal wach gewesen, geschweige denn zu Bett gegangen zu sein. »Will ich wissen, wie du mich aufgeweckt hast?«, fragte ich zaghaft.

»Vielleicht nicht.« Weiter frech grinsend strich Sam mir sanft über die Wange. Was ein seltsames Gefühl, seine Haut nicht kochend heiß auf meiner zu spüren. »Aber ich musste wenigstens sichergehen, dass du unversehrt nach Hause kommst.«

»Deswegen …« Ich musste mich schon wieder räuspern, um meine belegte Stimme wiederzufinden. »Deswegen hast du mich die letzten Nächte beobach-

tet«, schlussfolgerte ich. *Nicht gestalkt.*
Er nickte, noch immer lächelnd.
»Du warst bei keiner anderen«, murmelte ich und merkte erst, dass ich es doch wirklich laut ausgesprochen hatte, als mein Freund entsetzt die Augen aufriss.
»Was?!« Für einen Moment starrte er mich mit offenem Mund an, dann erst fand er seine Stimme wieder und schüttelte energisch den Kopf, dass es ihm fast die Brille von der Nase gefegt hätte. »Oh mein Gott, nein! Wie kommst du denn auf sowas?«
»*Rylee! Der Kerl betrügt dich nicht. Der Hundeblick, den er dir zuwirft, den kann man nicht faken*«, hallte mir Skylars Stimme durch den Kopf. Und verdammt, sie hatte doch mal wieder recht! Mit hochgezogenen Schultern starrte ich auf meine Hände, die sich gegenseitig in meinem Schoß kneteten.
»D…, du musst zugeben … Deine Geheimniskrämerei war schon … also hat mich schon …«
Sams Pranken rissen meine Hände auseinander und drückten sie so fest, dass ich zu ihm aufschaute. Mit zusammengezogenen Augenbrauen und verkniffenem Mund starrte er mich an.
»Ry. Niemals. Ich schwör's!« Seine Daumen fuhren über meine Handrücken.
»Oh Mann, ich bin so dumm! Klar dachtest du, dass der Wecker am Montag ein Anruf war! Das war meine Deadline. Meine Deadline, bei der ich mir sicher war, mich nicht mehr wirklich kontrollieren zu können.«
Klirrend hörte ich den Groschen in meinem Kopf fallen. »Deswegen waren deine Augen rot.« So rot wie

gestern Nacht. So wie bei der Bestie … dem Wolf am Abend davor. »Das war keine Allergie.«

Gequält rang sich Sam zu einem Lächeln und ließ meine Hände weiterhin nicht los, als hätte er Angst, ich könnte jeden Moment aufspringen und vor ihm fliehen. »Na ja, wenn du's so siehst, ist es schon wie eine lästige Mondallergie, die ich seit ein paar Monaten mit mir rumtrage. Aber zum Glück sind sie nur in der Nacht so. Das sind die ersten Anzeichen, dass … na ja, du weißt schon.«

Die ersten Anzeichen, dass…. er zu dem Ding wurde, was mich gestern Nacht nach Hause gebracht hatte … zu dem Ding. Mein Freund war kein Ding! Mein Freund war ein … Mein Kopf wollte nicht weiterdenken, konnte den Satz nicht beenden. *Bitte, Sam, sprich weiter, bevor mein Schädel noch explodiert!*

»In letzter Zeit«, fuhr er endlich fort, als hätte er meinen stummen Ruf gehört, »haben wir ein bisschen Aufruhr im Rudel. Deswegen waren die letzten Nächte sehr kurz für …«

»Warte«, unterbrach ich ihn und hätte aus Reflex fast losgeprustet, hätte sein ernster Blick mich nicht davon abgehalten, »… Rudel?« Es klang so lächerlich, wenn ein Mensch von *seinem* Rudel sprach.

»Ja, Rudel. Denkst du, ich bin der einzige?«, antwortete Sam trocken. Dass er zur Abwechslung mal nicht albern reagierte, ließ mich meine Lippen unbewusst verkneifen.

Er hatte recht. Ich konnte mich daran erinnern, wie er erst vor ein paar Stunden jemanden angebellt hatte, mich nicht zu bekommen. *Sie bekommst du nicht.*

Bei dem Gedanken erschauderte ich und wedelte die Erinnerungsfetzen an den Kampf zwischen den zwei gigantischen Wölfen und ihre Bedeutung aus meinem vollen Kopf, indem ich gedankenlos weitersprach: »Und warum habt ihr Aufruhr in eurem …« Irgendwie gelang es mir nicht, das Wort auszusprechen, als wäre dort diese eine leise Stimme in meinem Kopf, die mir einredete, auf den dummen Scherz, den Sam mir da gerade auftischen wollte, nicht eingehen zu dürfen. War da noch eine Hoffnung, dass das hier alles wirklich nur ein dummer Streich war?

»In den letzten Wochen sind viele Neue nach Winchester gezogen. Ausgestoßene, die sich wohl gedacht haben, eine Werwolfcommunity in diesem Kaff aufzubauen.« Dabei zog er nun mit gequältem Gesichtsausdruck doch seine Hände zurück, hob demonstrativ die Arme, sodass ich sofort verstand, um wen sie die *Community* ausgebaut haben. Nämlich mit meinem Freund.

Meine trockene Kehle versuchte, die gesammelte Spucke in meinem Mund herunterzuschlucken. Klar, ich hatte es gestern mit eigenen Augen gesehen, ich saß hier mit ihm und führte seit etlichen Minuten dieses Gespräch. Und dennoch ließ mir das Wort *Werwolf* das Blut in meinen Adern zu Eis gefrieren.

»Jap.« Sam seufzte. »Genau so hab ich auch erst reagiert, Kleine.« Er rückte wieder näher und drückte mich an seine Seite.

Während ich mich versuchte, mit dem Takt seines Herzschlages abzulenken, durchfuhr mich zum ersten

Mal ein beruhigender Gedanke: Sam hatte mich nicht von Anfang an belogen. Er war noch nicht immer so gewesen.
Er war noch nicht immer so gewesen ...
»Wer hat dir das angetan?«, entfuhr es mir und spürte, wie er etwas zusammenzuckte, als schockierte es ihn, dass ich davon ausging, es sei eine Bürde.
»Ich ... ich weiß es nicht.« Wieder seufzte er und presste somit seine Brust gegen meine Wange. »Sagen wir's mal so: Die Neuen sind unkontrolliert und auf ... aggressive Akquise.« Er lachte freudlos auf und katapultiere meinen Kopf somit immer wieder kurz von ihm weg, sodass ich wieder von ihm abrückte und in sein gequält lächelndes Gesicht sah. Wie konnte er nur so ruhig bleiben, obwohl ihm erst kürzlich eine Lebensentscheidung genommen worden war? War das nun das erste Mal, dass ich seine hervorragende Stärke, alles positiv aufzunehmen, als Schwäche sah? Machte ihn das wirklich schwach?
Einige Sekunden sahen wir uns stumm an, bis mein Mund die angespannte Stille zwischen uns wohl nicht mehr aushalten konnte und fragte: »Genauso wie der ... gestern?« Das Wort *Werwolf* kam mir einfach nicht über die Lippen und ließ mich armselig stottern. »Zu dem du sagtest, mich würde er nicht kriegen? War das auch ...?« Ich hatte mich konzentrieren wollen, das Wort nun endlich auszusprechen, doch diesmal versagte meine Stimme.
»Richtig. Er ... na ja, wie andere Neue, kann er sich durch den Mond nicht wirklich konzentrieren. Da kön-

nen Sekunden der Konzentration über Verwandlung und Tod entscheiden. Entweder sie verwandeln ihr Opfer oder sie können sich nicht zügeln und ... na ja ...« *töten es.* Er hatte es nicht ausgesprochen, aber das Ende seines Satzes hing stumm zwischen uns und jagte mir einen eiskalten Schauer über den prickelnden Rücken. Also hätte ich tatsächlich gestern draufgehen können. Es hätte tatsächlich sein können, dass ich nie wieder mein Zimmer hätte betreten können. Oder jedenfalls nicht mehr als Mensch ...

Ich musste verstört ausgesehen haben, denn Sam griff meine angespannten Finger. Doch bevor er auch nur irgendetwas sagen konnte, lenkte ich mich selbst mit einer nächsten Frage ab: »Sam, du weißt was ... wer die Tiere und Milo Topper angegriffen hat, oder?«

Für einen Moment hielt Sam die Luft an und sein Adamsapfel ruckte. Er betrachtete mich mit halb offenem Mund, als müsste er abwägen, ob er lügen oder mir die Wahrheit erzählen sollte. »Werwölfe.« Er stieß die angehaltene Luft wieder aus. »Es sind Werwölfe.«

Das Japsen, das aus meiner Kehle kam, hätte ich nicht mit der größten Selbstbeherrschung unterdrücken können. Seit geraumer Zeit fröstelte ich und schielte zu den Kaffeebechern, die noch unberührt auf meinem Schreibtisch standen. »Ich dachte, W... Werwölfe richten sich nur nach dem Vollmond. Aber gestern war er ganz sicher nicht mehr voll.«

Sams Daumen massierten meine Handrücken.

»Stimmt. Die Alten verwandeln sich nur an Vollmond, aber die Neulinge haben noch zu wenig Kraft, zu wenig

Konzentration, dass sie sich schon Tage vor und nach dem Vollmond nicht mehr kontrollieren können. Deswegen haben wir ja gerade auch dieses ... Problem mit den unkontrollierten Angriffen, trotz, dass ein striktes Jagdverbot im Stadtwaldbereich gilt.«

»Aber wieso ...«, und schon wieder musste ich meine Stimme mit einem Räuspern wiederfinden, »... können die anderen sich nicht kontrollieren – aber du hingegen schon ...?«

Mit verzogenen Lippen runzelte er die Stirn. »Um ehrlich zu sein, weiß ich es nicht genau. Eigentlich kann das kein Neuling am Anfang.« Dann wich plötzlich die Zaghaftigkeit seines Lächelns einem breiten Grinsen und entblößte seine hübschen geraden Zähne. Seine Augen leuchteten freundlich blitzend auf. Mit der Ruhe, die ich immer bei ihm suchte. »Aber vielleicht ist's auch ganz einfach.« Sein Lächeln wurde schief. »Die anderen konzentrieren sich nur auf den Mond und haben nur den im Kopf. Sie haben keinen Anker. Ich schon.«

Noch bevor ich seine Worte verstand, stützte er sich von meinen Oberschenkeln auf, beugte sich zu mir hinüber und betrachtete meine Lippen. Doch er hielt inne. Als wüsste er nicht, ob er die Erlaubnis hatte, mich zu küssen.

»Hast du jetzt Angst vor mir?«, wisperte er mit rauer Stimme.

Hatte ich das? Ich hatte noch nicht die Zeit dazu, mir darüber Gedanken zu machen. Und konnte mich noch nicht entscheiden, ob ich das überhaupt wollte.

Unwillkürlich biss ich mir auf die Unterlippe und such-

te in seinen braunen Rehaugen nach einer Antwort.
»Nein.«
Als wäre es ein Codewort gewesen, legte er endlich seine Lippen auf meine.
Mit dem darauffolgenden Prickeln in meinem Körper wurden schlagartig jegliche Angstgefühle, die mich nur Sekunden zuvor noch gelähmt hatten, fortgewischt. Als wären sie in diesem Moment kurz auf Pause geschaltet. Wie lange hatte ich ihn nicht mehr geküsst? Fast eine ganze Woche? Dieses Kribbeln, das gerade entspannend durch meinen Körper rollte, hatte ich so vermisst. Es legte sich um mich wie eine Decke und schaltete alle Gedanken, alle Sorgen aus. Sie wischten das Wort Werwolf aus meinem Kopf, ließen mich die eingebildete blutige Szene verdrängen.
Es waren nur Sams Lippen, nur sein zu starkes Parfum, seine kaum fühlbaren raspelkurzen Bartstoppeln an meinem Kinn, seine Hände auf meinen Oberschenkeln. Ohne es angewiesen zu haben, lehnte ich mich zu ihm, gab mich ihm voll hin.
Viel zu früh löste er sich von mir, ließ mich mit Verlangen nach mehr zurück, sah mich mit schiefem Lächeln und funkelnden Augen an, als sähe er mir genau an, dass er mich gerade überzeugt hatte.
»Kitschig …«, hauchte ich als Antwort auf sein siegessicheres Lächeln, brachte ihn allerdings nur zum Lachen, denn die Schwäche in meiner Stimme bestätigte ihn nur noch mehr.
»Anscheinend genau richtig.«
Ich presse die Lippen zusammen, um das Prickeln auf

ihnen noch für ein paar weitere Sekunden einzufangen, um diesen Moment der Versöhnung nur noch für ein paar weitere Momente zu genießen. Denn, ja, dieses Gespräch hatte mein Leben gerade um 180 Grad gewendet. Und ja, ich brauchte noch einige Zeit, um das hier zu verarbeiten. Allerdings kannte ich dort auch noch nicht die Konsequenzen seiner Ehrlichkeit.

Kapitel 14

Das rhythmische Ruckeln des Schulbusses vibrierte selbst durch meine Schuhsohlen. Es regnete heute schon den ganzen Tag in Schauern und Skylar hatte darauf bestanden, nicht durch den Wald nach Hause zu gehen, auch wenn wir dort mehr oder weniger geschützt gewesen wären vor dem Frühlingsregen. Und wenn ich ehrlich bin, kam mir das ganz gelegen. Die Wunden, welche die Angriffe in den Wäldern verursacht hatten, wurden zwar durch Sams klärendes Gespräch etwas behandelt, doch frisch waren sie noch immer.
Mein Blick hing an den einzelnen Regentropfen, die im Wettrennen Schlieren an den dreckigen Fensterscheiben zogen. Noch war ich mir nicht sicher, ob ich mich nun sicherer fühlen sollte, wenn ich über den geteerten Weg zwischen den ganzen Pinien ging.

Einerseits hatte die Gefahr, die dort nachts lauerte, nun einen Namen. Andererseits wusste ich, abgesehen von ihrer Existenz, so gut wie gar nichts über sie. Ich wusste, dass es riesige Wölfe waren, deren Kiefer mit Leichtigkeit meinen Kopf zertrümmern könnten, und ich wusste von ihren unkontrollierten Angriffen, die selbst die Rudelführer gerade nicht im Zaum halten konnten, weil es einfach zu viele Neulinge waren. Bei dem Gedanken erschauderte ich.

Es war, als wäre mir seit gestern Morgen ein viel zu enges Korsett mit einer eingebauten Schlinge um meine trockene Kehle abgenommen worden.

Endlich hatte mich Sam in sein Geheimnis eingeweiht. Endlich war mir der Verdacht genommen worden, er könnte mir fremdgehen. Und obwohl ich mich noch immer riesig darüber freute, dass mein Freund mich nachher noch kurz anrufen wollte, bevor er wieder unerreichbar in der Nacht sein würde, konnte ich nicht leugnen, dass sich mein Blick auf ihn etwas verändert hatte. Noch immer schlug mein Herz schneller, wenn er als eine der Hauptpersonen meines Lebens auf die Bühne trat – doch die Scheinwerfer hüllten ihn seit gestern in ein anderes Licht. Es war nicht, dass mir dieses Licht nicht gefiel, nur konnte ich es noch nicht wirklich einschätzen. Verdammt, war das wirklich alles real, was hier gerade in meiner Stadt passierte?

»Wieder die Nacht durchgemacht?«

Skylar stieß mich mit ihrem Ellbogen an, sodass ich sie ansehen musste. Sie hatte eine Augenbraue in die Höhe gezogen und ihr linker Kopfhörer, aus dem ich ihre

blecherne Schreimusik hören konnte, baumelte vor ihrer Brust, sodass sie mir mit einem Ohr zuhören konnte.
»Hm?«, fragte ich dümmlich.
Eigentlich hatte ich letzte Nacht gut durchgeschlafen. Zwar war ich mit vollem Kopf in meine wirren Träume gerutscht und hatte auch den gesamten Schultag über die Nacht von Dienstag auf Mittwoch sowie Sam und mein gestriges Gespräch durch den Kopf gehen lassen, aber mein Körper schien so erschöpft von den letzten Ereignissen gewesen zu sein, dass er sofort eingeschlafen war. Anders als Sam, der zwar heute im Unterricht erschienen war, aber mit seinen Kratern unter seinen Rehaugen aussah, als hätte er die letzten fünf Nächte durchgemacht. Was er auch getan hatte, wie mir in diesem Moment auffiel.
Ich dachte an sein breites Lächeln zurück, als ich ihm in der Mittagspause einen Kaffee vor die Nase gestellt hatte, so wie es Skylar gestern für mich getan hatte. Er hatte erleichtert gewirkt, glücklich. Müde, aber glücklich. Denn auch wenn ich ganz sicher noch eine Weile brauchen würde, um mich an diese Veränderung zu gewöhnen und ich das gelüftete Geheimnis zwischen uns heute quasi totgeschwiegen hatte, hatten wir endlich das zurückerlangt, was uns in der letzten Zeit gefehlt hatte: Verständnis.
»Du siehst aus, als würdest du jeden Moment wegpennen«, zog mich Skylar aus meiner kleinen Welt in meinem Kopf.

»Ach, ich bin nur in Gedanken«, antwortete ich schulterzuckend.

»Ja, ist irgendwie ein komisches Gefühl, dass alle glauben, dass das jetzt alles ein Ende haben soll.«

Verdutzt legte ich den Kopf schief. »Was meinst du? Was soll ein Ende haben?«

Skylar legte ihre Stirn in Falten. »Du hast es nicht gehört? Dass der Kerl aus den Wäldern verhaftet worden ist?«

»Was?«, entfuhr es mir viel zu laut. Hektisch suchte ich nach meinen nächsten Worten, als Skylars Stirn noch krauser wurde und sie ihren Mund irritiert verzog. »I…, ich meine …, wa…, warum willst du dann trotzdem nicht durch den Wald gehen?«

Himmel, wer sollte denn *der Kerl* sein? Hatte Sam mir gestern nicht einen anderen Grund für die Vorfälle genannt? Meine Gedanken begannen plötzlich zu rasen, dass ich mich zwingen musste, Skylar zuzuhören und nicht mental abzudriften.

»Weil das sicher nicht das Ende ist.« Mit den Fingern wischte sich meine beste Freundin den verlaufenen Eyeliner unter den Augen zurecht. Aber einen wirklichen Unterschied konnte ich danach nicht wirklich erkennen.

»Hol mich ab. Wovon redest du?«, fragte ich sie mit klopfendem Herzen und hoffte, dass ich nicht so aufgeregt klang, wie ich mich fühlte.

Ein eiskaltes Kribbeln kündigte sich in meiner Kehle an.

»So wie alles in diesem verdammten Kaff hat heute

quasi jeder in der Schule darüber geredet, dass gestern Nachmittag ein Mann aus Georgetown verhaftet worden ist. Einige sagen, es wäre ein Jäger, andere, es wäre ein Verrückter, aber Ry ...«, Skylar rückte näher an mich heran, dass ihr Kopfhörer zwischen uns baumelte und ich das Gitarrensolo aus ihm ganz deutlich hören konnte, »das bleibt zwischen uns, aber mein Dad hat gestern einen Anruf von so jemanden aus Willow Creek bekommen, der meinte, zu wissen, womit und was es in unseren Wäldern auf sich hat. Aber Dad meinte auch, sie hätten schon einen Studenten verhaftet, der für seine Doktorarbeit mit den Tieren in unserem Wald geforscht haben soll. Sie haben ihn auf Verdacht mitgenommen.« Während diese Info Skylar ein freudloses Lachen entlockte, ließ es mir den Atem stocken.

Als ich nicht antwortete, weil mir plötzlich die Luft im Hals steckenblieb, fuhr sie im Plauderton fort: »Mein Dad hat dem Kerl aus Willow Creek nicht geglaubt, aber ganz ehrlich? Ein Kerl, der an Aas geforscht haben soll, oder was? Ich glaub nicht, dass einfach nur jemand gewesen sein soll, der wissen wollte, auf welche Weisen man Rehe abmurksen kann. Du hast es doch auch gesehen: Das war ganz bestimmt kein einfacher Student. Das muss ein Raubtier oder so gewesen sein. Und es läuft da draußen ganz sicher noch rum.« Sie deutete an mir vorbei an dem Fenster und fuhr sich dann in einer fließenden Bewegung durch die schwarz gefärbten Haare, die am Ansatz schon wieder blond nachwuchsen, als hätte sie nur zu weit mit der Hand ausgeholt.

»Ich bin mir im Übrigen sicher, dass dieses *Tier* gegen

Robs Auto geballert ist. Ich hab's zwar nicht gesehen, aber das wär doch die einzig logische Erklärung. Und es war kein Bär.« Sie zuckte mit den Schultern, als redete sie nur davon, dass sich einer der *sich für cool haltenden* Footballspieler einen Streich erlaubt und Robs gesamte Rückfront zerstört hatte.

Wieder durchfuhr mich ein Schauer, nur zuckte ich diesmal bei dem Gedanken an die letzten zwei Nächte zusammen. Ja, seit Sams Erklärung war ich mir sicher, dass ich dort einem ... Werwolf aus seinem Rudel in die glühenden Augen gesehen hatte. Gerade als ich den Gedanken zu Ende gedacht hatte, traf mich, wie seit gestern jedes Mal ein eisiger Pfeil. Ich hatte einem Werwolf gegenübergestanden. Zwei Mal. Heilige Scheiße ...

»Seien wir mal ehrlich«, fuhr Skylar locker fort, »mein Dad will nur, dass zuhause nicht der Haussegen schiefhängt und die Leute beruhigen. Aber ich glaube nicht, dass das Problem jetzt aus der Welt geschafft ist. Dad sollte sich bei dem Kerl aus Willow Creek noch mal melden. Ich versteh nicht, warum sie sich so einfach zufriedengeben. Mit diesem Tier – oder wer weiß schon, was da draußen rumläuft? – wird das wahrscheinlich so weitergehen.«

Nein, es wird sogar ganz bestimmt so weiter gehen.

»A...« Ich musste mich räuspern, bevor ich meine Stimme endlich wiederfand, »... aber Sky, haben die denn genug Beweise, um ihn einfach festzuhalten?«

Ich spürte, wie sich das Kribbeln in meiner Kehle wie ein Virus in meinem ganzen Körper ausbreitete und ich mich zwingen musste, nicht zum dritten Mal zu erschaudern.

Meine Freundin zuckte mit den Schultern, verlor aber den mürrischen Blick nicht. Sie hatte es noch nicht erwähnt, aber ich wusste, wie sehr es ihr gegen den Strich ging, wehrlos einer Situation ausgesetzt zu sein, ohne etwas ändern zu können. Am liebsten wäre sie sicher selbst mit einer Schrotflinte in den Wald gegangen, um das Problem aus der Welt zu schaffen. Bei dem Gedanken erschauderte ich nun doch. *Um meinen Freund aus der Welt zu schaffen.* Ein weiterer eisiger Pfeil.

»Keine Ahnung. Anscheinend ja schon.« Skylar wischte sich abermals unter den Augen entlang.

Und anscheinend müssen diese falsch sein, ging es mir durch den Kopf. Verdammt, ich musste dringend mit Sam reden! Da war dieses Prickeln in meinen Fingern, sofort mein Handy herauszufischen und ihn anzurufen, ihm zu erzählen, dass ihretwegen ein Mann fälschlicherweise in Haft saß.

Wenn er wirklich in den Wäldern geforscht haben sollte, konnte er sich einerseits glücklich schätzen, dass er noch am Leben war, aber anderseits konnte ich mir schlecht vorstellen, dass er sich leicht aus der Sache herausreden könnte. Und so geheimnisvoll wie Sam mit der Existenz der Wölfe umgegangen war, konnte ich mir sehr gut vorstellen, dass irgendwas unternommen werden würde, um den Mann als schuldig darzustellen, um die Aufmerksamkeit von den eigentlichen Bestien abzulenken.

Den eigentlichen Bestien.

Himmel, mein Freund war keine Bestie! Das versuchte ich mir seit gestern Morgen einzureden. Und doch fiel es mir schwer, immer wieder dagegen anzureden. Wenn ich ihn ansah, sein Lächeln genoss, seine Hand in meine nahm, dann war ich mir sicher, dass er noch der großartige, fromme Mensch war, wie ich ihn kennengelernt hatte. Doch kreisten meine Gedanken in seiner Abwesenheit um ihn und seine Wahrheit, machte mein Kopf ihn zu einer Gefahr, die ich noch immer schönreden musste.

Mit einem lächerlichen *Gulp* schluckte ich schwer.

»Haben deine Eltern sich deswegen letztens gestritten? Wegen dem Kerl?«, versuchte ich mich vielmehr von meinen eigenen Gedanken abzulenken, als die Konversation voranzubringen.

Skylars Eltern interessierten mich herzlich wenig.

Vielmehr war es der Kerl.

Der Kerl. Ich hätte mich über so diese Information *gefreut.* Meine Neugierde, die ich eigentlich schon ins Unterbewusstsein geschoben hatte, wäre gestillt gewesen. Hätte ich nicht den wahren Grund der nächtlichen Gefahr gewusst. Aber jetzt fraß etwas meine satte Neugierde auf: Panik. Panik, der Mann könnte wegen des Rudels meines Freundes tatsächlich seine verdiente Freiheit verlieren. Panik, Sams Reaktion darüber zu erfahren. Panik, dass Skylar meine Gedanken und Mimiken doch deuten könnte und nachfragen würde.

Nun wurde mir das erste Mal klar, dass ich eines nicht bedacht hatte: Indem mir Sam sein Geheimnis anvertraut hatte, hatte er es mir gleichzeitig aufgebürdet. Nun

würde auch ich anfangen müssen, die Leute um mich herum anzulügen. Nun würde auch ich in die Bredouille kommen, misstraut zu werden, skeptisch beäugt zu werden. Oh, was hatte ich nur getan?
»Richtig«, weckte mich Skylar aus meiner Erkenntnis auf, »aber ist ja nicht das erste Mal, dass sie sich wegen seiner Arbeit in die Haare kriegen. Das war mit einem Blumenstrauß schnell wieder vergessen. Meine Mum ist da echt einfach gestrickt.«
Ich brauchte Skylar nicht ansehen, um zu wissen, dass sie gerade die Augen verdrehte. Um mir einen Kommentar zu verkneifen, biss ich mir auf die Unterlippe. Vielleicht sollte ich ihr nicht erzählen, dass Sam dafür gestern nur Kaffee und einen Kuss gebraucht hatte. Dass er nicht einmal einen Blumenstrauß hatte mitnehmen müssen, damit ich jetzt nach Skylars Info die Sekunden zählte, um ihn anzurufen.
»Weiber«, schnaubte ich dagegen sarkastisch und hoffte, dass sie das Zittern in meiner Stimme nicht hörte.
Doch anscheinend tat sie es nicht oder sie verbarg es perfekt. »Du sagst es!«, lachte sie, dann versteinerte sich ihr Gesicht wieder zu einer Maske des Ernstes. »Nein, aber wirklich: Hoffentlich meldet sich jemand bei der Polizei. Dieser Kerl aus Georgetown, dieser Topper-Kerl, ist nicht wirklich ansprechbar. Zwar ist er wach, aber mein Dad sagt, er könnte sich an den Angriff nicht erinnern. Er ist wohl völlig verrückt geworden und dadurch kein guter Zeuge. Aber irgendwer muss doch eine dieser Attacken mitbekommen haben ... Es passieren so viele. Ich hab echt keinen Bock mehr wie ein kleines

Kind von meinen Eltern den Weg durch den Wald verboten zu bekommen. Vielleicht … fahre ich selbst mal nach Willow Creek.«

Hoffentlich meldet sich jemand bei der Polizei.

Ja, hoffentlich die richtige Person und keiner aus Sams … Rudel. Dann würde der zu Unrecht verhaftete Student ganz sicher keine frische Luft mehr schnuppern können.

»Ja hoffentlich«, murmelte ich mit flauem Magen und spähte durch das Fenster zu dem Haltestellenschild, welches das Ende unserer Busfahrt markierte, welche uns um den unsicheren Wald kutschiert hatte.

Ja, Skylar sprach mir aus der Seele, wenn sie sich wünschte, dass der Wald endlich wieder ein sicherer Ort werden sollte. Aber wer sollte ihn wieder dazu machen? Die Polizei, die sich anscheinend mit der erstbesten Lösung zufriedengab? Ganz sicher nicht. Also blieb es dann an Sam hängen? Oder konnte ich etwas verrichten?

An der Kreuzung, an dem uns der Bus aussteigen ließ, verabschiedeten wir uns. »Ich versuch, dich auf dem Laufenden zu halten, ja? Irgendwer muss unseren Wald ja wieder sicher machen.«

»Mach das«, erwiderte ich gedankenverloren und war froh, als ich ihr den Rücken kehren konnte, um mein Handy zu zücken und Sams Nummer im Gehen zu wählen.

»Ja?«, antwortete er keine drei Signale später.

»Sam, i… ich muss mit dir reden!«, stürzte ich gleich mit der Tür ins Haus. *Mach meinen Wald wieder sicher!*

»Oh, ist was passiert?« Seine sonst so ruhige Stimme schlenkerte. Er merkte sofort, wenn etwas nicht stimmte. Und wie etwas nicht stimmte!

»Ein Mann …«, ich stockte, um meine Lautstärke herunterzufahren – es musste nicht jeder mitbekommen, was ich jetzt sagte, »ein Mann wurde wegen euch verhaftet!«

»Was … meinst du?«

»Du hast es nicht gehört?«, fragte ich ungläubig, obwohl auch ich nichts in der Schule mitbekommen hatte, »wegen Topper.«

»Wegen Topper? Wie jetzt?«

War er schwer von Begriff oder stellte er sich gerade naiv? Ich dachte, das hatten wir seit gestern hinter uns? Atemlos erzählte ich von ihm Skylars Informationen.

»Oh …«, war das einzige, was Sam herausbrachte.

»Oh«, wiederholte ich spöttisch. Das war doch wohl mehr als ein *Oh* wert. »Also, was, äh … willst du jetzt machen?«

»Wie, was will ich machen?« Ich hörte Sam freudlos lachen. Ein Geräusch, das ich selten aus seinem Mund gehört hatte, und es jagte mir eine Gänsehaut auf die Arme. Das letzte Mal war es gestern gewesen, als er mir die Wahrheit offenbart hatte, die ihm erst so schwer über die Lippen gekommen war. »Meinst du, ich könnte etwas dagegen tun?«

»Du musst! Ich meine, der Kerl ist doch ganz offensichtlich unschuldig! Wir sollten zur Polizei.«

»Ganz sicher nicht.« Sams Stimme klang plötzlich messerscharf, dass es sich anfühlte, als drückte sie mir

eine Klinge gegen die Kehle. Mein schneller Schritt verlangsamte sich ganz von selbst. Gefiel mir das Licht, in das ihn der gestrige Tag gerückt hatte, doch nicht? Bestätigten sich meine erst lächerlich geglaubten Gedanken, dass er nicht mehr der herzige, fromme Kerl war, wie ich ihn kennengelernt hatte?
»Wie jetzt?«
»Du kannst nicht zur Polizei. Das ist zu gefährlich.«
Ging das schon wieder los? Empört blieb ich stehen und stemmte die Hände in die Hüften, auch wenn mir bewusst war, dass Sam das gar nicht sah. Vielmehr war es für mich selbst. »W… warum denn das?« Ich nahm einen tiefen Atemzug. Warum blieb mir nur immer die Luft weg, wenn ich versuchte, mich aufzulehnen?
»E… es ist doch nur die Polizei! Willst du mich ver…«
»Wenn die anderen das mitbekommen, dann …«
»Pfeif auf die anderen, die können doch …«
»Nein, Rylee! Du verstehst das nicht.« Im Hintergrund zerschnitt die Türklingel unser Wortgefecht.
»Tut mir leid Rylee, das ist Gabe. Wir reden später, ja?«
»Aber wer soll denn sonst …«, ich rang nach den richtigen Worten und fand in meiner Wut keine, »he, aber ich will jetzt eine Antwort.« Schon wieder klang ich wie ein trotziges Kind. Das passierte mir in letzter Zeit viel zu oft und es gefiel mir ganz und gar nicht.
»Ich ruf dich später zurück, ja? Liebe dich!«
»Sam …«, rief ich, aber da hatte er schon aufgelegt. »So ein Idiot!«, grummelte ich schmollend. Und dabei hatte ich gedacht, wir hätten diese Geheimniskrämerei hinter uns. Aber nein, jetzt ließ er mich schon wieder im Regen

stehen – im wahrsten Sinne des Wortes, denn es nieselte mir schon wieder ins Gesicht. Es jagte mir einen eisigen Schauer nach dem anderen über den Rücken. Verdammt, ich wusste zwar jetzt, was hier passierte. Und auch, wenn es in meinem Kopf noch immer wie ein schlechter Film klang, wurde es hier trotzdem nicht sicher. Bei allem, was mir heilig war! Ich wollte doch nur wieder unbeschwert durch meinen Wald gehen!
Du willst mir also nicht helfen?, durchfuhr es mich. *Dann helf ich mir eben selbst.* Mein unüberlegter Gedanke war bereits gefasst, als ich meine Schultasche in den Flur unseres Hauses legte und mich auf mein Fahrrad schwang.

Kapitel 15

Mein Weg führte ohne Umweg zum Police Departement. Ja, Sam hatte es mir untersagt, aber er hatte sich auch nicht die Mühe gemacht, mir den Grund dafür zu nennen. Also würde ich ihm hiervon auch nichts unbedingt erzählen müssen, oder?

Mit klopfendem Herzen – das musste ganz sicher vom Fahrradfahren kommen, ich war so untrainiert – betrat ich das beeindruckend hohe Gebäude. Eins der imposantesten und größten in Winchester. Wenn man wusste, wie wenig Leute in diesem Ort auf kriminelle Ideen kamen, wirkte das Departement mit seiner antiken Fassade und den Steinsäulen vor dem Eingang lächerlich prunkvoll.

Meine Beine trugen mich zum Empfang und ich musste mir eingestehen, dass mir vielleicht doch etwas flau im Magen war. Zwar wusste ich, dass ich nicht mit der

Wahrheit argumentieren konnte, aber wenigstens hatte ich mir auf dem Weg hierher ein paar Worte zurechtgelegt. Ob ich mir damals schon bewusst war, dass ich mich gleich strafbar machen würde? Ganz sicher wurde mir aber in diesem Moment bewusst, dass ich in meinem Eifer zu Recht und Ordnung vergessen hatte, wie schwer es mir fiel, im richtigen Moment den Mund zu öffnen, ohne zu stottern.

»Hallo junge Dame, wie kann ich Ihnen helfen?«, begrüßte mich der dünne Kerl auf seinem Bürostuhl, der sicher nicht älter als Mitte dreißig sein konnte, aber durch sein eingefallenes Gesicht weitaus verbrauchter wirkte. Vielleicht sollte ihm jemand sagen, dass sein Schnauzer diesen Eindruck auch nicht besserte.

Ich ließ meinen Blick kurz durch die Eingangshalle schweifen, die durch ihre pompöse Größe ebenfalls als Großbüro für die wenigen Tische genutzt wurde. Und trotzdem warfen die nackten Steinwände jegliches Gespräch wieder zurück in den Raum, ließen kein Klirren einer Kaffeetasse unbemerkt, verstärkten jedes Lachen zu einem Laut, der nie wieder enden vermochte.

Gegen die grauenhafte Akustik halfen auch die dunkelblauen Stoffbanner, die hier und da von der hohen Decke hingen, nicht. *Gerechtigkeit* und *Ordnung* prangten in goldenen Lettern auf ihnen, dass es mir eiskalt über den Rücken lief. Bestimmt lag das nur daran, dass ich gerade durch den Nieselregen geradelt war. Ganz bestimmt.

Meine Augen hatten Skylars Vater nirgends erspäht. Gut so, das hätte mein Vorhaben nur noch erschwert.

Bevor ich dem Polizisten vor mir antwortete, musste ich mich räuspern. »Ähm ja.«
Ich konnte mir nicht vorstellen, dass er mich gehört hatte, denn die Geräuschkulisse und das schreckliche Echo, was von den nackten Steinwänden zurückgeworfen wurde, verschluckte meine Stimme fast vollkommen. Also fing ich an, den Mann vor mir quasi anzuschreien: »I… ich habe gehört, dass ein … Mann wegen der Vorfälle hier – also die in der Nacht – äh, na ja, also äh … festgenommen wurde.«
Wow, das lief schon mal überraschend gut. Nur wurde mir auf einmal entsetzlich heiß. So entsetzlich heiß. Vielleicht hätte ich mir vorher etwas mehr überlegen sollen. Aber vielleicht wurde ich mir auch gerade meiner Straftat zu dem Zeitpunkt schon bewusst … Meine schwitzigen Finger kneteten sich gegenseitig.
»Wenn Sie jetzt Namen hören möchten, dann muss ich Sie enttäuschen.«
Der dürre Polizist hob verächtlich eine Braue und presste die Lippen aufeinander, dass ich erkennen konnte, dass noch etwas Sahne an den Spitzen seines Oberlippenbartes klebte.
»Nein – also ja, ich weiß. Deswegen bin ich auch gar nicht hier«, rief ich lauter, als gewollt. Ob es aus Empörung war oder weil ich die Lautstärke in diesem Raum noch nicht ganz einschätzen konnte, wusste ich nicht.
»Ich will doch gar keine Namen wissen.«
»Sondern?« Die Brauen des Polizisten hoben sich höher, als könnte er nicht glauben, dass ein Teenager ein echtes Anliegen hatte.

»Ich möchte ... ähm ...«, druckste ich verlegen und mit ratterndem Hirn herum. Verdammt, dabei hatte es doch so gut angefangen! Meine Kehle wurde so trocken, dass mir das Schlucken schmerzte.

»Ähm, was?« Der Spargel hätte genauso gut *Verschwende nicht meine Zeit, Kind!*, rufen können, es hätte die gleiche Wirkung auf mich gehabt.

Aber nicht mit mir. Mit einem tiefen Atemzug zog ich die Schulterblätter zurück. »Ich möchte etwas melden. Bezüglich des Falles mit Mr. Topper.« Jetzt wich dem genervten Stirnrunzeln aufrichtige Neugier.

Bingo!

»Aha, und das wäre?« Er sah mich gespannt an, doch in seinen müden Augen konnte ich sehr wohl noch die Skepsis lesen.

Ein weiterer Atemzug. Jetzt war Showtime. »Ich habe den Vorfall auf Mr. Topper gesehen.« *Was?* Das war nicht mit mir abgesprochen gewesen! Ich hatte doch vorgehabt *irgendeinen* Vorfall mit einem *Tier* anzusprechen. Doch mein Mund redete plötzlich von selbst weiter, während ich mir die unruhigen Hände in die Jackentasche steckte, wo meine Finger unentwegt gegen meine Tascheninnenwand trommelten:

»Ich war weiter weg und habe ihn im Wald getroffen.« *Ach, hab ich das?* »Ich war auf dem Weg nach Hause, als ich Schreie gehört hab. Er wurde umgeworfen. Aber nicht von einem Menschen. Eher einem Tier, einem ... Bären oder so«

Dad ... Kurz riss mir die Anekdote die Luft aus den Lungen, doch dann hatte ich mich seltsam schnell wie-

der gefangen und redete mit überraschender Stärke in der Stimme weiter: »Ich hab nur gesehen, wie es mich angeguckt hat. Da hab ich extreme Panik bekommen und bin nach Hause gerannt.« *Los, zitter doch noch mal mit der Stimme, damit es glaubhaft rüberkommt.* »Ich war mir nicht sicher, ob ich mir das nur vorgestellt hab, oder mein Kopf sich das nur zusammengereimt hat. Deswegen bin ich nicht sofort hierhergekommen. Aber als ich von dem Mann gehört habe, bin ich sofort losgegangen. E..., es tut mir leid.«
Für den perfekten Auftritt hätte ich jetzt eigentlich auf die Tränendrüse drücken müssen, aber das fiel mir erst im Nachhinein ein. Ob ich in der Situation überhaupt dazu in der Lage gewesen wäre, weiß ich nicht. Mein Herz pochte mir auf einmal in den Ohren. Was war da denn gerade aus meinem Mund gekommen? Ich konnte mich kaum darüber freuen, dass ich es doch tatsächlich geschafft hatte, die Initiative ergriffen zu haben, ohne zu schwanken oder zwischendurch wie ein ängstliches Häschen abzubrechen. Es wurde von der Erkenntnis überschattet, dass ich mich gerade zum ersten Mal in meinem kurzen Leben strafbar gemacht hatte. Oh heilige ... Was hatte ich nur getan?
Dass der Polizist mich für einige Momente stumm musterte, als müsste er noch abwägen, ob er mir glauben sollte, machte die Situation nicht gerade besser. Ich spürte, wie mir der Schweiß den Nacken herunterlief und hoffte, dass man mir meine Nervosität nicht ansehen konnte. Verflucht, was hatte ich nur getan? Das war ein großer Fehler gewesen!

»Vielen Dank, dass Sie doch noch gekommen sind«, brach der Polizist nun endlich sein Schweigen und wusste womöglich gar nicht, was für einen Stein er mir da vom Herzen nahm. Er schien mir diese erfundene Geschichte tatsächlich abzunehmen. Oh, womit hatte ich dieses Glück nur verdient? Unauffällig stieß ich die Luft aus, die ich unbewusst für mehrere Herzschläge angehalten hatte. »Wären Sie bereit, ihre Aussage bei Officer Myers zu wiederholen?«
Zitternd biss ich mir von innen auf die Unterlippe. Zog es hier auf einmal durch die Halle oder warum fröstelte ich? Nicht imstande, in Worten zu antworten, nickte ich, folgte ihm durch die Halle und war froh, als ich nur zehn Minuten später wieder an derselben Stelle vor dem Empfang stand. Meine Handflächen waren bei jedem falschen Wort, das aus meinem Mund gekommen war, schwitziger geworden. Aber was sollte ich denn sonst tun? Den Kerl, der zu Unrecht mitgenommen wurde, sitzen lassen und mit der fortlaufenden Gefahr im Nacken die Nächte um die Ohren schlagen? Ganz sicher nicht.
»Vielen Dank für Ihre Aussage, Ms. Jackson. Haben Sie noch einen angenehmen Abend und halten Sie sich bitte weiterhin vom Wald fern«, verabschiedete mich Officer Schnauzbart, als ich von Officer Myers Schreibtisch an seinem vorbeikam.
Und wie ich das werde.
»Danke, ebenfalls.« Ich schenkte ihm ein zurückhaltendes Lächeln und war zum ersten Mal froh, dass mich jemand für einen unsicheren Teenager hielt. Die per-

fekte Tarnung für mein Verbrechen. Bis ich merkte, dass ich gerade *ebenfalls* auf seine Anordnung geantwortet hatte, dass mir sofort wieder Hitze in die Wangen stieg. *Oh Rylee, warum bist du nur so …?*
Mit kribbelnden Fingern und noch immer rauschenden Ohren drehte ich mich um und war im Begriff, das erdrückende Departement endlich zu verlassen.
Obwohl das Gebäude viel zu großräumig für die wenigen Officer war, fühlte ich mich eingepfercht und konnte es kaum erwarten, mich zuhause an den gedeckten Tisch zu setzen.
Ich tat vielleicht gerade einmal vier Schritte, bis ich eiskalt erzitterte und mit einem Schlag wusste, warum. Ein paar Meter weiter entfernt lehnte ein Junge in meinem Alter an einer der Steinsäulen und sah mich an. Nein, er starrte vielmehr. Sein Blick klebte förmlich an mir.
Mir ging ein Schauer über den schwitzigen Rücken, als mir gewahr wurde, was das gesenkte Kinn und der schiefgelegte Kopf bedeutete. Er beobachtete mich nicht nur, er schien förmlich zu lauschen. Wenn es nicht so laut wie in der vollen Schulmensa zur Rushhour gewesen wäre, wäre ich sogar sicher gewesen, dass er jedes einzelne Wort verstanden hatte, was ich Officer Schnauzbart und Officer Meyer vorgelogen hatte. Sein sommersprossiges Gesicht war belegt von dem Schatten seiner Kapuze, die seine roten Locken fast gänzlich bedeckten.
Ob er nur zufällig in meine Richtung schaute und er vielleicht einfach nur wartete?

Schwer seufzte ich und schüttelte den Kopf. Ich hatte zwar gerade eine Falschaussage getätigt, aber das war noch lange kein Grund, so paranoid zu werden.

Nein, ich war mir ganz sicher. Er meinte mich. Sein Blick verfolgte mich bei jedem Schritt, den ich Richtung Ausgang tat.

Hektisch kramte ich in meinem Hinterstübchen, ob dort für sein Gesicht ein Name hinterlegt war, doch er wollte mir nicht einfallen. Sein Gesicht ließ mich an den salzigen Duft von Popcorn denken, aber sein Name tauchte in dem Nebel nicht auf. Sicher musste er einer der Zugezogenen sein, die vor zwei Monaten unverständlicherweise Winchester als ihre Wunschheimat gewählt hatten.

Auf meiner Unterlippe herumkauend, riss ich den Blick von ihm ab und versuchte mich auf den Weg vor mir zu konzentrieren, spürte aber weiterhin ganz deutlich, wie er nicht von mir abließ.

Ich bin vergeben, lauf weiter!, rief ich ihm in meinem Kopf zu, um mich selbst zu beruhigen. Kein Grund, paranoid zu werden.

Dennoch war ich froh, endlich die Tür zu erreichen und in die kühle, feuchte Frühlingsluft zu stürzen.

Kapitel 16

Der feuchte Fahrtwind nahm mir jegliche Gedanken des seltsamen Vorfalls mit dem Jungen. Von Tritt zu Tritt in meine Pedalen war ich mir immer sicherer, dass er einfach nur einen falsch gewählten Blick drauf gehabt und ich mir den Rest einfach nur eingebildet hatte. Kein Grund zur Sorge.
Ich hatte gerade einem unschuldigen Mann geholfen, hatte ein paar gute Karmapunkte gesammelt, die Stadt gerade einen kleinen Schritt näher zur Sicherheit gebracht, während ich nur eine klitzekleine Straftat begangen hatte. Und dabei hatte ich sogar endlich den Mund aufbekommen. Zwar hatte ich mir einen zurechtgestottert – aber hey, es hatte letztendlich geklappt und nun konnte ich beschwingt und mit einem Lächeln auf den Lippen den Abend genießen. Heute würde mich nichts mehr runterziehen. Dachte ich.
Als ich in unsere Straße einbog, sah ich meinen hoch-

gewachsenen Freund gerade aus seinem klapprigen Jeep aussteigen. Sicherlich zählte Sam bereits die Kilometer, bis sein Baby in seine Einzelteile zerbrach.

»He!«, rief ich ihm zu und genoss seinen verwirrten Gesichtsausdruck, als er sich umdrehte. »Hast du nicht Besuch von Gabe?«

Schlitternd kam ich vor ihm zum Stehen. »Richtig. Aber keine fünf Minuten später rief seine Schwester an. Er ist jetzt auf dem Weg nach Willow Creek, um sie von so einem Jägertreffen abzuholen. Er wäre eh nicht lang bei mir geblieben.« Sam zuckte mit den Schultern. »Was soll man machen? Da dachte ich, weil ich dich vorhin so abgewürgt habe, komm ich einfach mal vorbei.« Dann legte er den Kopf schief. »Aber wo kommst *du* her?«

Obwohl er mich sanft ansah, hatte ich das Gefühl, dass seine frommen Augen mich durchbohrten. Ich bemühte mich, nicht zusammenzuzucken.

»I... ich?«

»Ja du. Oder will mir eins deiner Alter Egos antworten?« Sam grinste, doch ich erkannte den Argwohn trotzdem in seinem Gesicht.

Sollte ich ihm nicht erzählen, dass ich entgegen seiner Anordnung bei der Polizei war? Dass ich mich möglicherweise durch eine Falschaussage strafbar gemacht hatte? Zugegeben, es würde mir ein wenig Last von den Schultern nehmen, mich jemanden anzuvertrauen.

Doch so überzeugt ich vorhin noch war, mir nichts sagen zu lassen, fühlte ich mich nun doch wie ein kleines Kind, das seinen Eltern nicht beichten wollte, Mist gebaut zu haben.

Mist? Ich meine, ich hatte nichts von Werwölfen erzählt. Nur einen unschuldigen Mann herausgeredet und die Polizei hoffentlich damit angestupst, weiter an der Sache dran zu bleiben. Also war doch alles gut oder nicht? Dennoch antwortete mein Mund anders, als ich mir vorgenommen hatte: »Es wird gerade schon dunkel. Hast du nicht Angst wieder zum ... na ja, du weißt schon.« Es brauchte noch immer Überwindung, das Wort über meine Lippen zu bekommen und ich hoffte, er würde mir das nicht übelnehmen.

»Du lenkst ab, Süße.« Er kam näher, stellte sich neben mein Vorderrad und legte seine Hand an meinen Nacken. Ich hoffte, dass er nicht spürte, wie sich dort meine kleinen Härchen aufstellten. Seit wann hatte er so eine Wirkung auf mich? »Und außerdem habe ich noch ein bisschen Zeit bis *na ja, du weißt schon*«, äffte er mich nach. Dann hauchte er mir einen Kuss auf die Stirn. So liebevoll, wie er schon immer gewesen war. Kaum zu glauben, dass der Mann mit diesen sanften Berührungen nachts dazu in der Lage war, meinen Schädel mit nur einem Biss zu zertrümmern.

»Und? Wo warst du jetzt? So lang kannst du sicher nicht vom Bus nach Hause gebraucht haben.« Er sah auf mein Fahrrad hinunter. »Vor allem nicht damit.« In seinem Blick lag Wärme, doch ich konnte die Neugierde in seinen Fingern in meinem Nacken zucken spüren. Vielleicht interpretierte ich es aber auch nur in die langsam streichelnden Bewegungen an meinem Haaransatz hinein. Ich konnte nicht anders, als kurz die Augen bei seinen sanften Berührungen zu schließen und da war es auch schon aus meinem Mund gekommen: »Ich war beim Police Office.«

Sams Bewegungen stoppten abrupt. »Was?«

Ein mulmiges Gefühl erklomm meinen Rücken.

»Doch nicht etwa wegen diesem Kerl, den sie verhaftet haben, oder?«

Als ich die Augen aufriss, wäre ich fast zurückgestolpert, so wie er mich mit großen Augen anstarrte. Seine Pupillen waren geweitet, sein Mund stand offen. Und ab da war mir klar, dass ich vielleicht einen Fehler begangen haben könnte.

»D… doch.«

»Rylee, bitte sag mir, dass du ihnen nicht erzählt hast, dass er unschuldig ist!« Sam machte einen Schritt zurück und ballte die Fäuste. Hastig hob und senkte sich sein Brustkorb. So hätte dem Sam vor einem halben Jahr nicht reagiert.

»Also …« Ich schluckte trocken. »Nicht direkt. Ich hab … Vielleicht hab ich erzählt, dass ich gesehen hab, wie Topper von einem Tier angegriffen wurde. Nicht mehr. Ich war sehr vage und …«

»Das hast du nicht!«, rief er plötzlich, dass ich fast zusammenzuckte. »Im Ernst?«

»J… ja.« Ich nahm einen tiefen Atemzug und straffte die Schultern. »Bleib mal ruhig, ich hab wirklich nicht …«

»Wieso hörst du nicht auf mich? Warum bringst du sowohl dich als auch unser Geheimnis in Gefahr?«, schnitt er mir das Wort ab und hob verständnislos die

Arme. Die ruhige Art, mit der er sonst jegliche Situation löste, würde ihm gerade keiner mehr zumuten. Es sollte mich erschrecken, vielleicht sogar verschrecken, stattdessen ließ es mich meine Hände um den Fahrradlenker schrauben.

»Sam, ich kann keinen unschuldigen Mann verhaften lassen, während ich die Wahrheit kenne! Ich …, ich will doch nur wieder in meinen Wald gehen können …«
Nun machte ich einen Schritt auf ihn zu und hatte Schwierigkeiten, die richtige Lautstärke zu finden. Ein Teil von mir hätte ihn gern angeschrien. Er konnte nicht von mir erwarten, dass ich ihm einfach nach Strich und Faden gehorchte, ohne eingeweiht zu werden. Andererseits wusste ich auch, dass die alte Mrs. Hudson im Nachbarhaus die Geschehnisse vor ihrem Fenster meist spannender fand als ihr Fernsehprogramm.

»Rylee, er ist unschuldig, sie hätten ihn eh wieder freigelassen!«

»Skylar sagte, sie hätten wohl Beweise.«

»Das ist aber nicht deine Sache. Halt dich da raus! Und vor allem: halt *uns* da raus!«

Er schnaubte, schaute gen Himmel und fixierte mich dann mit zusammengezogenen Augenbrauen und einem Blick, der mir einen kalten Schauer über den Rücken jagte. Bildete ich es mir nur ein oder wirkte mein sonst so sanfter Freund seit einiger Zeit immer wieder bedrohlicher? Seit er … »Hast du irgendwen gesehen, als du rausgegangen bist?«, riss mich sein Knurren aus meinen Gedanken.

Meine Nase rümpfte sich von selbst. Ich schnupperte

Geheimnisse. Geheimnisse über Geheimnisse. Dabei hatte ich gedacht, wir wären damit fertig.
Irgendetwas in mir rief mir trotzig zu, dass ich ihm auch welche erwidern sollte. Dass er es nicht anders verdient hatte, wenn er mir nicht die ganze Wahrheit erzählte, aber gleichzeitig erwartete, dass ich nach seiner Nase tanzte. Meine Hände schraubten sich noch fester um meinen Lenker, dass die Knöchel weiß hervortraten.
Und trotzdem hörte ich mich die Wahrheit stammeln: »Ich hab diesen seltsamen Jungen aus der Zehnten gesehen. Der mit den roten Locken und den Sommersprossen.«
»Hast du ihn gesehen oder *er dich*?«
Was war das denn für eine Frage?
»Na ja, wir haben uns halt beide gesehen. Er stand am Eingang, als ich gerade herausgehen wollte. Glaube ich. Da ist er mir jedenfalls aufgefallen. Er hat einen echt ekligen Blick drauf«, erklärte ich und zuckte mit den Schultern, um mir nicht anmerken zu lassen, dass Sams Gesichtsausdruck mich ziemlich nervös stimmte. Doch er machte es sogar noch schlimmer, als er plötzlich die Hände gen Himmel riss, herumwirbelte und einen Fluch unterdrückte. »Ver…, oh Mann, Rylee!«
»W… was denn?« Endlich schwang ich mein Bein über den Sattel und stellte mich neben mein Fahrrad, während mein geheimnisvoller Freund mir den breiten Rücken kehrte, und zu der Sitzbank vor unserem Haus stolperte. »Was soll das? Du kannst mich nicht ständig hinhalten und mir Dinge verbieten! Wir sitzen jetzt zusammen im Boot, schon vergessen? Also verhalte dich

auch so und weih mich ein!« Energischen Schrittes folgte ich ihm, warf achtlos mein Fahrrad gegen die Wand und baute mich mit den Händen in den Hüften vor ihm auf. Wow, heute hatte meine Selbstsicherheit aber einen Lauf. Den sollte ich mir stolz in meinen Kalender rot markieren.

»Das war Brady Galen«, erklärte er mit müden Augen und wartete auf eine Reaktion von mir. Die beschränkte ich auf ein Augenbrauenzucken. Klar, Brady hieß der Typ – aber es hätte mir nicht egaler sein können.

»Hat er mitbekommen, was du gesagt hast?«

»Keine Ahnung. Ich denke nicht, es war sehr laut da drin. Und ... wie gesagt, ich hab ihn erst beim Rausgehen gesehen, aber er hat mich etwas seltsam angeguckt.«

»Wie seltsam?«

»Keine Ahnung. Seltsam halt.« Ich biss mir auf die Unterlippe »Eindringlich.«

Wieder unterdrückte Sam einen Fluch und rieb sich mit beiden Händen das Gesicht. Da fiel endlich der Groschen in meinem Kopf und nun war ich mir ganz sicher, dass ich einen Fehler begangen hatte.

»Ist Brady aus deinem Rudel?«, fragte ich, obwohl ich die Antwort schon zu wissen glaubte. Auf ein Mal bereute ich, nicht auf meinen Freund gehört zu haben.

»Wenn ich jetzt ja sage, musst du mir versprechen, den Mund zu halten, okay? Ich werde dir auch nicht erzählen, wer noch von der Partie ist. Wenn es die Runde macht, dass du als Normalo von uns Bescheid weißt, bekommen wir ganz schön Probleme. Vor allem, wenn

du dann auch noch zur Polizei gehst und ihnen den Grund fast auf dem Silbertablett präsentierst! Es ist zurzeit eh schon schwer mit den ganzen Vorfällen. Und wenn du da mit reingezogen wirst, könnte ich mir das nicht verzeihen. Du hast jetzt schon genug Probleme.«
Wieder fuhr es mir eiskalt den Rücken herunter. Diesmal konnte ich nicht unterdrücken, zu erschaudern. »Wegen Brady?«, fragte ich mit einer Gänsehaut auf den Armen.
In meiner Kehle entstand ein seltsames Druckgefühl, als Sam nickte.
»Er weiß jetzt, dass du eine Bedrohung unseres Geheimnisses bist. Damit hast du dich mehr oder weniger zur Zielscheibe gemacht. Fast zum Hauptgewinn. Er ist ein Werwolf. Ganz sicher hat er dich gehört.« Er sah zu mir auf und ich wusste nicht, was genau mir die Kraft aus den Beinen zog: sein von Sorgen verzerrtes Gesicht oder die Worte, die gerade aus seinem Mund gekommen waren. Er streckte seine Hände aus und zog mich an sich heran, als hätte er gesehen, dass ich jeden Moment umkippen könnte. »Verflucht, Ry! Ist dir klar, was du getan hast?«
Erschöpft legte er seine Stirn an meinen Bauch.

Mir wurde eiskalt und dennoch spürte ich den Schweiß auf meinem Rücken. Zitterte ich vor Kälte oder vor Furcht?
Bis eben war es mir nicht klar gewesen, aber die Verzweiflung in Sams Stimme nahm mir jegliche Sorglosigkeit, mit der ich noch bis eben vor ihm gestanden hatte. Nein, ich war mir nicht klar, was ich getan hatte, in was

ich mich da hineingeritten hatte. Und das entzog mir gerade jegliche Energie, dass ich mich plötzlich völlig ausgelaugt an ihn lehnte und froh war, dass er mich noch an den Händen hielt. Der Druck in meiner Kehle wuchs zur unterschwelligen Übelkeit.

»W... was«, ich musste mich unterbrechen, um meine schwache Stimme mit einem Räuspern zu stärken, »was meinst du mit Hauptgewinn?«

Wieder seufzte Sam, hob den Kopf und zog mich dann sanft neben sich auf die Bank. Sein Arm zog meinen zitternden Körper ganz nah an sich heran, dass ich sein aufdringliches Parfum kaum mehr ausblenden konnte. Aber wenigstens roch er nicht nach nassem Hund.

»Eigentlich solltest du das auch nicht wissen. Das macht dich nur paranoid«, raunte er mir zu.

Keine Geheimnisse mehr, verdammt!

»Ich werde schon so paranoid. Erzähl's mir.« Ich drückte mich fester an ihn. »Bitte.«

Er brauchte ein paar Atemzüge, um mir zu antworten, sodass ich ihn fast wieder angeschrien hätte. Das Adrenalin pochte in meinen Ohren. Die Sonne verkroch sich schon hinter den Bäumen des Waldes.

»Du bist die Freundin eines Werwolfs aus deren Kreis. Eine *menschliche* Freundin. Die meisten, die ins Rudel eintreten, fühlen sich nach der Verwandlung für etwas Besseres als Menschen. Sie hören besser, sie riechen besser, sie schmecken feiner, sie heilen schneller. Normalos sind auf einmal uninteressant für viele. Also spielen sie Gott und kosten voll aus, dass sie den Menschen überlegen sind. Oder sehen sie als Schwäche der Wölfe, die eine Beziehung mit ihnen eingehen. Ich bin ganz froh, dass ich mir in der kurzen Zeit dort einen Rang erkämpft hab, sodass ich sie davon abhalten konnte, sich an dir zu vergrei…«

Er räusperte sich. »Dir nahezukommen.« Er machte eine Pause, um seine Worte zurechtzulegen. Ein kühler Windzug fegte mir ein paar lose Strähnen ins Gesicht, doch ich ließ mich von ihnen nicht beirren. Ich war zu beschäftigt, meine Vorstellungen zu verdrängen, was *mir nahekommen* bedeuten könnte, dass ich mich gar nicht darum kümmerte, dass er sich schon die ganze Zeit von *den Menschen* abgrenzte.

»Überwiegend sind es die übermütigen Neuen. Und ein paar engstirnige ältere Säcke, die meinen, Winchester gehöre nun ihnen. Sie bezeichnen den Wald als ihr Reich. Verstehst du nun, warum du so gefährdet bist, wenn du ständig durch den Wald läufst?«

Unbewusst verzog ich die Oberlippe. Bei ihm klang es so, als würde ich aus Trotz meinen Heimweg durch den Wald wählen und nicht genau das machen, was ich eh schon seit Jahren tat. Und das seit Jahren ohne Konsequenzen. Ohne, dass ich ihm eine Antwort gab, fuhr er seinen Monolog fort: »Und na ja, Brady ist leider einer der übermütigen Neulinge, die ständig das Jagdverbot brechen.« Sam seufzte abermals und zog mich noch näher an sich heran, dass mein linkes Auge von meiner eigenen Wange zerdrückt wurde.

Doch ich ließ es geschehen. Es war die einzige Möglichkeit, das plötzliche Gefühl auszublenden, von allen Seiten beobachtet zu werden. »Er ist noch sehr jung und unerfahren und – mal ganz ehrlich: Ich glaube, seine Eltern müssen ziemliche Spießer sein, so aufmüpfig wie der ist. Und gerade der hat dich bei der Polizei beobachtet, wie du fast jemanden von unserer Existenz erzählst ...«

Ich wollte schlucken, doch mein Mund war staubtrocken. Mein rechtes Auge füllte sich mit Tränen, mein linkes spürte ich schon gar nicht mehr.

In meinem wirren Kopf tauchten die rotfunkelnden Augen auf. Nichts Sams, sondern die des Tiers – des Werwolfs, der uns im Wald von der Straße gerammt hatte. Ob es ein Zufall war, weil wir gerade durch den Wald unterwegs gewesen waren? Oder hatte er es auf die Freundin eines Rudelmitglieds abgesehen? Auf mich?

Verflucht, was hatte ich nur getan? Ich fühlte mich wie ein kleines Kind, das aus Trotz die Stützräder an seinem Fahrrad abgenommen hatte und nun weinend mit gebrochenem Arm neben seinen Eltern saß. Nur, dass meine Konsequenzen wohl weitaus mehr als ein gebrochener Arm waren. Ich konnte und wollte mir gar nicht ausmalen, wie der Schaden aussah, den ich angestellt hatte. Und das machte es irgendwie noch schlimmer. Ein Schluchzen entfuhr meinem Mund. Noch vor zehn Minuten war ich so beflügelt gewesen, mich getraut zu haben, mich zu melden.

»Ist gut. Alles ist gut.« Tröstend tätschelte mir Sam den Kopf und strich mir ein paar Strähnen aus dem Gesicht hinters Ohr. Aber das machte den Mist, den ich gebaut hatte, auch nicht besser.

Ich hatte doch nur helfen wollen ...
»Nein, ist es nicht«, wisperte ich und wollte ihm eigentlich von dem Vorfall vor zwei Tagen erzählen. Doch zu mehr war meine Stimme nicht imstande. Ich erzitterte abermals, als meine Gedanken zu Brady und seinem intensiven Blick schweiften. Er war ein Werwolf, ganz sicher hatte er mich gehört ...
»Doch, vielleicht hast du ordentlich Mist gebaut ...«
»Ja, hab ich«, unterbrach ich Sam schluchzend und schämte mich für das Zittern in meiner schwachen Stimme.
»Aber ...«, fuhr mein Freund betont fort, »... ich werde nicht zulassen, dass dir irgendwas passiert. Ich habe vorher auf dich Acht gegeben, als du noch nichts wusstest, und das werde ich weiter tun. Jetzt erst recht.«
Ich spürte, wie Sam sich aufrichtete und mit seinem Finger mein Kinn anhob. Widerwillig sah ich ihn an, mich schämend für meine Tränen, für meine Taten, für meine Trotzigkeit. Dass er mit seinem Daumen meine Träne von meiner Wange strich, gab mir Halt, nahm mir aber nicht die eiskalte Angst, die sich wie ein Parasit in meine Knochen gesetzt hatte. Ein Teil von mir akzeptierte, dass mein Freund für mich alles tat. Aber der andere schämte sich dafür. Ich hatte mir doch nur einen Erfolg gönnen wollen, nur jemanden helfen und mich nur sicher fühlen wollen ...
Ich sollte etwas sagen, mich entschuldigen, mich bedanken, aber als ich meinen Mund öffnete, kam nur ein klägliches Wimmern heraus.
Als wäre es ein Startsignal gewesen, um die Dämme

einzureißen, brach ich schluchzend in Tränen aus. Ich entriss mich seiner sanften Berührung und drückte mein feuchtes Gesicht wieder an seinen Hoodie, um ihn nicht in die Augen sehen zu müssen.

»Ich hab alles ... alles hab ich falsch gemacht!« Ein Wunder, dass Sam mich so verstehen konnte. Ich tat es ja selbst nicht einmal. Wut, Traurigkeit und Angst machten meine Worte so gut wie unverständlich.

»Vielleicht«, hörte ich ihn murmeln. Das schüttelte nun noch mehr Schluchzer aus mir.

»Aber hey«, wieder strich er mit der Hand über mein Haar, »falls es dich beruhigt, ich hab genauso Fehler gemacht. Als ich neu war, war ich sauer auf alles und jeden – vor allem wegen ... der neuen Situation. Dass mir die Entscheidung genommen worden war, zu sein, wer ich sein wollte. Also hab ich mich aus Frust gegen alle aufgelehnt. Auch gegen den Rudelführer. Und na ja, sagen wir's mal so: So schnell mache ich das nicht noch mal. Danach hatte ich die Schnauze echt voll.« Seine Brust zuckte, als würde er lachen. Seltsam unpassend für den Moment. »Schnauze voll Blut.«

Als ich Luft durch meine Nase ausstieß, um ihm vorzugaukeln, dass er mich wirklich zu einem halbherzigen Lachen gebracht hatte, stoppte es tatsächlich den Tränenwasserfall, dass ich in den nächsten Atemzügen, in denen er mir nur schweigend den Kopf streichelte, mein Schluchzen wieder unter Kontrolle bekommen musste.

»Wirklich beruhigen tut's mich nicht«, murmelte ich mit schmerzender Kehle in seinen Pullover hinein.

»Anscheinend schon.« Sam drückte mir einen liebgemeinten Kuss auf den Haaransatz und ich musste ein Brummen unterdrücken, als ich merkte, dass er recht hatte. Mein Puls raste zwar immer noch, aber der peinliche Heulkrampf schüttelte meinen Körper nicht mehr. Ich saß nur noch beschämt mit dem Gesicht gegen seine sich ruhig auf- und abhebende Brust und wagte es nicht, ihm ins Gesicht zu sehen.
»Okay, es war ein Fehler. Und ja, jetzt müssen wir noch mehr aufpassen. Nicht nur auf uns, sondern auch auf dich. Aber genau das werde ich machen, Ry. Außerdem sind Werwölfe nur im Wald. Solange du nicht nachts im Wald bist, ist alles gut. Dann können sie dir nichts antun.«
Das trotzige Kind in mir wollte ihn anblaffen, dass er derjenige gewesen war, der mich vor zwei Tagen nachts in den Wald geführt hatte, um mir dort sein Geheimnis zu offenbaren. Zum Glück wusste der vernünftigere Teil von mir, wie unfair das war. Und mein ängstlicher Teil ließ mich letztendlich schweigen.
Ich sollte ihm wirklich einen Blick ins Gesicht schenken, ein Lächeln. Er bemühte sich so sehr, mir ein sicheres Gefühl zu geben, auch wenn ich alle seine Anweisungen missachtete und das Geheimnis um die Werwölfe. Zitternd füllte ich meine Lungen mit einem tiefen Atemzug und nahm mir vor, alles, was er sagte, nun zu befolgen. Egal, wie wenig Hintergrundinfos er mir geben würde, egal, wie schwer es mir fallen würde, egal, wie dämlich seine Anordnungen waren. Ich hatte meine Lehre gezogen, auch wenn ich die Suppe noch nicht

ausgelöffelt hatte, sondern noch ganz am Anfang der Misere stand, dessen Ausmaß ich mir noch nicht ausmalen konnte. Und das nur, weil meine Angst größer war als meine Vernunft. Nur, weil ich von dem High beflügelt wurde, endlich meine Schüchternheit abgelegt zu haben.

Beim nächsten rasselnden Atemzug hob ich endlich den Kopf und sah ihm in die zuversichtlich blitzenden Augen. Sein Mund wurde von einem zurückhaltenden Lächeln umspielt.

»Okay«, war das einzige, armselig klingende Wort, das mir über die tauben Lippen kam. Mit den Ärmeln wischte ich mir die Feuchtigkeit aus dem Gesicht und dachte nicht einmal daran, wie sehr meine Augen nun wohl denen eines Waschbären gleichen mussten.

»Wir schaffen das.« Er nahm meine Hände in seine und sah mich mit festem Blick an, sein Lächeln wurde etwas breiter.

Wir. Ganz sicher nicht. Ich war ein trotziges, kleines Mädchen und ein unwissender Mensch noch dazu. Er würde es schaffen und ich würde mich nur daran halten, ihm nicht weiterhin Steine in den Weg zu werfen. Ich zog die Nase hoch und presste die Lippen aufeinander. Ab jetzt war Schluss, ab jetzt würde ich ihm das Leben nicht noch schwerer machen. Ab jetzt würde ich das tun, was ich am besten konnte: Schweigen. Schluckend nickte ich und fuhr mit meinen Daumen über seine Handrücken.

Ich hielt inne. Irgendetwas war anders.

Gedankenlos wanderte mein Blick auf seine Hände

unter meinen Fingern. »Was ...«

Nun fuhr ich mit allen Fingern einzeln über die dichten dunklen Haare, die sich auch auf seinen Fingern gebildet hatten. »Ich dachte, du hättest noch ein paar Stunden?«

Sofort entzog sich Sam meinen Händen, als hätten meine Berührungen ihm die Härchen versengt. Als ich wieder aufblickte und seine Augen suchte, fand ich den langsam gewohnten roten Schimmer in ihnen wieder. Nur, dass sie mich diesmal nicht erschaudern, sondern sogar lächeln ließen.

»Oh, shit.« Er musste sich zweimal räuspern, bevor er mir rauer Stimme antwortete. Nicht weil er log, sondern, weil er sich veränderte. Das war mir jetzt klar. »Das Ganze hat mir echt meine Konzentration genommen.«

Er presste seine Lippen zusammen und fuhr mit seinem pochend heißen Daumen abermals über meine noch leicht feuchte Wange, als wusste er, dass ich mir in genau diesem Moment erneut Vorwürfe machte, dass ich ihm sein Leben schon wieder erschwerte.

»Ich sollte los.« Er sprang förmlich auf und steckte sich schnell die veränderten Hände in die Bauchtasche seines Hoodies. »Denk daran, ich bin bei dir, Rylee. Dir wird nichts passieren.« Er gab mir einen letzten Kuss, wirbelte herum und ging mit großen Schritten auf seinen Jeep zu. Mit der Hand an der geöffneten Tür sah er sich noch mal zu mir um. »Mach dir keine Sorgen!«

Noch immer benommen nickte ich und konnte nicht anders, als auf die dunklen Fingernägel zu starren. Sein

Blick folgte meinem und mit einem letzten, etwas halbherzigen Lächeln sprang er in den Wagen und zog die knarzende Tür zu.
»Sam!«, rief ich ihm zu, als er den Motor startete.
Mit erhobenen Augenbrauen und hektisch zuckenden Augen lehnte er sich aus dem offenen Fenster.
»Tut ... tut es weh?« Wieder wischte ich mir mit den Ärmeln durch mein geschwollenes Gesicht. »Die Ver..., Veränderung, mein ich.«
Ich sah, wie seine Augenbrauen sich einander näherten und er die Lippen aufeinanderpresste.
»Mach dir keine Sorgen!«, wiederholte er, legte den Rückwärtsgang ein, winkte mir ein letztes Mal und war innerhalb von Sekunden aus meiner Ausfahrt verschwunden.
Ein weiterer Windstoß erfasste mich und ließ mich plötzlich seltsam einsam fühlen. Seufzend erhob ich mich von der Bank, auf der sich mein Freund bestimmt verwandelt hätte, hätte ich ihn nicht darauf aufmerksam gemacht. Andererseits hätte er das Problem wohl nicht gehabt, hätte ich ihn nicht mit der Gefahr abgelenkt, in die ich mich nur innerhalb einer Stunde gestürzt hatte.
Schwerfällig schnaubend wischte ich mir die letzten Tränenreste von den Wangen und versuchte, mein Make-up wieder unter Kontrolle zu bekommen. Mit wackeligen Knien passierte ich mein Fahrrad, nahm drei tiefe Atemzüge und schob mich dann durch die Haustür. Es roch nach Hackbraten, aber sonderlich Hunger hatte ich nicht. Hastig schlüpfte ich aus meinen Schuhen, hängte meine Jacke auf und stellte mich schon

mit einem Fuß auf die erste Treppenstufe nach oben.
»Mom? Ich muss noch so viel lernen. Ich esse später, okay?«
Der dunkle Schopf meiner Mutter erschien in der Tür zur Küche und ich verfluchte mich dafür, dass ich nicht sofort in mein Zimmer gegangen war.
»Abendessen ist die wichtigste Mahlzeit am Tag, Rylee. Die solltest du nicht wegen Zeichnen übergehen.«
»Nicht zeichnen.« Hm, vielleicht ist das eine gute Idee, um mich von meinem Elend abzulenken.
»Lernen.«, versicherte ich ihr und beschloss, meine Schulsachen dennoch auf meinem Schreibtisch auszubreiten, falls Mom unangekündigt in mein Zimmer kam. Um mir Essen zu bringen, natürlich. Nicht, um mich zu kontrollieren … Wie jedes Mal, wenn ich mich dabei ertappte, ihretwegen die Augen zu rollen, redete ich mir selbst ein, dass sie nur so sehr an unserem Leben teilhaben wollte, weil sie Angst hatte, uns jeden Moment zu verlieren. Nur legte sie mehr Wert auf Quantität als auf Qualität. Vielleicht sollte ich, wie mein Bruder, auf pubertäre Abwehr schalten, um mal meine Ruhe vor ihren Fragen und Kontrollgängen zu haben. Aber da würde ich auch nicht übers Herz bringen können …
»Na gut. Wir lassen dir was übrig. Ich bringe es dir nachher rauf.«
Natürlich. *Nicht die Augen verdrehen, Ry. Sie meint es, wie immer, nur gut.*
»Danke.«
Ich war im Begriff, die nächsten Treppenstufen hinauf-

zusteigen. Ich hatte diesmal keine Energie, mir die Liebe in ihren gezwungenen Annäherungsversuchen einzureden.

»Rylee?«

»Hm?«

»Ist denn alles okay?«

Die Frage schnürte mir die Kehle zu. Solch eine Sanftheit hatte ich lange nicht mehr in ihrer Stimme gehört, und als ich ihr in die Augen schaute, meinte ich seit langem mal wieder wirklich ehrliche Fürsorge zu erkennen. Ich sollte ihr antworten. Sollte die Möglichkeit nutzen, in der sie sich nicht darum scherte, was ich tat, sondern wie ich mich wirklich fühlte. Ich sollte diese Chance dankend annehmen und meinen Teil dazu beitragen, dass wir vielleicht mal eine normale Familie sein konnten, die nicht seit Jahren zersplittert war, als würde etwas seit unserem Umzug fehlen. Vielleicht sollte ich sie mit der Wahrheit konfrontieren, um ihr zu zeigen, was sie eigentlich wirklich verpasste.

Mein Freund ist ein Werwolf. Ein unschuldiger Mann wurde zu Unrecht verhaftet. Ich habe den unberechenbaren Brady auf mich aufmerksam gemacht. Wahrscheinlich werde ich jetzt von den anderen Werwölfen, die nicht so vernünftig sind, wie Sam verfolgt. Ich bin sowieso schon in Gefahr, weil ich mit Sam zusammen bin – weil ich ein Mensch *bin –, und muss mich wahrscheinlich auf unberechenbare Angriffe der Wölfe vorbereiten, obwohl ich nicht weiß, ob überhaupt, wann oder wie. Noch dazu falle ich meinem eigenen Freund in den Rücken.*

Aber ich war einfach zu müde. Und sie würde es eh nicht verstehen. »Alles okay.«

»Hattet ihr Streit? Du und Sam?«
Verdammt, wollte sie es wirklich wissen oder einfach nur einen Überblick haben? Ich war mir nicht sicher. Und ich hatte nicht die Kraft, es herauszufinden.
Ich räusperte mich und bereute es jetzt schon ein wenig, ihre Bemühungen so abblitzen zu lassen. Wenn es ihr denn auch wirklich wichtig war. Denn diese Hoffnung hatte ich aus Selbstschutz schon lange in eine meiner Schubladen gesperrt.
»Ein kleiner. Aber alles wieder gut«, antwortete ich ihr und wusste nicht, ob ich gerade eine schützende Mauer für mich oder eine Hürde für meiner Mutter baute. Aber letztendlich wäre es wohl eh egal.
Ich schenkte ihr ein aufgesetztes Lächeln und zog mich ohne weitere Worte in mein Zimmer zurück.

Kapitel 17

Der Morgennebel, der für gewöhnlich zwischen Winter und Frühjahr über Winchester hing, hatte sich schon längst verzogen, als ich müde über den vollen Schulhof schlurfte. In der ersten großen Pause am Morgen hatte sich fast die gesamte Schule draußen versammelt, um die ersten richtigen Sonnenstrahlen im Jahr einzufangen.
Gähnend prüfte ich mit den Fingern mein Make-up, das ich vor gerade einmal einer halben Stunde lieblos und hektisch aufgetragen hatte.
Die erneuten Hitzewallungen, die lastwagenschwere Schuld, die Gedanken daran, zu was Brady in der Lage sein konnte, hatten mir den Schlaf geraubt, sodass ich nicht nur meinen Wecker überhört hatte, sondern mich auch nicht einmal mehr daran erinnern konnte, wie mich meine Mutter zum zweiten Mal geweckt hatte.

Ihre Rufe beim dritten Mal hingen mir allerdings immer noch in den klingelnden Ohren. Manchmal wünschte ich, ich würde mich besser daran erinnern, wie sie liebevoll, statt anordnend klang.

Meine Augen scannten den Schulhof, auf dem eine ungewöhnlich angespannte Stimmung herrschte. Alle standen in Grüppchen zusammen und eine sonderbar dumpfe Ruhe hing über dem Hof, der sonst nervtötend laut war. Mit verkrampften Gliedern hielt ich nach Brady Ausschau, dessen durchdringender Blick mir nicht mehr aus dem Kopf gehen wollte und mich selbst jetzt in der warmen Morgensonne frösteln ließ. Gleichzeitig suchte ich nach Skylar und fand zum Glück schnell Sam. Wie immer lehnte der hochgewachsene Senior-Schüler am unbenutzten Basketballkorb, umgeben von seinen Freunden. Als er seinen Kopf hob und bemerkte, wie ich auf ihn zusteuerte, löste er sich vom Korb, nickte den drei Jungen neben ihm zu und kam mir lächelnd entgegen. Mit der einen Hand in der Hosentasche zog er mich mit der anderen Hand zu einer halben Umarmung an sich heran und drückte mir einen Kuss auf die Stirn. »Guten Morgen, Schlafmütze! Was hattest du diesmal?«

Ich blickte auf den Entschuldigungsschein, den ich mir in Moms Auto halbherzig selbst geschrieben hatte. »Kreislaufprobleme.«

»Ah ja. Kreativ.« Er löste sich von mir und grinste mich an, weil er genau wusste, dass es meine Lieblingsausrede war. Vielleicht sollten wir uns beide für die Zukunft einen Ausredenkatalog erstellen. Davon könnten wir sicherlich profitieren.

Mein Blick studierte sein Grinsen. Es sollte mich beruhigen, sollte mir meine Sorgen nehmen, dass er für mich da war, um mich zu beschützen – so wie er es mir versprochen hatte. Dass die Anspannung, die mich gestern nicht in den Schlaf hatte gleiten lassen, nicht nötig gewesen war. Doch irgendwie das tat es nicht. Ja, seine Mundwinkel waren nach oben gewandert und sein Mund lächelte, doch seine von Schlafmangel gezeichneten Augen blieben unberührt und scannten mein Gesicht fast unruhig. Erneut fröstelte ich.

»Was ist?« Ich ging einen Schritt zurück, um meinen Kopf nicht allzu sehr in den Nacken legen zu müssen.

»Nichts.« Unschuldig zuckte er mit den Schultern und er schickte ein Räuspern hinterher.

»Sam, was ist los?«

Mit einem Schnaufen sah er auf seine Fußspitzen, als könnte er mir nicht in die Augen sehen, als er antwortete: »Also ... ähm ... die Wölfe ...«

Wölfe. Das Wort durchzuckte meinen Körper wie ein eisiger Blitz. Sein Rumgedruckste vereiste mir die Gelenke, dass ich nicht wusste, wie ich mich beim nächsten Klingeln ins Schulgebäude begeben sollte.

»W..., was ist passiert?«, fragte ich und glaubte, fast zu schreien. Mein Herzschlag pochte mir dumpf in den Ohren. Meine Hände griffen nach seinen und zerknitterten den Schein in ihnen. »Sam?«

Dann erst sah er wieder auf und ich erschrak bei seinem gequälten Gesichtsausdruck. »Es tut mir leid! Wirklich.«

»Was tut dir leid?« Meine Hände schraubten sich fester

um seine, als wussten sie, dass ich für die nächste Information seinen Halt brauchte. Mein Puls war nun nicht mehr zu stoppen.

»Na ja, also gestern ist …«,

»Rylee!«, wurde er von einer gellenden Stimme unterbrochen.

Ich fuhr herum, ließ dabei nur eine von Sams Händen los, und sah Skylar auf mich zustürmen.

Im Schlepptau die stille Rebecca, von der ich mir bis heute nicht erklären konnte, wie sie eine Freundschaft mit dem Mädchen angefangen hatte, die sich eigentlich nur von Dingen begeistern ließ, denen andere keine Aufmerksamkeit schenkten. Wobei …

Ich konnte nicht länger über das Zustandekommen dieser merkwürdigen Freundschaft nachdenken, denn Skylar kam direkt vor mir zum Stehen. Das dunkelhaarige Mäuschen mit der dünnen Brille stellte sich wie ein Hund neben sie und lächelte mir reserviert zu. Unfassbar, dass gerade die Schwester vom lauten Rob vor mir stand.

»Rylee«, wiederholte Skylar in derselben Lautstärke, wie noch zwanzig Meter zuvor, nur dass ich ihr jetzt genau gegenüberstand. »Ich hatte recht!« Sie fuhr sich durch die schwarzen Haare, die am Ansatz wirklich dringend wieder nachgefärbt werden mussten.

Jap, so gleichgültig ihr vieles auch sein konnte, wenn sie aufgeregt war, vergaß sie auch leicht mal ein *Hallo* oder ein *Rylee, wo warst du die ersten beiden Stunden?* Das war eben Skylar – sie kam gleich zur Sache.

Mit betäubter Zunge fragte ich: »Womit hattest du recht?«

Das Kribbeln in meinem flauen Magen sagte mir nichts Gutes voraus.

»Mit dem Typen!«

»Welchem Typen?«

»Der verhaftet wurde.« *Oh.* »Mein Dad hat mir erzählt, dass sich gestern jemand gemeldet hat, der den Überfall gesehen hat. Es war wohl nicht der Mann.«

Unwillkürlich zuckte ich zusammen und stieß mit dem verschwitzten Rücken gegen Sams Brust.

Plötzlich war seine Berührung gar nicht mehr wohltuend und ich traute mich nicht einmal, einen Blick hoch zu ihm zu werfen. *Jemand* hatte sich gemeldet.

Verflucht, wie konnte ich nicht daran denken, dass Skylars Dad Einsicht in die Polizeiakten mit *meinem* Namen hatte? Wie töricht! Kein Wunder, dass Sam aufgebracht war.

»Außerdem«, fuhr Skylar so aufregt fort, dass ihre katzenartigen Augen zu blitzen anfingen, »war er in Haft, als es wieder passierte.«

Wieder passierte.

Nun drückte ich mich doch ganz fest gegen Sam und meinte sein Herz durch meine Jacke rasen zu spüren.

»Es ist ... es ist wieder passiert?«, stotterte ich und suchte die Spucke in meinem Mund, die sich schlagartig verkrochen zu haben schien.

»Jap«, antwortete meine beste Freundin in einem Ton, als bestätigte sie sich wieder Konzertkarten gekauft zu haben. »Diese superdünne Frau aus dem Supermarkt –

ich glaube, sie ist sogar die Chefin? Oder sie war's mal. Also der neben dem Deli, diese Frau, die ...«, verlor sich Skylar in wirren Erklärungen.

»Ja, diese Frau. Hab's verstanden!«, unterbrach ich sie angespannt. Das Kribbeln in meinem Magen machte sich auf den Weg zu meiner Kehle.

»Mrs. Martens«, kam es leise von Skylars Seite. Rebecca hatte sich zu Wort gemeldet und gab mir endlich ein Gesicht zu der Frau, die ich durch Skylars Beschreibung niemals hätte identifizieren können.

Aufgeregt schnippte Skylar mit dem Finger. »Genau, Ms. Martens! Sie ist gestern verschwunden. Einfach so. Ihr Auto hatte eine größere Delle als Robs Wagen. Und sie haben Blut gefunden. Direkt auf dem Parkplatz! Sie war nicht mal im Wald! Wie ich's schon gesagt habe: Das *kann* kein Mensch gewesen sein.«

Ich versuchte zu schlucken, doch um meine Kehle hatte sich eine eiskalte Hand geschraubt. *Sie ... war nicht einmal im Wald.*

Plötzlich wurde mir klar, warum hier so eine bedrückende Stimmung zwischen den ganzen Teenagern herrschte. Immer fester drückte ich mich an Sam und wünschte mir, dass er endlich seine Arme um mich schlang, damit ich mich nicht mehr so ausgeliefert fühlte, damit ich mich wenigstens etwas sicher fühlte. *Sie war nicht einmal im Wald.* Aber stattdessen blieb er stockesteif stehen und regte sich nicht.

Fast keuchend öffnete ich den Mund und wollte etwas erwidern, ohne wirklich einen Plan zu haben, doch Skylar schnitt mir das Wort ab: »Jeder spricht darüber.

Ich weiß nicht, woher sie's wissen, denn ihr Körper wurde erst heute Nacht gefunden.«

»Ihr Körper!«, wiederholte ich fast schon kreischend und schämte mich gleich dafür. Fassungslos starrte ich Skylar in die aufgeweckten Augen und betete stumm dafür, dass sie sich nur in der Wortwahl vergriffen hatte. Skylar nickte, während Rebecca auf ihre Schuhspitzen schaute, doch keiner der beiden erwiderte etwas.

Lediglich ein leises Japsen ertönte hinter mir.

Damit hatte Sam mir wohl Antwort genug gegeben. Aber damit konnte ich mich nicht – damit *wollte* ich mich nicht – zufriedengeben.

»Ihr Körper …«, wiederholte ich leise, »aber sie lebt doch–«

»Nein.« Obwohl Skylars Augen noch immer erregt funkelten, presste sie ihren Mund betroffen zu einem Strich. Dort war also ihre Grenze, was die aufregenden Neuigkeiten in einem verschlafenen Kaff angingen.

Ihre Antwort entriss mir jegliche Kraft aus den Beinen und ich war heilfroh, dass Sam seine Arme nun endlich doch um meinen Körper schlang. So fest, als würde er mir seine Entschuldigung in den schlaffen Körper pressen wollen.

Sie war nicht einmal im Wald … Die Hand um meine Kehle drückte zu und fast wäre mir mein hektisches Frühstück aus dem Auto wieder hochgekommen.

»Versteh mich nicht falsch«, setzte Skylar an, die das Funkeln in ihren Augen schlagartig verlor, als mein Freund mich auffangen musste. »Ich bin nicht aufgeregt, weil sie tot ist.« *Weil sie tot ist.* »Sondern, weil ich

recht hatte. Das ist kein Kerl gewesen, sondern irgendetwas anderes. Wie ich's gesagt hatte!«
Ihr durchdringender Blick verriet mir, dass sie noch nicht fertig war. Dass sie mir noch sagen wollte, dass wir es letztens auch fast gesehen hätten – dass ich ihm in die rot glühenden Augen gesehen hatte, auch wenn sie das nicht hatte wissen können. Doch zum Glück sprach sie es nicht aus, denn dann hätte ich Sam hier auf dem Schulhof von unserer … Begegnung mit einem der Wölfe erzählen müssen. Nicht hier. Nicht jetzt. Seine Arme schraubten sich schon genug um meinen Oberkörper und es nahm mir langsam die Luft zum Atmen.
Neben Skylar hörte ich zum zweiten Mal in diesem Gespräch Rebeccas Stimme, auch wenn es nur ein erschüttert geflüstertes: »Skylar!« war.
Meine beste Freundin konnte quasi nichts dafür, dass Drama das einzige war, was sie aus ihrer alltäglichen Gleichgültigkeit herauszog. Aber egal, wie viel sie mir jetzt noch erzählen würde, ich würde heute nichts anderes mehr in den Ohren haben, als *Weil sie tot ist*.
Himmel, Milo Topper war angegriffen worden, aber hatte lediglich oberflächliche Verletzungen und einen psychischen Knacks davongetragen – aber jetzt gab es einen Todesfall. Eine Leiche. Eine verdammte Leiche!
Außerdem sind Werwölfe nur im Wald. Solange du nicht im Wald bist, ist alles gut, drängelte sich Sams ruhige Stimme von gestern durch das panische Geschrei in meinem vollen Kopf. Plötzlich wirkte seine gestrige Besänftigung wie eine Verhöhnung.

Erschöpft und vor Kälte zitternd legte ich meinen Kopf gegen Sams Schlüsselbein und erhaschte einen Blick zu ihm hinauf. Als sich unsere Augen trafen, versteifte sich mein schwacher Körper. Noch nie hatte ich so viele Falten auf seiner Stirn gesehen, noch nie waren seine frommen, aufgeweckten Augen so trüb gewesen. Noch nie hatte mir ein Gesichtsausdruck meine Augen so brennen lassen, dass ich meinen Blick abwenden musste.

Als ich mich mit dem Gesicht meiner besten Freundin ablenken wollte, presste Sam mich noch einmal fester an sich, als würde das irgendetwas gut machen. Er zerdrückte mich fast, als hätte er keine Kontrolle über seine Kraft, und ich meinte, einen Wirbel in meinem Rücken knacken zu hören. Oder war es mein armes Herz?

»He, i…, ich wollte dir keine Angst machen. Ich hatte gedacht, weil wir gestern drüber geredet hatten, dass du gern wissen würdest, dass … na ja, ich nicht nur Quatsch rede.« Zaghaft berührte Skylar mich am Oberarm. Neben ihr drückte die stille Rebecca ihre Bücher fester an die Brust und nickte mir mit zuckendem Mundwinkel zu.

Ein tiefer Atemzug. Dann zwang ich mir ein aufgesetztes Lächeln auf. »Ich weiß.« Es bedurfte eines Räusperns, um meine Stimme stärker klingen zu lassen, als sie gerade eigentlich war.

»Ich hab keine Angst.« Was für eine Lüge!

Das wusste auch Sam, denn seine Finger krallten sich in meine Jacke.

»War nur ein Schock. Alles gut.«

Pah, wer würde mir das jetzt noch abnehmen?

Ein schrilles Klingeln ließ uns alle vier zusammenzucken.

»Sicher alles gut?«, fragte Skylar ungewöhnlich zaghaft. Wann hatte ihre Stimme das letzte Mal so eine weiche Klangfarbe angenommen? Wann hatte sie mich das letzte Mal so voller Sorge angesehen? Sollte ich mir jetzt darüber Gedanken machen?

»Alles gut«, presste ich, noch immer aufgesetzt lächelnd, hervor. »Wir sehen uns später in Mathe.« Dabei sah ich auch Rebecca an, die quasi nur ein Komparse dieser Konversation war. Auch sie teilte den Kurs mit uns. Beide nickten mir zu und fädelten sich dann in den anschwellenden Strom von Schülern ein.

Für einen Moment standen Sam und ich regungslos dort und wagten weder zu atmen noch uns zu bewegen. Meine Fäuste ballten sich und mit pochendem Herzen wartete ich darauf, dass er etwas sagte. Dass er sich regte. Dass er mir eine Vorlage zum Antworten gab. Aber er blieb wie versteinert.

Hölle, na gut. Mit einem tiefen Atemzug zählte ich innerlich bis zehn, bis ich mich aus seiner viel zu festen Umarmung riss und herumwirbelte. Mir wurde schwindelig, und auf einmal fühlte ich mich unsagbar ausgeliefert und schwach ohne die schraubstockartige Stütze in meinem Rücken.

»Nur im Wald? Ihr seid also nur im Wald?« Meine Stimme schlug aus. Meine Umgebung geriet kurz ins Wanken. Ein verschwommener Vorhang nahm mir für

eine Sekunde die Sicht. Erst als Sam grob meine Arme packte und mich eindringlich ansah, fing ich mich wieder. »Pscht, bitte Rylee!«
Und schon wieder hätte ich fast sein Geheimnis ausgeplaudert. Was eine tolle Freundin ich doch war ...
»Ihr seid *nur* im Wald?«, wiederholte ich knurrend, diesmal viel leiser. Nicht nur, weil es keiner mitbekommen sollte, sondern weil ich meine Kraft langsam aus meinem Körper schwinden spürte. Das war es also, was Sam bedrückt hatte, was er mir hatte erzählen wollen, bevor Skylar dazwischengeplatzt war und ihm die Erklärung abgenommen hatte.
»Es tut mir ja leid, ich wusste nicht ... ich konnte sie auch nicht aufhalten. Sie werden immer ...«
Er ließ meine Arme los und drückte meinen Körper an seinen. »Verstehst du jetzt, warum wir vorsichtig sein müssen? Warum du auf mich hören musst?«
»Hm«, murmelte ich in seinen Hoodie hinein, hörte mich fast selbst kaum durch sein hämmerndes Herz. Dabei wollte ich gar nicht wissen, wie es um mein eigenes stand. Ich sollte ihm wirklich von dem Vorfall letztens erzählen.
»Ich konnte sie nicht aufhalten«, wiederholte Sam und sandte mit seiner Stimme aus seinem Brustkorb ein Vibrieren durch meinen Schädel. Nur beruhigte das meine rasenden Gedanken auch nicht wirklich.
Weil sie tot ist. Weil du es bald auch sein wirst. Weil du dich in Gefahr gebracht hast.
Wieder fingen meine Augen an zu brennen und ich kniff sie ganz fest zusammen, um nicht mitten auf dem

Schulhof zu heulen anzufangen.
»Aber keine Sorge. Das wird …«
»Keine Sorge?« Woher ich die Kraft nahm, ihn von mir zu stoßen, wusste ich nicht. »Keine Sorge?«, wiederholte ich und drosselte diesmal meine Lautstärke. Wir waren eine der Letzten auf dem Hof, sodass meine Stimme gefährlich laut über den asphaltierten Platz schallte. In meinem vollen Kopf kam der Gedanke auf, dass es vielleicht doch richtig gewesen war, zur Polizei zu gehen. Oder vielleicht doch nicht? Ich hätte schreien können, doch der Befehl käme sicher niemals durch das Chaos in meinem verängstigten Hirn.
»Keine Sorge«, setzte Sam diesmal energischer an und sah mir fest in die Augen. Die Brauen zwar immer noch unruhig zusammengezogen, aber seine Finger lagen nun knetend auf meinen Schultern. »Das wird Konsequenzen für sie haben. Das wird bei uns nicht akzeptiert.«
Seine Finger massierten sein Versprechen weiter in meine Schultern. Mein Entschuldigungsschein, den ich völlig vergessen hatte, knisterte in meiner Hand.
»Es sind nur ein paar Aufmüpfige. Wir waren unaufmerksam, aber jetzt sind wir vorbereitet. Das wird bald ein Ende haben. Keine Polizei.« Er schenkte mir ein Lächeln, das ich ihm jedoch nicht wirklich abkaufen konnte. Aber konnte ich es ihm übelnehmen?
»Und was wollt ihr bitte dagegen machen, dass Skylar weiß, dass es kein Mensch gewesen ist? Macht sie das jetzt auch zur Zielscheibe?«
Meine Stimme zitterte und ich musste erst mal kurz

Luft holen. »Sam, das hier ist ein verdammtes Kaff. Wenn Skylar es weiß, weiß es bald jeder.«

Sams Lippen pressten sich zu einem schmalen Strich und ließen die raspelkurzen Bartstoppeln abstehen.

»Ich weiß. Vielleicht ist das ein Problem. Vielleicht unsere Lösung. Ich weiß es noch nicht. Aber wir bekommen das unter Kontrolle«, presste er hervor. Seine zusammengezogenen Augenbrauen erzählten aber eine andere Geschichte. Warum fühlte es sich an, als log er? Meine Ohren suchten das verräterische Räuspern seiner Stimme.

Mit rasselndem Atem, trockenem Mund und vor Anspannung schmerzenden Armen bemühte ich mich, die Tränen in meinen Augen endlich zum Rückzug zu befehlen. »Versprochen?«, fragte ich mit festerer Stimme, als ich mich gerade fühlte.

»Versprochen.«

Oh, wie gern ich ihm geglaubt hätte.

Kapitel 18

Mein Kopf funktionierte auch nach der zweiten Klingel, die den Unterricht beginnen ließ, nicht wirklich. Das Zittern, das sich seit der Nachricht in meinen Muskeln eingenistet hatte, war auch im warmen Chemieraum nicht unter Kontrolle zu bekommen.

Mein pochendes Herz wollte sich, auch als ich meinem Lehrer die geflunkerte Entschuldigung in die Hand gedrückt und mich auf einen Platz in der letzten Reihe gesetzt hatte, nicht beruhigen. Den Arbeitsauftrag, herauszufinden, welche alkoholische Flüssigkeit uns in Reagenzgläsern ausgehändigt wurde, bekam ich auch nur mit halbem Ohr mit.

Mit tauben Fingern suchte ich mir zwischen meinen Klassenkameraden die nötigen Dinge für das Experiment zusammen und fand mich nun mit einer dämlichen Schutzbrille auf der Nase vor einem Gasbrenner

und dem Reagenzglas mit der mysteriösen Flüssigkeit.
»Beobachtet aufmerksam, was mit eurer Mischung passiert!«, hörte ich Mr. Haunts basslastige Stimme durch den Raum tönen. Der Kerl hätte mit sich selbst reden können und es wäre trotzdem der gesamte Raum verstummt.
Ich spürte, wie ich ausschnaubte, ohne es angeordnet zu haben. Die Erinnerung, wie ich meine Utensilien zu beschaffen hatte, war in dicken Nebel gehüllt, als hätte mich jemand als Avatar gesteuert. Meine kreisenden Gedanken hingen an dem Gespräch mit Syklar, drehten sich noch immer um das Areal, in dem ich mich sicher gedacht hatte und darum, wie winzig es nun tatsächlich war. Quasi nicht vorhanden. Denn wenn Mrs. Martens Supermarkt, der nur ein paar Gehminuten vom Wald entfernt war, schon kein sicherer Ort mehr war, wie stand es dann um mein Zuhause?
Mein Körper erschauerte erneut bei dem Gedanken und ich war froh, dass ich mich bereits auf einem Stuhl befand, denn spätestens jetzt hätte ich mich setzen müssen.
Unaufmerksam und mit mechanischen Bewegungen zündete ich den Gasbrenner an, rückte mir die bescheuerte Brille zurecht und versuchte, mit halb klarem Kopf die milchige Flüssigkeit vor mir zu erhitzen.
Schon nach wenigen Momenten blubberte und dampfte es bereits. Doch meine Anteilnahme verlor sich schon wieder in dem rotlockigen Kerl, der mich gestern im Police Office angestarrt hatte. Ob er Skylar, Rob und mich letztens attackiert hatte? Ob es wohl er war, der

nun die arme Mrs. Martens auf den Gewissen hatte?
Meine Hand ließ das Reagenzglas über der blauen Flamme kreisen.
Sie war tot.
Egal, wer es gewesen war, Mrs. Martens war tot. Ob sie wohl auch irgendetwas mit den Werwölfen zu tun gehabt hatte? Oder war sie nur zur falschen Zeit am falschen Ort gewesen? Was würde nur dann mit mir passieren, die nicht nur die Freundin eines Rudelmitgliedes war, sondern auch noch Gerüchten zufolge wusste, dass die Werwölfe Grund der aktuellen Gefahr in Winchester waren? Und ich hatte dieses Gerücht auch noch selbst in Gang gesetzt …
Es blubberte weiter in meiner Hand, doch wirklich passieren tat nichts in dem dünnen Glas. Um mich herum vermischten sich ratlose *Häs* und überraschte *Ahs*.
Ich konnte sie nicht aufhalten, hatte Sam beschämt gestanden. Was war aus dem *Ich werd auf dich aufpassen. Mach dir keine Sorgen* geworden? Er hatte nicht aufgepasst und jetzt machte ich mir Sorgen. Verdammte Sorgen. Und zwar, dass ich die Nächste sein würde. Dass Skylar vielleicht die Nächste sein würde, jetzt wo ihr bestätigt wurde, dass es kein Mensch war, der den Wald – und sicherlich bald ganz Winchester – zu einem gefährlichen Ort machte.
Was würde ich machen, wenn Sam die anderen nicht wie versprochen unter Kontrolle bekam? Oder wenn er gar nichts von ihrem Ausflug zu meinem Haus mitbekommen würde? Würde man sich an jemandem ver-

greifen, dann doch wohl, wenn keine Hilfe in der Nähe war. Und dann?

Rennen wäre sinnlos.

Diese Biester hatten vier starke Beine und waren auf den Vieren mindestens genauso groß wie ich. Keine Frage, ich würde nur atemlos sterben. Oder auch zu so einem Monster werden.

Zu so einem Monster.

Ich musste mir noch immer einreden, dass ich, wenn ich von diesen Monstern redete, auch Sam mit einbegriff. Verflucht, beides kam nicht infrage. Weder sterben, noch gegen meinen Willen zu etwas werden, was mir die Knie schlottern ließ.

Mal davon abgesehen, dass jegliche Abendplanung völlig vom Mond abhängen würde. Ich dachte an Sams gequältes Gesicht zurück, als ich ihn fragte, ob die Verwandlung schmerzen würde.

Hölle, ich wollte genauso bleiben, wie ich war.

Lebendig und menschlich. Warum fühlte es sich an, als müsste ich eins von beidem aufgeben? Mein Körper erzitterte und irgendwas in mir zerbrach klirrend in tausend Stücke. Ich würde sterben. Nicht nur, weil mein Freund zu einem Werwolf geworden war, sondern auch, weil ich den Mund zu weit aufgerissen hatte.

Plötzlich riss mich von irgendwoher mein Name aus dem Gedankenhurricane, der mich in seinem Auge gefangen hatte. Mit steifen Muskeln starrte ich auf die nackte Flamme vor mir und verstand erst, als das Raunen um mich herum anschwoll.

Ein Blick auf die blubbernde Flüssigkeit, die geradewegs auf den Tischrand zufloss, erklärte mir dann endlich, dass da nicht etwas in mir zerbrochen ist, sondern direkt auf meinem Tisch. Noch gerade rechtzeitig sprang ich mit lautem Getöse auf, um das heiße Gesöff nicht auf meine Beine, sondern auf den abgelaufenen weißen Boden tropfen zu lassen, und warf dabei meinen Stuhl mit einem solchen Lärm um, dass jetzt auch der Letzte mitbekommen haben musste, was passiert war.

»A… alles gut!«, stotterte ich erbärmlich, als hätte meine Stimme Angst, dass mir auch diese Aussage zum Verhängnis werden würde. Mit zitternden Fingern spielte ich am Ventil des Gasbrenners herum, bis ich seine Flamme endlich gelöscht hatte. Mein Schuh machte bereits schmatzende Geräusche auf dem Boden.

Von wegen alles gut. Bald würde ich sicher nicht nur in einer Lache von Alkohol stehen. Dieser Gedanke schnürte mir wieder die Kehle zu, dass ich die scharfe Luft durch die Nase einatmen musste. Ohne auf die Anweisungen meines Chemielehrers zu warten, begann ich die ersten Scherben einzusammeln.

Verflucht, in den letzten 18 Stunden hatte ich Brady nicht zu Gesicht bekommen, hatte seitdem keinen Übergriff auf mich mitbekommen. Jedenfalls keinen weiteren. Wieder tauchte das rote Funkeln vor meinen Augen auf und ließen meine Bewegungen schwerfällig werden. Und auch wenn ich mir bewusst war, dass nie jemand davon geredet hatte, die Zeugin von Toppers Überfall umzubringen, spann sich mein Hirn nach Skylars Nachricht über Mrs. Martens ein eigenes Ende meiner Geschichte.

»Ms. Jackson!«

Mein Kopf ruckte auf zu Mr. Haunt, der endlich in die letzte Reihe geeilt kam, aber ihm wirklich eines Blickes würdigen konnte ich nicht. Der Reflex, die Augen zusammenzukneifen, meldete sich in der Sekunde, in der ein Blitz durch meine linke Hand zuckte. Meine Muskeln verkrampften.

Erst beim zweiten »Ms. Jackson« riss ich die Augen wieder auf und sah die scharlachrote Flüssigkeit, die kleine zartpinke Mandalas in der milchigen Flüssigkeit auf dem vollgekritzelten Tisch hinterließ. Dann erst breitete sich das Brennen in meiner gesamten Hand aus, wie ein Feuer, das rasendschnell bis in meinem Unterarm zog.

»Aah!« Ja, da war eindeutig Alkohol in der Lösung. Kaum zu ignorieren.

»Was machen Sie denn?«, fragte Mr. Haunt, als wäre es meine Entscheidung gewesen, mich zu verletzen. Mit spitzen Fingern fischte er mir die Scherben aus der Hand.

Ja, was machte ich? Offenkundig zerschnitt ich mir mit Reagenzglasüberresten die Hand, anstatt sie vorsichtig zu sammeln. War doch wohl offensichtlich.

Mein starrer Blick klebte noch immer an dem Portal in meiner Haut, aus dem das Blut rann, als müsste es aus meinem Körper fliehen. Das Brennen ließ meine Hand zittern, benebelte mir meine weiteren Sinne, ließ mein Bein unkontrolliert gegen den Schmerz zappeln.

»Meine Güte« Mr. Haunts Stimme riss meine Aufmerk-

samkeit endlich von dem tiefen Schnitt zu ihm hinauf.
»Spülen Sie die Wunde unverzüglich aus! Sie sind ja schon ganz blass.«
Ganz sicher nicht deswegen.
»Mir geht's gut. Ist nur ein kleiner Schnitt«, versuchte ich mit zusammengebissenen Zähnen abzuwinken, während meine andere Hand mein linkes Handgelenk griff, um es vom Zittern abzuhalten. Mein Puls bollerte mir gegen die Finger, das warme Blut ließ meinen Griff kurz abrutschen. Wo kam das nur alles her? Meine Hände sahen nur nach wenigen Momenten aus, als käme ich geradewegs aus einem Massaker. Und mein linker Arm fühlte sich auch so an.
»Aber wohl ein tiefer.« Mr. Haunts Finger drehten meine vom Schmerz betäubte Hand, um einen kurzen Blick auf sie zu werfen. »Auch wenn die Mischung nicht gefährlich ist, brennt der Alkohol sicher sehr.« *Wie Hölle!*
»Spülen Sie die Wunde aus. Ich räume das hier weg. Ms. Trevor, Sie sind fertig, oder? Können Sie mir kurz zur Hand gehen?«
Das Schlucken fiel mir mit dem verspannten Kiefer schwer. Mein Umfeld versank immer mehr in einem Nebel, der mich in einem neuen Gedankenhurricane fangen wollte. Dieses Mal mit dem Thema: Gewöhn dich schon mal an den Anblick.
»Ich … ich kann kein Blut … ich …«
»Ich mach's!«
»Gut, danke Mr. Johnson«
Als einer der drei Johnsons aus unserem Kurs zu Mr. Haunt trat, hatte ich ihnen schon längst den Rücken

zugedreht und drückte mich nun mit feuchten Augen gegen die Tür des Chemieraumes. Gleich neben dem Ausgang befand sich ein Waschbecken, das ich hätte nutzen können, aber auf der Mädchentoilette heulte es sich angenehmer. Und hätte ich nicht geheult, hätte ich vielleicht auch gesehen, dass neben den *»Geht nicht nachts alleine raus«*-Plakaten mittlerweile noch andere hingen.

Kapitel 19

Ungeduldig öffnete und schloss ich meine linke Hand von Neuem. Vielleicht wäre es hilfreicher, sich nicht vorm Einschlafen mit Schmerz aufzustacheln.
Vielleicht würde das den Heileffekt auch mehr unterstützen. Fast wünschte ich mir, Sams durch die Verwandlung gesteigerte Heilfähigkeit zu haben, bis mir gleich darauf in den Sinn kam, dass ich diesen Vorzug ganz sicher nicht gegen meine Menschlichkeit eintauschen wollte.
Ich seufzte schwer und fragte mich, warum ich mich schon die gesamte Nacht von dem Reflex abhalten musste, meine brennende Hand zur Faust zu ballen. Vielleicht war es Langeweile, vielleicht war es Selbstmitleid, vielleicht war es der Gedanke, dass ich so wenigstens noch spürte, am Leben zu sein.
Mein müder Blick glitt zur leuchtenden Weckeranzeige. Kurz vor zwölf an einem Freitagabend. Und ich lag

bereits im Bett.
Skylar hatte sich mit Rob auf ein Konzert in der Nachbarstadt geschlichen. Natürlich wussten ihre Eltern nichts davon. Sie hätten sie niemals gehen lassen – weder mit einem Älteren noch zu der aktuellen Zeit. Und wenn ich so daran dachte, was ich heute erfahren hatte, wusste ich nicht, ob ich ihr Vorhaben für besonders sicher hielt.
Das ließ meine Gedanken wieder zu Sam schweifen. Nächste Woche würden die Wochenenden wieder ganz uns gehören. Dann wäre die Kraft des Mondes nicht mehr so stark, dass es ihn viel Konzentration kostete, sich nicht in eine übergroße Bestie mit Fangzähnen und roten Augen zu verwandeln.
Dieses Bild war immer noch so fremd für mich.
Obwohl mein Kopf in einem Moment gänzlich hinnahm, dass mein Freund zu den Geschöpfen gehörte, von denen ich früher nur in Büchern gelesen hatte, fragte er sich im nächsten, in was für einen Film ich hier nur geraten war.
Plötzlich durchfuhr es mich wie ein Blitz. Meine Muskeln verkrampften sich und meine lädierte Hand griff meinen rechten Unterarm.
»Aaaah«, entfuhr es mir zischend. Wo kam das her? Dieser Schmerz!
Mit einer flinken, aber zitternden Handbewegung knipste ich das Licht an und starrte auf meinen nackten Unterarm. Das Brennen ließ meine Hand verkrampfen, meine Armhärchen geradestehen wie Soldaten.
Als zöge mir jemand ein heißes Eisen der Länge nach

von der Außenseite meines Oberarms bis zu der empfindlichen Innenseite über meiner Ellenbeuge, rötete langsam die blasse Haut und dann verschlug es mir den Atem.

Mit weit aufgerissenen Augen und zusammengebissenen Zähnen musste ich beobachten, wie meine arme, zarte Haut unmittelbar über meiner Armbeuge aufriss und einen blutigen Schlitz um meinen Oberarm herumzog. Quiekend biss ich mir auf die Unterlippe, zappelte mit den Beinen, um mich von dem flammenden Schmerz abzulenken, kniff die Augen zusammen, um nicht ansehen zu müssen, was da gerade mit meinem Arm passierte.

Ein Traum. Ein Albtraum, mehr konnte das hier nicht sein. Wenn ich jetzt die Augen wieder öffnete, würde es eine ganz plausible Erklärung hierfür geben.

Mit zitterndem Arm und mittlerweile blutigen Lippe linste ich wieder auf meinen Oberarm und stieß keuchend Luft aus, als mir die rote Suppe über die linke Hand floss und den schlampig zusammengebundenen Verband einsaute.

»Wa… aaaah«

Verdammt, was war das? Was passierte hier? War ich in einem von Skylars Lieblingsfilmen gefangen? Wurde ich jetzt verrückt? Völlig durchgeknallt?

Erst als der erste Tropfen an meinem Ellenbogen auf meine Pyjamahose tropfte, reagierte mein adrenalindurchfluteter Körper und ließ mich ins Badezimmer stürzen.

Keuchend und leicht schwindelig stieß ich den Wasserhahn an und verrenkte meinen Körper so, dass ich meinen Oberarm unter den kalten Strahl halten konnte. Die Kälte betäubte zwar nicht den Schock in meinem Kopf, linderte aber dafür den Schmerz in meinem Arm. Der dreckige Mischmasch aus Leitungswasser und Blut rann gluckernd den Abfluss hinunter. Und mit ihr mein gesunder Menschenverstand.

»Alles gut, Rylee«, redete ich mir gut zu, doch meine Stimme klang so atemlos, dass ich mir fast nicht selbst glauben konnte. »Alles gut ...«

Ich stellte den Hahn ab und tupfte mir mit einem Handtuch vorsichtig über die gerötete Haut um den Riss herum, aus dem weiterhin das Blut nur so fliehen wollte. Er war nicht tief, vielleicht nur eine Schramme, sodass es mich wunderte, wie viel Blut nur wenige Momente später wieder in das weiße Waschbecken tropfte.

»Was. Zur. Hölle.«, stieß ich aus und sah in das blasse, schreckverzerrte Gesicht im Spiegel. Die trüben Augen verschwammen augenblicklich und ich hätte mit der Faust aufs Becken donnern können, dass ich schon wieder heulen musste!

In was war ich hier reingezogen worden? War das der erste Vorbote von den Konsequenzen, in die ich mich blind geworfen hatte? War das eine Warnung? Wie war das überhaupt möglich?

»Was ... zur ... Hölle ...«, murmelte ich immer und immer wieder, als ich mir immer wieder das neue Blut vom brennenden Arm tupfte. Hölle, ja. Ich hatte mich selbst in die Hölle katapultiert. Ich zog die Nase hoch und blinzelte durch die verdammten Tränen zur Uhr, die mich tickend verhöhnte.

Mitternacht, wie passend für diesen Horror. Mit einem weiteren Schniefen startete ich innerlich den Countdown. Noch neuneinhalb Stunden, dann würde ich mit Sam am gedeckten Frühstückstisch sitzen und ihm hiervon erzählen können – oder vielleicht auch nicht?

Vielleicht war das hier doch ein unerklärlicher Traum und morgen war alles wieder okay? Vielleicht würde ich mich morgen noch mehr über diese unnötig verschwendeten Tränen ärgern, die mir gerade heiß über das pochende Gesicht rannen?

Nur noch neuneinhalb Stunden, die ich jetzt irgendwie überbrücken musste, um nicht noch verrückter zu werden, als ich offensichtlich eh schon war.

Immer wieder fuhr ich mir über den brennenden Arm und zwickte mir daraufhin in den Handrücken.

Unnötig, das Lodern, was die Berührung der roten Linie auf meiner bleichen, sommersprossigen Haut auslöste, hätte Beweis genug sein müssen, dass ich nicht träumte.

Ja, ich war wach. Ja, ich war's die ganze Nacht gewesen. Nicht nur der Schmerz in meiner linken Handfläche, sondern auch im rechten Arm hatte mir das Hineingleiten in friedliche Träume vermiest und mein Kopf hatte gerattert bis zum geht-nicht-mehr. Und dennoch hatte ich keine plausible Auslegung hierfür gefunden.

Karma? Hexerei? Wahnsinn? Ich konnte es mir einfach nicht erklären. Und warum es mir jetzt gerade auf dem Weg zu Sam mal wieder die Tränen in die Augen trieb, ebenso wenig.

Seufzend fuhr ich mir durch die kurzen wirren Haare, die mir der mittlerweile endlich wärmer werdende Wind durcheinanderfegte.

Ob ich ihm überhaupt davon erzählen wollte?

Sicherlich sollte ich es, aber dieses flaue Gefühl, das sich seit dem Aufwachen aus dem unruhigen Schlaf in meinem Magen eingenistet hatte, flüsterte mir, dass es irgendwie nur noch mehr Probleme auslösen würde. Also schob ich die Entscheidung dazu noch auf, bis ich in Sams haselnussbraune Knopfaugen sah.

Lächelnd öffnete er mir die Haustür und begrüßte mich mit einem Kuss auf die Kopfkrone. »Guten Morgen, Kleine.«

Wie er nach einer Nacht im Wald so munter sein konnte, war mir ein Rätsel. Und dennoch merkte ich, wie seine Fröhlichkeit mir ein zartes Lächeln auf die Lippen zauberte.

»Gut geschlafen?«, fragte er, mir liebevoll den Kopf tätschelnd, während ich mich im Flur zu meinen Schuhen hinunterbeugte.

Nicht wirklich. »Hmh.«

Er legte den Kopf schief.

»Du solltest vielleicht wissen, dass ich durch deinen Herzschlag hören kann, wenn du lügst.«

Ich schluckte und sah zu ihm hinauf. »… immer?«

Er nickte entschuldigend lächelnd.

»D… das grenzt an Aushorchung.« Ich heftete meinen Blick wieder auf meine Schuhe und konzentrierte mich, nicht daran zu denken, wie oft ich ihn jetzt schon angelogen hatte und er es genau gewusst hatte. Das würde meinen Herzschlag nur noch mehr in die Höhe schießen lassen und das wäre nur umso auffälliger. Aber verdammt, wie oft hatte ich ihm jetzt schon die Wahrheit verschwiegen und wie unfair war es bitte, niemals mehr diese Option zu haben? »Hast *du* gut geschlafen?«, fragte ich schnell, um mich abzulenken.
»Na ja, nicht wirklich. Aber es war jetzt erst mal die letzte Nacht.«
Das Lösen meiner Schnürsenkel wurde begleitet von einem erleichterten Ausatmen seinerseits.
»Die letzte Nacht?«
»Das letzte Mal für's erste, dass der Mond mich im Griff hat.«
Ah, deshalb war er so munter. Ab jetzt mussten wir unsere Abenddates nicht auf Frühstücksdates vertrösten.
»Klar«, murmelte ich und schenkte ihm ein Lächeln, als ich mich wieder aufrichtete. »War's denn … okay gestern?« Am liebsten hätte ich mir auf die wunde Stelle meiner Unterlippe gebissen. Noch hatten wir nicht die Leichtigkeit gefunden, über das Thema zu reden, wie über eine Party. Eine Party, die ihm sieben Mal im Monat den Schlaf raubte.
Verlegen rieb sich Sam den rechten Oberarm und erinnerte mich damit wieder an das subtile Brennen unter meinem rechten Ärmel.

»War okay«, antwortete er knapp, scannte unbeholfen die vier Wände seines eigenen Flurs und fand dann wieder meine Augen. Ich wünschte, ich könnte auch seinen Herzschlag hören. »Kaffee?«

Eifrig nickte ich. »Bitte!« Der war nach der letzten Nacht nötig. Unentschlossen rieb auch ich mir den Arm und war immer noch damit beschäftigt, zu überlegen, ob – und vor allem *wie* – ich ihm von der gestrigen Szene erzählen sollte. *Hey, sag mal: Ist dir auch schon mal einfach so nachts die Haut so aufgerissen?*

Mit einem Kopfschütteln, um meine Gedanken zu ordnen, trat ich in den Essbereich, auf dem schon ein komplett gedeckter Tisch bereit zum Schmausen stand. Von Toast über Marmelade, zu Früchten bis hin zu einem mit einer Haube abgedeckten Teller. War es etwa das, was ich dachte?

»Ist deine Mom zuhause?«, rief ich Richtung Küche, in der ich Geschirr klirren hören konnte.

»Nope.«

Mit knurrendem Magen zog ich einen Stuhl zurück und ließ mich müde auf ihm nieder. Die Nacht hatte wirklich an meinen Kräften gezogen, sodass mein erster Griff zu der Porzellanhaube ging und mir meine anfängliche Hoffnung bestätigte.

»Hast du etwa Pancakes gemacht?«

»Nope«, kam wieder aus der Küche und wurde von einem Geräusch begleitet, das stark danach klang, wie Kaffee in eine Tasse geschüttet wurde. Nur beim Zuhören kribbelten mir schon die Fingerspitzen. »Aber meine Mom. Sie ist zwar nie da, aber sie ist die beste.«

Das ist sie wohl, bestätigte ich stumm und schloss den Teller wieder mit der Haube ab.

Plötzlich durchzuckte ein bohrendes Stechen meinen Hinterkopf.

»Aah«, entfuhr es mir zischend und es klang, als hätte ich meine Stimme mit einem tiefen Echo gehört. Hektisch griff ich mir mit beiden Händen an den Hinterkopf, fuhr mit den Fingern durch meine wirren Haare, tastete panisch nach etwas, was ich eigentlich nicht finden wollte.

Nicht schon wieder! Das konnte doch nicht sein! Bitte, lass meinen Kopf diesmal heil!

Während sich das Wummern pulsierend in meinem gesamten Schädel ausbreitete, tasteten meine Finger weiter fahrig auf meiner Schädeldecke herum. Es pochte heiß unter meinen Fingern, es zerstach mir kurz meine klaren Gedanken und vernebelte mir den Kopf, aber ich konnte keinen Riss, kein Blut spüren. Auch als ich mir prüfend die Finger vor die zusammengekniffenen Augen hielt, sah ich nichts, was mich beunruhigte. Kein Blut. Mein Blick blieb kurz an dem neuen Verband an meiner Linken hängen, den ich heute Morgen noch fix gewechselt hatte.

»Alles okay?«, ließ mich Sams Stimme umdrehen. In der einen Hand eine Tasse, mit der anderen am Hinterkopf, kam er mit zusammengezogenen Augenbrauen auf mich zu.

»Ja, ich … glaub schon. Keine Ahnung«, stotterte ich unbeholfen, immer noch unsicher, wie ich ihm von meinen seltsamen Erfahrungen erzählen sollte. Also wechselte ich schnell das Thema, als er mir die dampfende Tasse vor die Nase stellte. »Danke. Alles okay bei *dir*?«

Genauso wie ich hielt er sich die Finger, die gerade noch an seinem Hinterkopf gelegen haben, prüfend die Augen. Dann zuckte er mit den Schultern und schenkte mir ein unbesorgtes Lächeln.

»Jup, hab mich nur am offenen Schrank gestoßen. Nichts, was ich nicht gewohnt bin.« Er zog die Schultern zurück und fuhr sich ein weiteres Mal über den Oberarm. »Und jetzt leidest du mit mir, oder was?« Er deutete schelmisch grinsend mit einem Nicken auf meinen Kopf.

»Scheint so«, ließ ich seinen Scherz abblitzen und kaschierte ein weiteres Streichen über die schmerzende Stelle, indem ich mir die offenen Haare aus dem Gesicht raufte, und griff nach meiner Kaffeetasse.

»Aww.« Gespielt gerührt schob er die Unterlippe vor und ließ mich somit erstarren. Mein Blick hing an seinen Lippen. Wortwörtlich.

Mein Gesichtsausdruck musste sich schlagartig verändert haben, denn Sam verlor auf einmal jeglichen Schelm aus seinem Gesicht und legte den Kopf schief. »Was ist?«

Gedankenverloren fuhr ich mir mit dem Daumen über die eigene Unterlippe und spürte die Erhebung unter meiner Haut, die ich gerade auf seiner Lippe gesehen hatte.

Karma? Hexerei? Wahnsinn?, wiederholte ich meine Gedanken von vorhin und im nächsten Moment lag mein

Blick auf seinem Arm. Für den nächsten Satz musste ich tief Luft holen.

»Ich ... hatte sowas schon mal«, kam es dann doch nur murmelnd aus meinem Mund.

»Was?«

»So einen Schmerz aus dem Nichts. Ich hatte das schon mal. Gestern Nacht.«

Ich schluckte und musste fast dabei husten.

»Was meinst du?« Sam legte den Kopf schief, und obwohl ich aus seinem Gesicht lesen konnte, dass er mir nicht ganz folgen konnte, waren seine Augen doch wachsam.

Mit einem tiefen Ausatmen stellte ich die Kaffeetasse zurück auf den Tisch und hielt kurz inne, als müsste ich ihm jetzt etwas beichten. Wie albern. Vor noch nicht einmal einer Woche hatte er mir noch eröffnet, dass er kein voller Mensch mehr war, und jetzt hatte ich Angst, dass *er mich* für verrückt erklären könnte? Lächerlich! Also zog ich gleich im nächsten Moment meinen Arm aus meiner Sweatshirt-Jacke und zeigte ihm den ebenfalls schlampig angebrachten Verband, der sich in der Nacht noch mit etwas Blut vollgesaugt hatte.

Bevor ich etwas dazu sagen konnte, sog Sam hörbar Luft ein.

»Nein!«

»Doch ...«

Innerlich fügte ich ein *Ooh!* hinzu, wollte mich aber gerade erklären, als Sams Stimme mich unterbrach.

»Gestern Nacht? ... ist die ...« Er unterbrach sich selbst, griff mit seinen warmen Händen nach meinem

Unterarm und beugte sich vor den schlecht verbundenen Verband, als könnte er durch den weißen Stoff sehen.

»Ja, gegen zwölf ist sie einfach aufgerissen.«

»Was zur …« Er starrte mir so perplex in die Augen, dass mich ein Schauer überfuhr.

Wenigstens schien er mich nicht als verrückt abzustempeln, sondern wusste anscheinend auch ohne meine Erklärung Bescheid. Beruhigt atmete ich aus und hatte gar nicht bemerkt, dass ich die Luft angehalten hatte.

Allerdings … Moment! Er wusste ohne meine Erklärung Bescheid?

Sam richtete sich wieder zu seiner vollen Größe auf und zog sich im nächsten Moment seinen Hoodie über den Kopf. Verdattert beobachtete ich ihn dabei, unschlüssig, was ich nun zu erwarten hatte. Doch als er den Ärmel seines T-Shirts hochschob, spürte ich, wie mir mein Kiefer aufklappte.

Das war doch ein Witz! Ich wiederholte mich auch in Gedanken nur ungern, aber: Was zur Hölle …?

Auch auf Sams Arm prangte eine frisch getrocknete Wunde, die ebenfalls in seiner Armbeuge begann und sich in wie eine Schlange um seinen Oberarm schlängelte. Nur, dass sie auf seinem Bizeps kleiner wirkte als auf meinem schmächtigen Arm.

Was. Zur. Verdammten. »Hölle?!«, entfuhr es mir atemlos. »Was hat das zu bedeuten?«

Während ich in Sams Augen nach einer Antwort suchte, die sein Mund noch nicht gefunden hatte, fingerte ich an meiner verbundenen Hand herum, um mich von

dem flauen Gefühl in meinem Magen abzulenken.
»Ich …«, unterbrach er sich selbst stöhnend. War der allzeit besonnene Sam tatsächlich gerade sprachlos? Sollte mich das beunruhigen?
»Du …«, begann er seinen Satz neu, »… du sagst, dass dir das gestern gegen zwölf passiert ist? Und seit ich mir gerade den Kopf gestoßen habe, tut auch dein Kopf weh?«
Unwillkürlich fasste ich mir an den noch leicht pulsierenden Hinterkopf, der mittlerweile aber seine Lakaien zu meinen Schläfen ausgesandt hatte, wo sie mit kleinen Hämmern gegen meine Schädeldecke pochten. Zaghaft nickte ich, aus Angst, den aushaltbaren Schmerz zu verschlimmern.
»Ich brauch 'nen Kaffee«, seufzte Sam, machte auf dem Punkt kehrt und ließ sich nur wenige Momente danach mit einem erschöpften Ächzen auf dem Stuhl gegenüber von mir fallen.
»Was hat das zu bedeuten, Sam?«, wiederholte ich.
Meine Hände umklammerten meine eigene Kaffeetasse, als könnte ich die Lösung aus ihr herausquetschen. Meine linke Hand sandte ihr Brennen in Schüben aus, jedes Mal, wenn ich den Griff um die Tasse änderte. Aber keiner von uns wagte es, auch nur nach irgendwas anderem auf dem Tisch zu greifen, obwohl die Fläche vor uns einem Buffet glich. Ich beobachtete, wie sich Sams Gesicht grüblerisch verzog und hatte seine Antwort aus seinen Augen bereits gelesen, bevor er sie aussprach: »Ich weiß es nicht.«
Als ich unabsichtlich nach Luft japste, hob Sam seine

Pranken. »Aber ich find's raus! Ich … ich hab davon schon mal gehört, aber na ja, halt auch nur gehört.«
Meine Augen hingen an seinen Lippen, während ich meine fest zusammenpresste, in der Hoffnung, dass er noch etwas sagte. Denn wirklich beruhigt war ich jetzt nicht.
Sein Blick fiel auf das unberührte Frühstücksbuffet vor uns. »Du solltest zugreifen.«
»Ich weiß nicht, ob ich jetzt noch essen kann.«
Das flaue Gefühl in meinem Magen, was auf dem Weg hierher noch Hunger gewesen war, war nun umgeschwungen in Nervosität, Unsicherheit und … Angst. Etwas passierte mit meinem Körper, was ich nicht kontrollieren und erst recht nicht erklären konnte.
Plötzlich fühlte ich mich so fragil. Es schien nur eine Frage des Zufalls, ob mir nicht gleich vielleicht einfach das Bein brach. Ich fühlte mich, als stünde ich mit Übelkeit vor einer steilen Klippe, in dessen Abgrund ich nicht sehen konnte.
»Hör mal«, Sam lehnte sich vor und platzierte seine Hand direkt vor meinem Teller. Zögerlich folgte ich dem Impuls, meine auf seine zu legen. »Wir frühstücken jetzt erst mal und ich schaue währenddessen nach, was das hier …«, er nickte zwischen uns hin und her, »… ist. Nichts, was wir nicht hinbekommen, okay?«
Seine Finger verschränkten sich mit meinen und ich zwang mich, ihm ein Lächeln zuzuwerfen. Allerdings hielt er gerade nur meine Hand vor dem Abgrund der Klippe. Vorm Fallen oder Brechen fühlte ich mich nicht beschützt.

Dennoch nickte ich ihm zaghaft zu und nahm einen großen Schluck von meinem Kaffee.

Zum Glück vergaß mein Körper nach den ersten zwei Bissen von Mrs. Ravens köstlichen Pancakes, dass ihm eigentlich zu übel für Essen war. Der Hunger hatte diesen Kampf gewonnen und so kaute ich zwar doppelt und dreifach auf dem süßlichen Teig herum, aus Angst, ihn nicht herunterzubekommen, hatte aber doch mehr als nur ein paar Früchte zu mir nehmen können, als Sam, der stirnrunzelnd mampfend auf seinem Handy herumgescrollt hatte, plötzlich den Blick hob und mit vollem Mund sagte: »Ich hab's gefunden.«

Kapitel 20

»Was hast du gefunden?«
»Die *Sakramente des Mondes*.«
»Die ... was?« Mein amüsierter Blick suchte Sams Augen, in denen ich versuchte, seinen gewohnten Schelm zu finden. Doch sein gesamtes Gesicht wirkte erstaunlich gefasst und wischte mir das Grinsen von den Lippen. Unheimlich, ihn so zu sehen.
»Nenn es gerne das Wikipedia der Wölfe.« Er legte seine Gabel nieder, auf der noch ein Stück vor Sirup triefender Pancake aufgespießt war. Wieder suchte ich nach etwas in seinem Gesicht, das mir verriet, dass er gerade scherzte. Er musste doch auch hören, wie kurios das klang. *Wikipedia der Wölfe.*
»Ihr habt ein eigenes Wikipedia?«
»Spielt jetzt keine Rolle«, tat Sam meine Frage seltsam schnell ab, dass ich mir tatsächlich wieder auf die leicht

lädierte Unterlippe biss. So forsch kannte ich ihn gar nicht. Bevor ich mir darüber Gedanken machen konnte, drehte er sein Display zu mir und fuhr er fort: »Was drinsteht, ist viel wichtiger.«
»Und zwar?«
»Dass wir sabotiert wurden.«
»Sabotiert«, wiederholte ich und leckte mir über den dünnen Schorf. »Ah, in den *Sakramenten* steht also Sam und Rylee wurden sabotiert.«
Sam ließ sein Handy sinken und legte verächtlich den Kopf schief. »Natürlich nicht, Ry.« Seine Mundwinkel zuckten. Da war sie wieder! Seine Schwäche, in solchen Situationen nicht ernst bleiben zu können. Doch sein angedeutetes Lächeln hielt nicht lang, denn gleich darauf schürzte er besorgt die Lippen. »Es ist das Einzige, was in Frage kommen kann. Du weißt sicher, wie man zum Werwolf wird, oder?«
Am liebsten hätte ich ihm schnippisch vorgeworfen, dass er mich nicht so auf die Folter spannen sollte, doch stattdessen lenkte ich mich mit einem brennenden Öffnen und Schließen meiner linken Faust von dem verlangenden Kribbeln in mir ab, das ich eh nicht hätte stillen können. »Wenn es so läuft, wie in den Filmen, dann ja. Mit einem Biss.«
»Richtig. Speichel oder Blut eines verwandelten Werwolfs muss *im* Körper des Menschen mit seinem Blut in Kontakt kommen. Mit einer Wunde, der kontaminiert ist oder leichter: einem Biss. Passiert diese Vermischung aber außerhalb des menschlichen Körpers, hat man eine Art Prägung aufeinander erschaffen.«

Stumm knabberte ich von innen an meiner Unterlippe. Dass Sam von dem menschlichen Körper redete, als wäre es ein Objekt, als wäre es so fern von dem, was er selbst jeden Tag durch die Welt bewegte, löste ein unbehagliches Prickeln in meinem Hals aus. Zum ersten Mal fiel mir auf, wie es mich beunruhigte, dass er sich selbst anscheinend von dem Wort Mensch distanzierte, obwohl es nicht das erste Mal war, dass er es betonte.
»Und … eine Prägung ist was genau?«
Nun ließ er sein Handy ganz sinken und sah mir mit zusammengezogenen Brauen direkt in die Augen.
Bevor er zur Antwort kam, nahm er einen tiefen Atemzug: »Das, was wir jetzt haben. Eine Verbindung. Eine, die uns mit etwas Konzentration ungefähr wissen lässt, wo der jeweils andere gerade steckt, wie es ihm geht. Aber auch eine, die uns den Schmerz des anderen spüren lässt.«
Ich wusste nicht, warum ich schwer schlucken musste, warum dieses flaue Gefühl, das mir die Kehle gerade wieder zuschnürte, so plötzlich auftrat. Dass ich Sams Schmerz spürte, war doch nichts Neues für mich. Und dennoch fühlte es sich wie ein ungebremster Schlag in die Magengrube an, es aus seinem Mund zu hören, dass ich ebenfalls nach Luft japsen musste, bevor ich meine Stimme erheben konnte: »Das heißt, jemand hat irgendwie unser Blut zusammengemischt?«
»Oder Speichel.«
»Das heißt, ich werde nicht verrückt, wenn meine Haut einfach so aufreißt und ich deine Kopfschmerzen spüre?«

Mit dem weichen Blick seiner Rehaugen schüttelte er den Kopf. »Nein. Aber ich werde verrückt, wenn ich überlege, wie das passiert sein kann. Ich meine, ich habe in den letzten Tagen genug kämpfen müssen, dass da irgendwer bestimmt an meinen Speichel oder mein Blut herangekommen ist.« Er fuhr sich über die linke Schulter, wo er vor nur wenigen Tagen noch eine dicke Schramme mit nach Haus genommen hatte, die nun aber nur noch wie ein zarter Blitz seine Haut zierte. Dabei sah er aber auf seinen rechten Oberarm, unter dessen Ärmel ein Teil seiner frischesten Wunde herauslugte. Die Wunde, die ich mit ich teilte. Als meine Augen den seinen folgte, kribbelte mein Arm unerlässlich und ich musste erschaudern.

»Aber«, sein Blick ruhte nun auf mir und auf seiner Stirn bildeten sich grüblerische Falten, »wie sind sie an dein Blut herangekommen?«

»Wer ...« Ich hasste es, dass ich mich räuspern musste, bevor ich weitersprechen konnte. »Wer sind *sie*?«

»Na, wer würde uns denn sabotieren wollen und uns damit zwingen, dich von deinem zerbrechlichen, menschlichen Zustand zu verabschieden?«

Zitternd sog ich Luft ein. *Zerbrechlich und menschlich.* Warum formulierte er das so? »Brady?«

Mein Freund zuckte mit den Schultern. »Wär möglich. Einer der Wölfe auf jeden Fall.«

Wieder japste ich armselig nach Luft. Dass irgendwer an Sams und meinem Schicksal herumdrehen konnte, ließ mich erneut erschaudern. Mein Leben stand anscheinend sperrangelweit offen für jeden der Wölfe.

Jemand grub sich durch unser Empfinden und verband unsere Beziehung wildfremd miteinander.

Das musste doch illegal sein! Galt das nicht bestimmt als Körperverletzung? Freiheitsberaubung?

Ich unterdrückte einen Fluch. Mein Kopf lief auf Hochtouren und ich musste mich zwingen, nicht an die Folgen zu denken.

»Wie lange wird das anhalten?«, wagte ich, zu fragen, obwohl ich die Antwort eigentlich nicht wissen wollte und beobachtete, wie Sam stumm durch den Artikel vor ihm scrollte.

Was würde mit uns passieren, wenn wir irgendwann entscheiden sollten, kein Teil mehr vom Leben des anderen zu sein? Wir würden dennoch verbunden bleiben. Was würde passieren, wenn einer von uns sich schwer verletzen würde? Wir lägen beide mit den Wunden flach. Oder würde er einfach nach zwei Tagen wieder ganz der Alte sein und ich würde sie ohne besondere Heilungsfähigkeiten mit mir herumtragen müssen? Was wäre, wenn einer von uns im Sterben lag? Würde der andere dann auch …?

»Sam!«

»Ja doch!«, rief er mit gequältem Gesichtsausdruck. »Ich … ich weiß es nicht. Es gibt verschiedene Szenarien. Plötzliches Ende der Verbindung ohne Einwirkung. Aufhebung durch eine neue Prägung. Abschluss durch Verwandlung. Oder … bis auf dass der Tod uns scheidet.«

Also doch.

Bei seinem letzten Satz stieß ich die Luft aus, von der

ich nicht gemerkt hatte, dass ich sie angehalten hatte.

»Es gibt verschiedene Möglichkeiten. Das muss nichts heißen, Rylee«, wiederholte Sam und versuchte mir nun mit einem aufgesetzten, zaghaften Lächeln Hoffnung zu machen. Aber ich wusste nicht, ob es mich nicht noch mehr beunruhigte nicht zu wissen, wie lange ich an Sams Schmerzempfinden gebunden war, als zu wissen, dass es für immer war.

Zögerlich riss ich meinen Blick von ihm ab und sah auf die herauslugende Wunde auf seinem rechten Oberarm. Dort hatte es bereits begonnen, dass wir den Schmerz teilten, also konnte das nicht die Blutquelle sein. Wieder öffnete und schloss ich meine linke Faust.

»Sam.«

»Hm?«

»Ist jemand aus deinem … Rudel in meinem Chemiekurs?«

Sams Augen flogen kurz an die Decke, als könnte dort die Antwort stehen. »Kann sein. Bestimmt.«

Bestimmt. Das klang so, als wären so viele Werwölfe in unserer Schule, dass ich nirgends vor ihnen sicher war. Natürlich. Erst letztens, als auch Sam in der Schule gefehlt hatte, waren einige meiner Kurse seltsam leer gewesen. Verdammt … ich konnte mich nirgends vor ihnen verstecken …

»Wieso?«, zog mich Sam aus meinen Gedanken.

Als Antwort hob ich meine verbundene Linke. Ich hatte noch ganz genau im Ohr, wie einer der drei Johnsons aus meinem Kurs Mr. Haunt seine Hilfe angeboten hatte. Es musste ihm gut gelegen gekommen sein, dass

Sarah Trevor kein Blut sehen konnte. Das war die einzige Erklärung, die ich hatte.

Ich beobachtete Sam und erwartete eigentlich, dass er weitere Fragen stellte, doch stattdessen ballten sich beide seiner Fäuste und sein Gesicht verwandelte sich in eine Maske des Zorns, was so sehr im Kontrast zu seinen frommen Augen stand. In dem Moment fiel mir auf, dass ich ihn selten zornig gesehen hatte, und irgendetwas regte sich plötzlich in mir.

»Wirst du dir ihn vorknöpfen?« Ich sah ihm in die wütend funkelnden Augen. Obwohl nun wirklich nicht der Zeitpunkt dafür war, breitete sich ein Kribbeln in meinem Bauch aus. Kein zitterndes, keines, was mich sorgen ließ, dass mein Freund kein frommer Mensch war, der mich forsch anfuhr.

Nein, ein Wohliges, eines, das mich unpassend schmunzeln ließ. Sam war immer ein ruhiger Mensch gewesen. Aber seitdem ich wusste, dass er eigentlich kein Mensch mehr war – jedenfalls nicht mehr ganz –, verlieh ihm das trotz seiner frommen Ausstrahlung etwas Finsteres. Obwohl ich mir sicher war, dass er trotz seiner Größe und der Kraft, die er dadurch besaß, nie Teil einer Prügelei gewesen war, wurde mir jetzt erst bewusst, dass ich seit einigen Tagen eine Seite von ihm sah, die ich vorher nie zu Augen bekommen hatte: die des kühnen, des entschlossenen und initiativen Sam. Schon vorher war es mir aufgefallen, doch jetzt erst bemerkte ich die Wirkung, die es auf mich hatte.

Mein Blick ging auf seine geballten Fäuste, deren Knöchel weiß hervortraten. Nein, Angst hatte ich nicht vor meinem Freund. Auch wenn ich wusste, dass er nur einen Biss zum Töten brauchte. Auch wenn seine rotglühenden Augen mich für eine Zeit lang jedes Mal heimgesucht hatten, wenn ich die Augen geschlossen hatte. Aber, dass er sich nach all den Jahren, in denen er sich aus jeglichen Konfrontationen bewusst herausgehalten hatte, körperlich verteidigen musste, so wie es die unzähligen Wunden an seinem Körper verrieten, ließ mich automatisch auf meine Unterlippe beißen. Wenn ich mich richtig erinnerte, hatte er mir doch selbst erzählt, dass er sich einen Rang erkämpft hatte. Das passte gar nicht zu dem Sam, den ich kennengelernt hatte. Aber missfallen tat es mir auch nicht. Wie kam es, dass mir das jetzt erst die Hitze in die Wangen schießen und mich auf dem Stuhl herumrutschen ließ? Und dann auch noch zu so einem Zeitpunkt, in dem ich eigentlich in Wut und Angst gefangen sein sollte.

Doch entgegen meinem Gefallen an der neuen Seite von Sam schüttelte er, noch immer mit verengten Augen, den Kopf. »Ich weiß nicht genau, wer damit zu tun hat. Und egal, wer es sein wird, er oder sie – wird es abstreiten. Ich kann nichts beweisen.«

Ich merkte, wie ich leicht in mich zusammensank. Ob es war, weil Sam das Feuer, das von dem Gedanken an seine Kämpferseite angefacht wurde, somit gleich wieder löschte oder weil es mir vor Augen führte, dass nicht nur einer der Johnsons ein Werwolf sein könnte, sondern auch jeder andere meiner Kurskameraden, wusste ich nicht. Hölle, die schienen ja wirklich überall zu sein!

»Sag mal, Sam«, lenkte ich mich von meinen Gedanken

ab. »Waren schon immer so viele Werwölfe in Winchester?«

Daraufhin bekam ich ein Kopfschütteln, doch seine Augen blieben in Schlitzen, seine Fäuste weiterhin geballt. »Nein. Das hier war kein Werwolfsitz. Erinnerst du dich daran, wie wir letztens noch darüber geredet haben, dass wir nicht verstehen können, wie auf einmal so viele hierherziehen?«

Ich nickte, denn ich erinnerte mich sehr genau an unsere Verwunderung. Während wir hier wegwollten, zogen andere hierhin.

»Tja, das lag daran, dass in der Nähe von Willow Creek ein Rudel durch Streitigkeiten in zwei Klans zerbrochen ist. Klan eins blieb, wo sie waren, Klan zwei suchte sich unser Städtchen als neuen Sitz und entschied sich noch dazu, ihn zu vergrößern.«

Vorwurfsvoll zog er die Augenbrauen in die Höhe und presste seine Lippen zu einem Strich. Er brauchte nichts weiter zu erklären, ich wusste auch so, dass er auf seine Verwandlung anspielte, und sank nun noch mehr zusammen, dass mich der Gedanke an seine neue Stärke gerade noch erregt hatte, während er resigniert und unglücklich mit der Veränderung wirkte.

»Würdest ... würdest du es umkehren, wenn du könntest?«

»Sofort«, presste Sam hervor. Er atmete schwer aus. »Nur gibt es darüber keine Aufzeichnungen. Jedenfalls keine bekannten. Viele finden das Werwolfdasein super.«

»Ist es das denn nicht?« Ich wusste selbst nicht, warum

meine Stimme so leise klang. Vielleicht, weil ich mir schon hatte denken können, dass Sams Augenbrauen nun wieder in die Höhe schossen.

»Das besser Hören vielleicht. Alles schmeckt auch etwas intensiver. Kommt mir bei Moms Pancakes echt zugute. Ich heile vielleicht schnell, ja. Und ich rieche auch besser. Wenn du am Ende der Treppe stehst, kann ich dein Parfum wittern, als würdest du es direkt vor meiner Nase auftragen.« Endlich grinste er und zum Glück setzte er noch ein »Das gefällt mir« hinterher, sonst hätte ich nicht gewusst, ob ich jemals wieder Parfum auftragen sollte.

»Allerdings«, fuhr er gleich fort und sein Grinsen verschwand, »würde ich das alles sofort wieder eintauschen gegen den Drang so viel Fleisch essen zu wollen, oder mich eine Woche im Monat in einen riesigen Hund zu verwandeln.«

»Mit scharfen Zähnen«, warf ich ein.

»Mit scharfen Zähnen, aber arg nervigen Tierinstinkten. Himmel, es ist so schwierig, sich dann zu konzentrieren, das glaubst du gar nicht. Ich höre Dinge, die ich nicht hören will. Rieche Dinge, die mir gestohlen bleiben können. Und ich kann meine Kraft manchmal nicht wirklich kontrollieren.« Er seufzte resigniert und schob sich endlich den Pancake in den Mund.

Während er kauend seinen leeren Teller betrachtete, fiel bei mir der Groschen unerwartet schnell.

»Deswegen spielst du kein Football mehr.«

Meine Augen fanden seine und ich sah ihm genau an, wie ich ins schmerzliche Schwarze getroffen hatte. »Weil du nicht kontrollieren kannst, wie weit der Ball fliegt, wenn du wirfst.«

Seine Augenbrauen näherten sich einander und bildeten eine Sorgenfalte zwischen ihnen, dass man hätte glauben können, der Pancake in seinem Mund schmeckte bitter. Nur wusste ich, dass ich mit meiner Aussage recht hatte und er daran erinnert wurde, was er durch die Verwandlung hatte aufgeben müssen: sein Lieblingshobby und eine mögliche Chance, ein Sportstipendium zu ergattern. Er musste es nicht bestätigen. Der Schmerz in seinen Rehaugen war Antwort genug.

»Oh Sam, das tut mir so leid!«

Er schluckte und schüttelte den Kopf. »Muss es nicht.«

»A… aber …«

»Muss es nicht, Rylee«, wiederholte er und schickte ein sanftes Lächeln hinterher. »Es ist nun mal so. Ich hab mich damit abgefunden.«

Ich aber nicht. Wie konnte er nur schon wieder alles einfach hinnehmen.

»Aber das ist doch nicht fair! Du hast nicht danach gefragt. Gibt es keine Möglichkeit, deine Kraft besser zu kontrollieren?«

»Sicher.« Er zuckte mit den Schultern. »Aber dann bliebe noch das Problem mit den verbesserten Sinnen. Das wäre nicht nur unfair den anderen gegenüber. Außerdem habe ich wirklich keine Lust, von jeglichen Gerüchen und Geräuschen abgelenkt zu werden. Vor allem nicht in der Umkleide danach.«

Er verzog das Gesicht und lehnte sich über den Tisch, um sich eine weitere Ladung Pancakes auf den Teller zu schaufeln. »Hmh, die sind einfach der Hammer«, schloss er das Fenster des Themas und leckte sich über die Lippen.

Mir war nicht klar, wie er sein Lieblingshobby, seine Perspektive, einfach so wegwerfen konnte. Ich verstand nicht, wie er einfach so hinnehmen konnte, dass ihm auch diese Entscheidung einfach genommen worden war – nur weil er nachts durch den Wald gelaufen war. Wieder wusste ich nicht, ob es eine Stärke von ihm war, dass er sich so schnell mit Situationen abfinden konnte, oder eine Schwäche, dass er einfach resignierte.

Wieder jagte es mir einen Schmerz durch die linke Hand, als sich beide meiner Hände zu Fäusten ballten. Was mich wieder an das Thema erinnerte, von dem ich mich vorhin hatte ablenken wollen.

»Sam?«

»Hm?« Er sah mampfend und mit dicken Backen auf. Unvorstellbar, wie ein Kerl mit so einem goldig-frommen Blick und eine Liebe für Pancakes nachts mit anderen blutrünstigen Wölfen um seinen Rang kämpfte.

»Was machen wir jetzt? Was … was bedeutet die Prägung jetzt für mich?«

Ich spürte, wie meine Unterlippe zitterte. Er würde heilen, keine zwei Tage brauchen, um sich wieder wie gewohnt bewegen zu können. Aber was war mit mir? Mit der *zerbrechlichen, menschlichen* Freundin?

Als wäre es ein dicker Kloß, schluckte er die Reste seines Frühstücks mit einem leisen *gulp* herunter.

»Ich …« Er räusperte sich zögerlich, als hätte er durch das Footballthema unser eigentliches Problem vergessen. Sein Blick wich dem Meinen aus. »Ich weiß es nicht genau.« Dann zuckte seine Aufmerksamkeit doch wieder zu mir und er zog die Augenbrauen zornig zusammen, dass ich einerseits erstarrte, andererseits wieder dieses Prickeln in der Magengegend spürte. »Genau das habe ich gemeint, Rylee. Es tut mir leid. Ich habe dich dort hineingezogen und dich unnötig in Gefahr gebracht.« Er fuhr sich über das Kinn, an dem sein Bart seit gestern viel zu schnell nachgewachsen war. Ob das auch an seinem neuen Wesen lag? Wieso war mir das nicht schon vorher aufgefallen? »Jetzt muss ich nicht nur aufpassen, dass dir nichts passiert, sondern muss auch auf mich aufpassen ... für dich.«

Erschöpft fuhr ich mir durchs Gesicht und war froh, dass ich heute Morgen kein Make-up aufgetragen hatte. Das war alles so viel, so unglaublich viel. So kompliziert und so aussichtslos, dass ich das Gefühl hatte, von einem riesigen Schatten mit rotglühenden Augen in eine stockfinstere Sackgasse gedrängt zu werden.

»Warum will uns das überhaupt jemand antun?«, murmelte ich in meine Hände hinein.

»Willst du das wirklich wissen?«

Ich lugte durch meine Finger und sah in Sams gequältes Gesicht.

Nicht wirklich. »Hätte ich sonst gefragt?«

Sam seufzte und ließ mich für eine Sekunde meine Frage bereuen. »Weil sie dich dadurch zur Verwandlung zwingen oder dich vielleicht ...«

»Mich vielleicht ...?« *Warum frage ich auch noch nach?*

»... tödlich verletzen.«

Mir entfuhr ein lächerliches Quieken.

»Was ich nicht zulassen werde, Ry!«

Ich ließ meine Hände sinken und hielt mich an der Tischkante fest. Das Frühstück drehte sich vor meinen Augen, Sams Umrisse verschwammen. Ich hätte das Thema doch nicht anschneiden sollen.

»Rylee.«

Wieder japste ich nach Luft, unfähig zu antworten.

»Rylee, ich hab vielleicht einen Plan.« Sam legte wieder seine Hand anbietend auf die Tischplatte, doch diesmal ergriff ich sie nicht, aus Angst, umzukippen, ließ ich die Kante los.

»Und der wäre?« Meine Stimme spiegelte genau wider, wie ich mich gerade fühlte. Zerbrechlich, schwach, mickrig. Mein Herzschlag bollerte in meinen Ohren und ließen seine Stimme dumpf klingen: »Ich … ich weiß noch nicht genau, wie ich es anstellen soll, aber ich …« Er schien nach den richtigen Worten zu suchen. »Ich werde einen Weg finden, wieder ein Mensch zu werden.«

Mir entfuhr ein freudloses Lachen, aber die Kälte, die sich zitternd in meine verkrampften Glieder gesetzt hatte, ließ sich dadurch nicht vertreiben. Wie sollte das unsere Stadt sicherer machen?

»Nein, im Ernst.« Er lehnte sich über den gesamten Tisch, um endlich meine Hand zu greifen zu bekommen und löste meine Linke von der Kante, fuhr über meine Finger und meinen Verband, der die Quelle unseres Problems verdeckte. Verdammt, hätte ich gestern doch nur aufgepasst. Hätte ich mich bloß nicht geschnitten, dann stünden wir jetzt nicht vor diesem Drama. Dann befände ich mich jetzt womöglich eher in Sicherheit.

»Du hast recht. Es ist nicht fair, dass ich Football wegen diesem ganzen Desaster aufgeben muss. Und es ist erst recht nicht fair, dass du mit reingezogen wirst.« Er schnaubte. »Mir gefällt es schon die ganze Zeit nicht, dass ich meine Mom anlügen musste, dass ich dich anlügen musste. Ständig vorgaukeln zu müssen, krank zu sein. Die Nächte im Wald, diese tierischen Instinkte, dieser Gestank nach Hund. Die löchernden Fragen vom Coach, von Gabe. Und jetzt bringt es auch noch dich in Gefahr.« Bei jedem Wort verzog sich sein Gesicht immer mehr zu einer Maske des Zorns, glühten seine ruhigen Augen förmlich auf, schraubten sich seine Finger immer mehr um meine. Doch diesmal kribbelte in mir nichts.

»Sam!« Ich versuchte, meine Hand aus seinem schraubstockartigen Griff zu entziehen, als sie unter seiner Kraft knackten. »Du tust mir weh.« Ich versuchte, ihm ein gequältes Lächeln zu schenken, doch die beruhigende Wirkung, die ich mir erhofft hatte, hatte es augenscheinlich nicht. Hastig zog er seine Hand zurück und warf mir einen Blick zu, der jeden Hundeblick hätte reizlos wirken lassen.

»Sorry! Ich …« Müde fuhr er sich übers Gesicht und obwohl ich vorhin schon verstanden hatte, warum er sein Teilnehmen am Football für unfair hielt, begriff ich es doch erst jetzt, als ich mir die schmerzenden Finger rieb.

»Ich weiß noch nicht wie, aber ich werde einen Weg finden. Ich will das nicht mehr«, wiederholte er mit fester Stimme und entschlossenem Blick und ich fragte mich, wie damit das Problem dieser Stadt lösen wollte, behielt es aber für mich.

Kapitel 21

Kraftlos seufzte ich zum vierten Mal in den letzten fünf Minuten, als ich sah, dass sich die Zeitanzeige auf Wecker nur im Schneckentempo bewegte. Seit zehn Minuten war es jetzt schon Viertel vor zwölf.
Seit Sam mir gestern das Prinzip unserer Prägung erklärt hatte, ließ mich dieses eiskalte Kribbeln nicht mehr los und ließ mich immer und überall frösteln. Selbst jetzt, als ich die Decke bis ans Kinn gezogen hatte, als könnte sie mich davor beschützen, was dort draußen war.
»Pff«, entfuhr es mir trotzig.
Wovor hatte ich denn Angst? Sams Stimme spukte mir durch den Kopf.
»*Du solltest in den Wald gehen*«, hatte er mir geraten.
»*Bitte was?!*« Ich hatte ihn erschrocken angesehen. In sein seltsam gefasstes, sogar warm lächelndes Gesicht. Als wollte er mich zum Fraß vorwerfen oder das Pro-

blem der Verwandlung lösen, die seine Rudelmitglieder durch unsere Prägung hatten erzwingen wollen. Doch das würde Sam nie zulassen, das hatte er mir nicht nur gestern, sondern auch heute so oft versichert, dass es anfing, mich zu nerven. Natürlich hätte ich ihm das nicht gesagt. Er sorgte sich um mich und würde alles daransetzen, mich aus seinem Rudel und aus deren Problemen rauszuhalten. Damit ich in Ruhe leben konnte. Damit ich mich auf mein Leben konzentrieren konnte. Auf mein menschliches.

»Du solltest in den Wald gehen«, hatte er wiederholt und ich hatte erst verstanden, als er weiter ausgeführt hatte: *»Das willst du doch schon die ganze Zeit. Ich weiß doch, dass es dein Rückzugsort ist. Der einzige Ort, an dem du wirklich den Kopf freibekommst. Jetzt ist er wenigstens für einige Zeit sicher.«*
Stimmt. Die Zeit der Wölfe war zu Ende und der Mond, der nun eher als helles Ei am Himmel hing, hatte keinen Einfluss mehr auf die hybriden Bewohner Winchesters. Vielleicht hatte er recht. Mein Kopf war zum Bersten voll und meine Glieder seit Tagen vor Angst angespannt. Nur die frische Luft, der Duft nach Regen und Laub, die Geräusche der wühlenden Eichhörnchen würden mich besänftigen.

Ja, eigentlich hatte er wirklich recht. Nichts sehnlicher wollte ich, als in Ruhe durch die hohen Pinien zu staksen, die mir bei Dunkelheit sehr viel mehr Sicherheit boten, als manch einer hätte annehmen können. Nichts wollte ich gerade mehr als mich mit einer Decke auf den weichen Waldboden zu setzen, meinen Rücken an einen hochgewachsenen Baum zu lehnen und mit geschlossenen Augen den Geräuschen der Nacht zu lauschen. Alles vergessen, was mir in der letzten Woche passiert war.

»Du solltest in den Wald gehen, damit es kein Ort der Angst wird.«

Vielleicht hatte er auch damit recht.

Mein Herz hatte schneller gepocht, als er mir das gestern immer wieder hatte einreden wollen. Nur wusste ich nicht, ob aus Angst oder aus Euphorie, die mein Kopf mir ausreden wollte.

Grummelnd drehte ich mich auf die rechte Seite, drehte meinem höhnenden Wecker den Rücken zu.

Ich war vorerst sicher. Jedenfalls vor den Wölfen. Diese Tatsache wollte mir noch nicht richtig ins Hirn sickern. Die letzten paar Tage hatte ich diesen Drang, mich ständig umzuschauen, nicht abschütteln können, hatte ich ständig nach Brady Galen Ausschau gehalten, hatten mich diese roten Augen im Schlaf heimgesucht. Bradys roten Augen. Sams.

Dass jetzt auf einmal alles für einige Zeit vorbei sein sollte, wirkte surreal.

Fast so surreal wie die Existenz von Werwölfen.

In den letzten Tagen war mein Weltverständnis einmal umgekrempelt worden. Als Sam und ich uns gestern endlich wieder entspannt auf mein Bett hatten zusammenkuscheln können und den letzten *Iron Man* Film angeschmissen hatten, hatte es mich aus dem Nichts getroffen und mich fast in Sams Armen zusammenzucken lassen.

»Was?«, hatte er gefragt, obwohl ich mich bemüht hatte,

es mir nicht anmerken zu lassen.

»*Nichts.*«

»*Sicher?*«

Natürlich war ich mir bewusst gewesen, dass mich mein rasendes Herz an seine guten Ohren verraten hatte. Aber ich hatte den Gedanken für mich behalten wollen, damit ich nachts alleine drauf herumdenken konnte, und er hatte es akzeptiert. Und so lag ich nun Sonntag Nacht schlaflos in meinem Bett, starrte an die nackte Decke und fragte mich, ob der Unfall, bei dem der Leichnam meines Vaters nie gefunden wurde, wirklich nur ein Wildunfall gewesen war.

Schwer ausatmend drehte ich mich auf die andere Schulter. Im Grunde wollte ich nicht wissen, ob die Spezies, der mein Freund nun angehörte, meinen Vater auf den Gewissen hatte. Ich hatte lange gebraucht, um seinen Tod zu verarbeiten, und nun, nach sieben Jahren, wollte ich das Thema nicht wieder ausgraben. Und trotzdem schweiften meine Gedanken immer wieder zu dem Wrack im Wald bei Willow Creek und schickten mir einen eiskalten Schauer nach dem nächsten über meine schwitzige Haut.

Meine Augen suchten nach Ablenkung und fanden die Umrisse des fast fertig gezeichneten Comics auf meinem Schreibtisch. Wenn Werwölfe existierten, weilten dann auch Vampire unter uns? Magier? Zwerge?

Schnaubend schwang ich meine Beine aus dem Bett. Zwischen den Gedanken an meinen Vater, der brennenden Prägung auf meinem Oberarm und der Gefahr, die mir in drei Wochen wieder sowohl den Schlaf als auch die letzten vernünftigen Nerven rauben würde, sammelte ich mir Hose, Socken und einen dicken Hoodie zusammen und war im nächsten Moment auch schon aus meinem Zimmer geschlüpft.

Warum konnten nicht alle so konzentriert sein wie Sam?, ging es mir durch den Kopf, als ich auf Zehenspitzen die knarrenden Treppenstufen hinunterschlich. *Und wenn Sam wieder zum Menschen wird, wer sichert dann unseren Wald?*, dachte ich, als ich mir meine Schuhe überstreifte. Meine Hand blieb auf der Türklinke liegen. *Müssen wir uns den Wölfen unterwerfen und alle drei Wochen verängstigt in unsere Häuser einschließen? Ist das jetzt unsere Zukunft?*

Beim letzten Gedanken schüttelte ich den Kopf über meine Dramatik, wusste aber dennoch keine Antwort auf diese Frage. Für einen Moment hielt ich inne, um sicherzugehen, dass meine Mutter, die nur bei offener Tür schlief, mich auch nicht von meinem Vorhaben abhalten konnte. Vielleicht tat ich das auch aus Hoffnung, sie würde es doch tun.

Letztendlich fand ich mich keine Minute später doch schon auf der feuchten Asphaltstraße vor unserem Haus. Ungewohnte Wärme umspielte mich und die frische Frühjahrsluft roch nach Regen. Schon bald quietschte das feuchte Laub unter meinen Sohlen und als ich meinen Blick zum Himmel richtete, entdeckte ich hier und da funkelnde Sterne und einen halben Mond, der von einer Wolkendecke umhüllt wurde, als würde sie ihn zart zudecken.

Noch jetzt spürte ich, wie mein Körper sich nicht ganz entspannen konnte, wie ich mich bei jedem Knacken, jedem Rascheln beherrschen musste, nicht herumzuwirbeln. Doch von Schritt zu Schritt merkte ich immer mehr von der beruhigenden Wirkung der nächtlichen Natur und meine Atemzüge wurden wieder tiefer. Der Druck auf meiner Brust, die Hand um meine Kehle, mit der ich in den letzten Tagen herumgeirrt war, lösten sich langsam. Vor nicht einmal zwei Wochen hatte ich das letzte Mal meinen Spaziergang ohne dieses nervöse Kribbeln durch den Wald gemacht, doch es fühlte sich wie Monate her an. Und trotzdem hatte ich das Gefühl, mich umdrehen und meine Umgebung checken zu müssen. Aber ich verbot es mir.

Das musste aufhören. Wir mussten einen Weg finden, dass die Menschen sich hier nicht mehr fürchten mussten. Wir mussten diese Stadt wieder sicher machen. *Wir.* Ich schnaubte. Ja sicher, was sollte ich nur als zerbrechlicher Mensch verrichten können?

Mein Blick galt wieder dem Weg neben mir und glitt zu den Laternen, die mal hell leuchteten, mal flackerten, mal völlig den Geist aufgegeben hatten, wie an der Stelle, an dem Robs Auto attackiert worden war. Die Erinnerung daran ließ mich noch immer schwer schlucken, aber es gelang mir schon viel besser, mir einzureden, dass das erst mal nicht wieder passieren würde. Dennoch konnte ich das Gefühl, beobachtet zu werden, nicht abschütteln. Wie lange ich wohl brauchen würde, bis ich es loswurde?

Meine Augen mussten sich erst vom flackernden Licht an fast unendliche Dunkelheit gewöhnen. Je länger ich ging, je tiefer ich durchatmete, desto mehr wich meine

Angst. Warum war da nur dieses Bauchgefühl, mir würde jemand ...

Ein Knacken ließ mich abrupt stoppen. Der Wald war auch bei Nacht immer in Bewegung, doch das hier war anders. Das hier klang nicht nach Wald. Eisige Gänsehaut krabbelte meine Glieder hinauf.

Langsam drehte ich mich und schnupperte in der Luft, suchend nach dem Geruch von nassem Hund. Wie lächerlich. Als wäre ich der Wolf mit dem scharfen Geruchssinn. Was machte ich mich hier zum Narren?

Riechen würde ich sicher nichts, aber ich erkannte auch nichts im schwachen Licht des Halbmondes. Kein Knurren, keine rotglühenden Augen. Nur ein weiteres Knacken.

Innerlich schrie ich meine Augen an, dass sie sich gefälligst anstrengen sollten, etwas zu erkennen. Aber ich konnte noch nie gut Befehle erteilen.

Mit pochenden Ohren beschloss ich, meinen Weg fortzuführen. Es war keine Wolfwoche mehr. Ich war sicher.

Sicher, Rylee. Du bist sicher, redete ich mir immer wieder stumm zu. Doch die Gänsehaut und das eisige Prickeln wurde ich einfach nicht los. Schwach keuchend rieb ich mir meine feuchten Handflächen an der Hose ab.

Vielleicht war es dumm gewesen, auf Sam zu hören? Vielleicht war es eine dumme Idee gewesen, wieder in den Wald zu kommen? Und Dummheit musste bestraft werden. Würde ich jetzt so enden, wie Topper? Oder schlimmer, wie mein Vater?

Stumm schlotternd schüttelte ich den Kopf, um diesen

vermaledeiten Gedanken loszuwerden, und erstarrte im nächsten Moment.
Wieder dieses Knacken! Und ein Rascheln hinterher.
Mein Herzschlag verdoppelte sich und ich war mir sicher, nicht mehr allein zu sein.
Nie wieder. Nie wieder in den Wald bei Nacht. Egal, ob es Zeit war oder nicht. Nie wieder in den Wald bei Nacht. Ab diesem Moment war mir klar, dass das so nicht weitergehen durfte. Sam durfte erst mal nicht wieder zu einem Menschen werden. Vorher musste er es irgendwie schaffen, die Gefahr einzudämmen. Nur wie?
Meine zitternden Beine machten Halt und ließen mich meiner weichen Knie bewusst werden. Mit beängstigend lautem Herzklopfen merkte ich, wie ich den Atem anhielt. Ganz sicher würde es mich verraten. Ganz sicher würden mich meine bleischweren Beine betrügen. Ganz sicher war das hier ein Fehler, denn trotz meines eigenen Klopfens im Ohr hörte ich ein Keuchen. Und es war nicht ich.
Aber die Zeit der Wölfe war doch zu Ende!, redete ich mir immer wieder ein. Nur glaubte ich mir nicht mehr. Aus irgendeinem Grund erschien es mir logischer, dass Sam mich belogen oder sich geirrt hatte, als dass ich grundlos den kalten Schweiß im Nacken spürte.
Töricht! So töricht!, schalt ich mich. *Du hast ihm doch tatsächlich geglaubt. Einem Werwolf!*
Ja, *meinem* Werwolf.
Und jetzt wirst du büßen.
Ein Klicken holte mich aus meiner Selbstpsychose und ließ mich zusammenzucken.

Seltsamerweise schraubte mir dieses Geräusch die würgende Hand der Angst noch fester um die Kehle, als ich verstand, was das zu bedeuten hatte. Sam hatte mich vielleicht nicht angelogen. Ich wurde nicht verfolgt von einem Werwolf, sondern von einem Menschen.
Ich wusste nicht, was mich dazu veranlasst hatte, denn eigentlich wusste ich sehr genau, was einen bewaffneten Menschen zum Schießen veranlasste; und trotzdem wirbelte ich mit einer schnellen Bewegung herum und hatte plötzlich eine Pistole im Gesicht.
»Rylee.«
Der Schock ließ mich zu Stein erstarren und raubte mir meine Stimme. Ich wollte etwas erwidern, aber der Schrecken hatte mich zu fest in seinen Klauen, dass ich für einen Moment nicht mal nach Luft schnappen konnte.
Das war ein Scherz. Ein schlechter Scherz. Wie sie hier stand, in dunkler Cargohose und ihrem abgewrackten Parker, die dunklen Haare wie Katniss Everdeen in einen Zopf geflochten und die Knarre wie Black Widow auf mich gerichtet. Ich suchte Erleichterung in ihrem Gesicht. Erleichterung, dass nur ich es war, ihre beste Freundin, die sie im Wald erwischt hatte und nicht der Tod. Doch ihr Blick war kalt, ihre Lippen ernst verkniffen. Mir jedoch fiel die Angst wie nasse Säcke vom Leib und meine Stimme fand in einem hysterischen, kurzen Auflachen, den Weg zu mir zurück.
»Sky, hast du mich erschreckt. W… was machst du hier?« *Und warum hältst du eine Waffe auf mich?*
Mein Blick glitt von der im schwachen Mondlicht

schimmernden Pistole in ihrer Hand zu ihrem gefassten Gesichtsausdruck, zurück zur Waffe und wunderte mich, dass sie sich keinen Millimeter rührte. Die dunkle Öffnung der Knarre, in die ich jetzt schon etliche Herzschläge starrte, ließ mich unruhig mein Gewicht von meinem linken auf meinen rechten Fuß und wieder zurück verlagern.
»Dasselbe sollte ich dich fragen«, gab sie gepresst zurück und ließ endlich die Waffe sinken, hielt sie aber trotzdem noch schussbereit vor ihrer Brust. Ihre Katzenaugen, die jetzt fast so schwarz wie die Nacht wirkten, hefteten sich an mich und verfolgten jede kleinste Bewegung. Was war das hier? Ein schlechter Scherz?
»Ich ... ich konnte nicht schlafen und hab einen ... Spaziergang gemacht«, stammelte ich und ärgerte mich, dass die Waffe mich nervöser machte, als dass mich die Gestalt meiner besten Freundin beruhigte. »Und du?«
»Ich auch.«
»Mit einer verdammten Pistole?«
Ich spürte, wie sich meine Stimme langsam fester anhörte, aber das eiskalte Prickeln in meinem verschwitzten Nacken blieb, denn sie sah nicht aus, als wenn sie die Waffe einstecken würde. Vielmehr als wollte sie bereit sein, falls ich mich auf sie stürzte.
»Du weißt doch, was hier rumläuft. Ich muss mich schützen«, antwortete sie. Irrte ich mich oder hatte ich gerade einen Schlenker in ihrer gepressten Stimme gehört?
Ja, ich wusste, was hier herumlief. Aber ich wusste auch aus erster Hand, dass die Zeit erst mal zu Ende sein

würde. Nur hatte Skylar diese Informationen nicht und lief gerade im Glauben, im Schatten der Pinien und Kiefern, jeden Moment auf die rotäugige Kreatur, die uns neulich gerammt hatte, zu treffen. So erklärte ich mir jedenfalls die Waffe in ihrer Hand. Die immer noch auf mich gerichtet war.

»Aber warum bist du dann überhaupt hier? Angezogen, als wärst du ein Söldner auf Jagd?«

Skylar sah mich lange an. Als wollte sie mir damit ihre offensichtliche Lüge ins Hirn brennen, als würde ich ihr so glauben. Der Wald war zwar auch ein Teil ihrer Heimat, aber nicht ihr Rückzugsort. Sie hatte es immer verstanden, dass ich ihn als den meinen auserkoren hatte, aber es nie mit mir geteilt.

»Wie ich schon sagte, ich konnte auch nicht schlafen.«

Und schon wieder klang ihre Stimme seltsam fad und stark zugleich. Als würde es ihr schwerfallen, jedes Wort mit derselben Schärfe herauszubringen. Sie hätte mir ihre Skepsis ins Gesicht schreien können, es wäre nicht offensichtlicher gewesen, dass sie mir aus irgendeinem Grund nicht über den Weg traute. Nur konnte ich mir nicht ausmalen, was sie dazu veranlassen sollte.

»Skylar. Komm schon, ich weiß, dass du lügst. Ich kann dein Herz bis hierhin rasen hören.« Ich tat besänftigend lächelnd einen Schritt auf sie zu und wusste im nächsten Moment, dass ich einen Fehler begangen hatte, als sie die Waffe hochriss und direkt auf mein Gesicht zielte. Die Knöchel ihrer Hände, mit der sie den Schaft umklammert hatte, traten weiß hervor. Erschrocken und mit erhobenen Händen wich ich wieder einen

Schritt zurück.

»Also bist du *doch* einer von denen!«

Was?

Ihre Stimme schnitt mir die Luft ab und für einen Moment war ich zu perplex, um zu antworten.

»Ry, bitte sag mir, dass das nicht stimmt. Sag mir, dass du mich nicht die ganze Zeit angelogen hast!«

Nun zitterte ihre Stimme genauso wie ihre Hände und ließen ihre gefasste, breitbeinige Stellung kurios unsicher wirken. Aus ihren verkniffenen Lippen wich jegliches Blut und ihre Augen flehten mich stumm an.

»Ich …«, wusste nicht, was ich darauf erwidern sollte. Unterstellte sie mir gerade tatsächlich das, was ich vermutete? Wusste sie tatsächlich von der Existenz der Werwölfe? Wie konnte ich das herausfinden, ohne Sam versehentlich zu verraten?

»Ich …«, stotterte ich armselig weiter und versuchte, einen meiner rasenden Gedanken einzufangen. Hölle, was passierte hier nur? Wie hatte mich eine einfache Redewendung so in die Zwickmühle rauschen lassen?

»Mensch oder Wolf?«, brüllte mich Skylar auf einmal an, dass ich verschreckt zusammenzuckte. Die Waffe weiterhin auf meinen Kopf zielend, die Stimme ungewöhnlich flatternd, der Blick noch immer flehend.

Ich wollte mir in den Arm zwicken, um mich zu vergewissern, dass das hier kein Traum war. Als ich meine erhobene linke Hand zur Faust ballte und bei dem verräterischen Brennen, das es aussandte, resigniert die Zähne zusammenbiss, richtete sich den Lauf auf meine geballte Faust, als hätte Skylar Angst, dass ich sie jeden

Moment zwischen ihre Rippen rammen würde, um sie dann kampfunfähig zu verspeisen.

Ich war unfähig, mich zu bewegen. Sie hielt doch tatsächlich ernsthaft eine Waffe auf mich. Eine echte Waffe! Ein abrutschender Finger und ich war meine Hand los, verdammt!

»Mensch oder Wolf?«, wiederholte sie mit einer verwirrenden Mischung aus Wut und Verzweiflung in ihrem Gesicht. Ihre Worte hallten von den dünnen Bäumen wider.

Irgendetwas klickte in meinem Kopf und meine verkrampften Muskeln lösten sich langsam, ganz langsam. *Das ist viel zu gefährlich hier, Mann! Die Waffe viel zu klein! Dein Übermut zu leichtsinnig! Was, wenn hier wirklich noch Wölfe wären?*, hatte ich sie anschreien wollen, doch ich hauchte nur: »Du bist doch keine Jägerin. Skylar!«

»Rylee, zum letzten Mal!« Nun war jegliche Verzweiflung in ihrer Stimme der Wut gewichen. »Bist du ein Mensch oder ein Wolf?«

Weiter zurückweichen konnte ich nicht. Ein Baum lehnte sich höhnend über mich auf. Sie meinte es doch tatsächlich ernst.

»Das …, das war nur eine Redewendung. Ich …« Die Erkenntnis, der Schreck raubte mir von Neuem die Stimme und ich japste nach Luft. »Glaub mir … i…, ich bin genauso menschlich wie du.«

Meine stotternden Worte mussten so skepsiserregend wirken, dass ich weiterplappern musste: »Wäre … ich ein W… Werwolf, dann hättest du es schon längst bemerkt.«

Skylars Blick wurde hoffnungsloser und ich merkte, dass das ihr nicht reichte. Wie konnte sie nur so skeptisch mir gegenüber sein? Ihrer besten Freundin!
Also holte ich tief Luft, ließ meine Hände sinken und straffte die Schultern. »Ich bin ein Mensch«, fügte ich mit fester Stimme hinzu und klang endlich überzeugend.
Doch Skylar sah mich weiterhin trübsinnig an, lockerte den Griff um die Waffe nur widerwillig, hielt sie mir trotzdem noch vor die Brust. Ihr Mund war geöffnet, als wollte sie etwas sagen, doch sie blieb stumm und ließ ihre zusammengezogenen Augenbrauen für sich sprechen.
Verdammt, was wollte sie denn hören? Und was wusste sie überhaupt? Und woher?
»Sky.«
Ich beobachtete, wie sie langsam die Waffe sinken ließ, mich aber weiterhin im Visier hatte.
»Wir waren doch schon zu… zusammen n… nachts draußen! U… und ich war nach Sonnenuntergang noch bei dir. Hätte … ich dich sonst heute n… nicht schon viel früher gehört? I… Ich wollte wirklich nur frische Luft schnappen. Wirklich.«
Das schien sie endlich zu überzeugen, denn sie sicherte die Pistole endlich und ließ sie schließlich neben ihrem Bein baumeln. Mit einem tiefen Seufzen fielen ihre Schultern zusammen, als hätte ihr das Misstrauen jegliche Energie geraubt.
»Du hast recht. Sonst hättest du mich wirklich schon viel früher entdeckt.« Sie fasste sich an die Stirn, als

warf sie es sich tatsächlich vor.

Schon viel früher? Wie lange war sie mir gefolgt?

»Gott sei Dank«, fuhr sie fort, »ich hätte dich nie t... töten können.« Dann lächelte sie mich erleichtert an, wohingegen ich wieder erstarrte.

»Tö... töten?«, wisperte ich mit trockenem Hals.

»Stimmt«, überging sie meine Frage, »ich bin keine Jägerin. Noch nicht. Aber ich werd nicht weiterhin tatenlos zusehen, wie die Wölfe uns nicht nur den Wald, sondern bald die ganze Stadt wegnehmen.« Sie ballte ihre freie Hand zur Faust.

Mein erster Gedanke war: *Sam, lauf!*

Mein zweiter war, dass ich auf keinen Fall Verdacht auf Sam richten dürfte.

Also überlegte ich, mich dummzustellen, und wischte mir über den klatschnassen Nacken. Langsam ließ mich der Schweiß frösteln. »Aber verwandeln sich Werwölfe nicht nur bei Vollmond?«

Skylar schüttelte den Kopf und steckte ihre Waffe in die Seitentasche ihrer Hose. Anscheinend war ich auf dem richtigen Weg, denn sie glaubte mir meine Unwissenheit. »Nicht diese. Anscheinend passiert es bei ihnen ungefähr Woche vor und nach dem Vollmond.«

Zwei bis fünf Tage, verbesserte ich sie stumm, führte mein Schauspiel aber fort: »Du meinst das also ernst. Es gibt wirklich Werwölfe in unseren Wäldern?«

Es tat mir von Herzen weh, sie so vorführen zu müssen, aber ich hatte keine andere Wahl, wenn ich Sams Identität schützen wollte.

Skylar winkte mich zu sich. »Willst du das auf dem Weg

nach Hause bereden? Es ist schon spät und ich wollte eigentlich schon vor zwanzig Minuten wieder zurück.«
Bis du mich gesehen hast, fügte ich gedanklich hinzu, nickte ihr aber zu und stieg mit ihr zusammen durch das dunkle Dickicht. Meine Glieder waren noch immer verkrampft und meine Knie weich wie Butter. Wo war ich hier nur hineingeraten?
»Ja, es gibt sie wirklich«, sagte Skylar dann endlich. »Ich habe es selbst erst nicht geglaubt, aber ich habe sie beobachten können.«
Bist du des Wahnsinns?!, hatte ich sie anschreien wollen, hielt aber den Mund.
»Mein Dad und seine Kollegen sind völlig blind. Sie merken nicht mal, was los ist, wenn sie einen verdammten Anruf mit wertvollen Insiderinformationen bekommen.«
Ein Anruf mit wertvollen Insiderinfos? Irgendwas klingelte in meinem Hinterkopf, doch wollte mir nicht einfallen, worauf sie anspielte.
»Spätestens bei Mrs. Martens Auto hätte es klar sein müssen, dass es kein Mensch war. Ich meine, die Hälfte der Stadt munkelt schon darüber, dass es sowas sein muss, wie ein Berglöwe, ein … Bär.«
Ohne sie anzusehen, bemerkte ich ihren Seitenblick, doch zum Glück fuhr sie schnell fort: »Oder halt ein Werwolf. Mein Dad hat doch vor einigen Tagen erzählt, dass ihn jemand aus Willow Creek angerufen hatte, um ihm von der Ursache der Vorfälle zu erzählen. Aber sie waren so dämlich, nicht darauf zu hören. Also hab ich mich selbst vor ein paar Tagen mit Rob nach Willow

Creek aufgemacht und Kontakt hergestellt.«
Mit einem lauten Klirren fiel der Groschen in meinem Kopf. Verdammt, sie hatte mir letztens erst davon erzählt und ich hatte nicht in Betracht gezogen, dass sie auf der richtigen Fährte sein könnte?
»Es gibt ein paar Leute dort, die mir Vorfälle mit Werwölfen bestätigen konnten«, fuhr sie fort. »Es gibt nicht viele, die welche gesehen haben – aber es gibt sie. Und Rylee, bitte flipp jetzt nicht aus, aber ich bin mir ziemlich sicher, dass auch ein Werwolf gegen Robs Wagen geballert ist. Kein Bär.«
Ich sog lautstark Luft ein. Aber nicht, weil mich Skylars Erklärung schockte, sondern die Tatsache, wie *viel* sie wusste. Hölle, hätte ich ihr vor ein paar Tagen nur ausgeredet, nach Willow Creek zu fahren!
»Nein!«, hauchte ich mit ehrlicher Erschrockenheit.
»Doch!«
»Oh ...« Keuchend stieß ich die angehaltene Luft aus. *Oh Sam, in was hast du mich hier reingezogen?* Was passierte hier nur? »... mein Gott, das ergibt Sinn«, kaschierte ich meine Pause.
»Ry, ich war mir erst nicht ganz sicher, aber du kannst froh sein, dass die Zeit der Verwandlung wohl gerade wirklich zu Ende ist. Ansonsten ...« Sie musste den Satz nicht beenden, ich wusste, was sie hatte sagen wollen. »Also, warum zur Hölle begibst du dich in diese Gefahr?!« Plötzlich blieb sie stehen und stemmte wütend die Hände in die Hüften.
Perplex von ihrem Stimmungswechsel blieb ich ebenfalls stehen und blinzelte sie an. »Ich ...«, ... wusste

wieder nicht, was ich antworten sollte. Sam hatte mir ja versichert, dass ich nichts zu bedenken hätte. Dass ich nun von meiner eigenen besten Freundin bedroht werden würde, hätte niemand voraussehen können. »Ich ... Warum hast du denn mir nicht davon erzählt, als du davon erfahren hast?«

Zwar fiel es mir bei Sam, so wie auch bei Skylar immer leichter, den Mund aufzumachen und meine Gedanken auszusprechen, aber dennoch ließ mich dieses bekannte eisige Kribbeln, etwas Falsches gesagt zu haben, auch jetzt nicht in Ruhe. Dabei konnte ich es mir erst recht in diesem Moment nicht erklären. Es war doch wohl gerechtfertigt zu wissen, warum meine beste Freundin von der Quelle der hiesigen Geschehnisse wusste, mich aber nicht mit einweihte – und das, obwohl sie doch wusste, was mir dieser Wald bedeutete. Andererseits hatte ich es ja auch gewusst ...

Skylars Seufzen riss mich aus meinen Gedanken.

»Ich weiß auch nicht. Wie Tom sagt, in menschlicher Form können wir die Wölfe nicht von uns unterscheiden. Ich ... ich war auf einmal so skeptisch gegenüber allem und jedem. Selbst gegenüber Rob oder ... oder Sam. Sogar dir.«

Bei Sams Namen spannte sich jegliche Muskulatur in mir an, als würde sie eine harte Schale um die Wahrheit in mir bilden wollen. Mein Herz pochte auf einmal wieder so laut, dass es die Frage, wer zur Hölle Tom wohl war, völlig übertönte.

»Dämlich, oder?« Skylar lachte schnaubend und löste damit wenigstens ein klein wenig die elektrisierende

Spannung in meinem Körper. »Dabei waren du und Rob doch im selben Auto wie ich, als wir von diesem Monster gerammt wurden.«
Aber sie sagte nichts von Sam. Er hatte kein Alibi bei ihr. Trotzdem fuhr sie fort: »Wie gesagt, es war dumm, alle zu verdächtigen. Irgendwie hab ich wohl etwas zu sehr genossen, dass hier endlich mal was passiert.«
»Stimmt«, wisperte ich und wusste nicht, wieso ich die nächsten Worte auf einmal aussprach: »Du hättest es mir erzählen können.« *Können, nicht müssen!*, dachte ich, um mir nicht zu heuchlerisch vorzukommen, von ihr die Wahrheit zu verlangen, während ich eines der größten Geheimnisse meines Lebens mit mir herumtrug.
»Ich weiß.« Skylar stieß mich lächelnd an. »Das war auch das Einzige, was ich dir verschwiegen habe. Ich schwör's dir! Und eigentlich hast du recht, je mehr wir auf unsere Seite holen, desto effizienter kämpfen wir!«
Halt stop, so war das nicht gemeint!
Sie legte den Arm um mich und auf einmal kam ich mir so falsch vor, von ihr Offenheit zu verlangen. Noch dazu war mein Kopf so voll mit der Sorge um das Problem, in dessen Arm ich nun steif wie ein zu altes Baguette lag, dass ich fast nicht mitbekommen hätte, wie Skylar meine Schulter knuffte und sich dann wieder in Bewegung setzte. Verdammt, wozu hatte ich sie da gerade angestiftet? *Das wollte ich nicht, Sam, ich schwöre!*
»Aber im Ernst Ry, du wusstest doch auch von den Gefahren hier, auch wenn du nichts über die Wölfe wusstest. Bedeutet dir dieser Wald echt so viel, dass du

dein Leben aufs Spiel setzt?«
Wenn du nur wüsstest, Sky.
»Das solltest du echt lassen. Wirklich«, fuhr meine beste Freundin im belehrenden Ton dort. »Du hast zu viel Schiss, deinen Freund zu fragen, ob er dich betrügt, aber du wanderst durch den Wald? Und das nachdem, was uns letztens passiert ist? Ich versteh dich nicht.« Sie schüttelte wieder den Kopf und ich ballte wieder die Fäuste, begrüßte den Schmerz in meiner Linken. »Ich bin heute nur zur Sicherheit noch mal nachsehen gegangen, ob die Zeit dieser Biester wirklich zu Ende ist. Und vielleicht kannst du jetzt erst mal wieder in den Wald, aber in zwei Wochen bleibst du wieder nachts zuhause, ja?«
Meine linke Faust schloss sich fester und fester, dass mir nicht nur die Handfläche brannte, sondern auch meine Fingerspitzen taub wurden.
»Hast recht«, stieß ich zwischen zusammengebissenen Zähnen hervor. Sie lief mit einer lächerlich kleinen Pistole durch den Wald, warf mit Halbwissen um sich und meinte nun, sich als meine Aufpasserin aufspielen zu müssen? Sie begab sich doch selbst auf ein Selbstmordkommando!
Mit einem Atemzug beruhigte ich mich, dass sie es nur gut mit mir meinte. Dass sie nur wollte, dass ich in Sicherheit war, weil sie sich einbildete, Bescheid zu wissen. Doch dabei müsste *ich* darauf aufpassen, dass sie sich nicht in Gefahr begab. Denn wenn sie einem Brady bei Vollmond entgegengetreten wäre, wie sie es bei mir getan hatte, liefe sie jetzt ganz sicher nicht mehr im

Schlendergang neben mir her. Dieser Gedanke schnürte mir den Hals zu und ließ mich fast nach Luft japsen. Wenigstens klang es so, als würde sie Sam nicht verdächtigen.

Sam.

Wir waren beide nicht tief in den Wald gelaufen, sodass wir nach nur einem kurzen Marsch an der ersten zerbeulten Laterne vorbeikamen, als Skylar sich wieder an mich wandte. »Du könntest natürlich auch mit zum nächsten Jägertreffen kommen. Dich vernetzen, Wissen sammeln, trainieren, damit wir uns gegen diese Biester wehren können.«

Diese Biester.

Mein Freund war so ein Biest.

»Ich …«, stotterte ich schon wieder. Hatte ich da gerade richtig gehört? Es gab ein Jägertreffen, bei dem sich Menschen versammelten, um sich zu beraten, wie sie sich gegen Werwölfe wehren konnten? Waren sie alle so fahrlässig wie Skylar? »Ich glaube nicht. Danke.«

»Bist du sicher? Wir müssen nicht weiter wehrlos sein. Gabes Schwester war letztens auch dabei. Und wir sollten noch viel mehr bei uns haben, damit diese Mist-Monster endlich verstehen, dass das hier *unsere* Stadt ist.«

Ich musste schlucken, doch mein Hals war trocken und mein Kopf zu voll, um auch nur einen Gedanken zu fassen. Wie hatten wir vor einer Woche noch entspannt vom Walmart mit den Armen voller Snacks zu ihr schlendern können und nun sprachen wir darüber, wie wir uns der Spezies meines Freundes, die Angst und

Schrecken in Winchester verbreiteten, im Schach halten konnten? Auf einmal wirkte unser Filmabend Wochen entfernt.
»Ich überleg's mir.«
Endlich kamen wir zu der Kreuzung, an der sich unsere Wege für gewöhnlich trennten. Da legte Skylar plötzlich ihre Hand auf meine Schulter und sah mich ernst und doch sanft lächelnd an. »Gut. Aber überleg nicht zu lange. Tom hat recht, wir müssen schnell handeln.« Da war er wieder, dieser Tom. Aber ich hatte keine Chance, über Tom nachzudenken, denn sie sprach gleich weiter: »Sorry noch mal, dass ich dich so erschreckt habe. Und … dass du das so von mir erfahren musstest.«
Glaub mir, ich hab in letzter Zeit schon einiges erfahren.
»Ich bin froh, es erfahren zu haben.« Und das meinte ich tatsächlich so. Denn jetzt konnte ich Sam davon erzählen, dass wir nicht nur ein Problem mit den aufmüpfigen Neulingen, sondern auch mit selbsternannten Jägern hatten. Warum begann mein Kopf erst jetzt zu dröhnen und nicht schon als Skylar mir von ihrem neuen Hobby eröffnet hatte?
»Wir sehen uns morgen, okay? Keine Angst, wir werden uns nicht mehr lang von den Wölfen unterdrücken lassen müssen.« Sie nickte mir noch einmal zu und drückte meine Schulter, während ich mich fragte, ob sie wusste, dass sie mit einigen zur Schule ging. Dass sie sicher sogar neben dem einen oder anderen im Unterricht saß und sich mit ihnen über die unmögliche Menge an Hausaufgaben ausließ. Und das wollte sie alles vergessen, damit sie nur die dunkle Seite an ihnen sah, damit

ihr das Töten leichter fiel? Würde sie das überhaupt können? Einen Mitschüler töten, nur weil er dazu gezwungen worden war, alle vier Wochen nachts durch den Wald zu streunen?

Auf einmal spürte ich, wie sie ihre Arme um mich schlang und mich in eine überraschende Umarmung zog, dass ich perplex für zwei Atemzüge regungslos dort stand, bis ich die Umarmung erwiderte.

»Ich bin nur froh, dass du keiner von ihnen bist. Ich wüsste nicht, was ich dann getan hätte«, murmelte sie in meine Jacke und mir wurde klar, dass sie es vielleicht wirklich konnte. Dann wurde mir übel.

Oh Sam ... wo sind wir da nur reingeraten?

So schnell sie sich in die Umarmung gestürzt hatte, so schnell ließ sie mich auch wieder los und gab mir einen Klaps auf die Schulter. So wie ich es von ihr gewohnt war.

»So, und jetzt ab nach Hause mit uns. Sonst pennen wir morgen in Mathe ein!«

Ich nickte und verabschiedete mich, erinnerte mich später aber weder an die Verabschiedung noch an den Weg nach Hause. Nur erinnerte ich mich an das beklemmende Druckgefühl, das mir auf meine Brust presste und mich weiterhin nicht einschlafen ließ.

Du solltest in den Wald gehen. Der einzige Ort, an dem du wirklich den Kopf frei bekommst. Nur war mein Kopf mittlerweile leider zum Explodieren voll.

Kapitel 22

Mein Wecker riss mich mit rücksichtsloser Lautstärke aus dem Schlaf, sodass mein Tag mit einem Schrecken begann. Tief durchatmend fuhr ich mir durch das verschlafene Gesicht. Gut, dass ich mich bereits aufgesetzt hatte, denn meine Lider waren so bleischwer, dass ich sie nicht einen Millimeter öffnen konnte und so sicherlich gleich wieder in den unerholsamen Schlaf geschlittert wäre.
Ich fühlte mich wie in einer Illusion einer Parallelwelt, aus der ich schleunigst entfliehen wollte.
Dass die Sicherheit von Winchester von Untieren bedroht wurde, hatte ich mittlerweile als Alltag verstanden, auch wenn ich es noch immer nicht hinnehmen wollte, dass mein Wald nun nicht mehr *mein* Wald war. Dass Sam durch die Energie des Mondes zur Verwand-

lung gezwungen war und sich zu diesen Untieren zählte, jagte mir jetzt noch einen Schauer über den Rücken, aber trotz der Veränderungen seines Temperaments und seiner … nennen wir es mal gesteigerte Fürsorge, war er noch immer der Sam, dem ich nur liebend gern mein Herz überlassen hatte. Es war okay für mich, dass er so war, wie er nun war, weil er mit allen Mitteln versuchte, mich so gut wie möglich vergessen zu lassen, dass er nun eine Woche im Monat eine Kreatur der Nacht war. Weil er versuchte, mich mit allen Mitteln dort rauszuhalten.

Meine linke Handfläche kribbelte brennend, als ich mir beide Hände gegen die Wangen drückte. Dass wir nun unwiderruflich verbunden waren, machte mich wütend und unsicher zugleich, doch die Message hinter der Manipulation ließ mir jetzt tatsächlich zum ersten Mal Tränen in die Augen steigen: Sie wollten mich entweder tödlich verletzen oder mich in ihr Rudel holen. Beides bedeutete, dass mir mein menschliches Leben geraubt werden würde.

Und nun erschütterte noch ein weiteres Problem mein ödegeglaubtes Leben: Skylar und ihre Jagdgruppe.

Nicht nur, dass meine beste Freundin sich wie einer der Winchesterbrüder aufspielte und sich unwissentlich in unsagbare Gefahr mit ihrer lächerlich kleinen Pistole begab – nein, sie war auch noch Teil einer Bewegung, die sich nicht mehr von den Wölfen einpferchen lassen wollten. Sollte ich mich über die Hoffnung, dass wir doch nicht so wehrlos ausgesetzt waren, wie ich noch bis gestern geglaubt hatte, freuen? Oder beobachtete

ich hier gerade die ersten Züge eines Konflikts, deren Ausmaße ich mir nicht einmal ausmalen wollte?
Während ich langsam doch endlich die Augen richtig geöffnet bekam und ratlos meine linke Hand öffnete und schloss, kam mir ein weiterer Gedanke: Ich war nicht nur schüchtern, sondern auch schwach. Die Wunde in meiner Hand hatte den Weg der Heilung schon angebrochen, sodass ich mittlerweile ohne schlecht verbundenen Verband herumlief, aber sowohl dieser als auch der Schnitt an meinem Oberarm brannte noch immer zart bei jeder Bewegung, während auf Sams Arm nur noch eine bleiche Narbe zu sehen war. Ich heilte langsam, ich rannte langsam, ich verkroch mich vor Angst in meinem Zimmer und bemitleidete mich selbst. Skylar hingegen nahm die Zügel in die Hand und versuchte, ihre Wehrlosigkeit mit Entschlossenheit zu überdecken und bildete sich mit Schießtraining und Jägerversammlungen weiter. Dass Sam uns allen überlegen war, musste ich nicht einmal in Gedanken erwähnen.
Sam.
Ob Sam schon von dem Zusammenschluss wusste? Vielleicht hatte er mir mal wieder extra nichts gesagt, um mich aus seiner neuen Welt zu halten. Vielleicht war er ahnungslos. Egal wie viel er wusste, ich wollte mir nicht ausmalen, was er täte, wenn er die Wahrheit über Skylar herausfand.
Bei dem Gedanken stockte mir der Atem und mit einem Mal war ich hellwach.
Ich wollte nicht wissen, was Skylar täte, wenn sie alles

über Sam herausfand. Als sie mich verdächtigt hatte, hatte sie verzweifelt, aber entschlossen gewirkt. Ob sie wirklich auf mich geschossen hätte? Mich töten hätte sie nicht gekonnt, hatte sie behauptet. Aber wie würde es bei Sam aussehen? Oder bei den anderen, die in ihrer Freizeit auch nur gewöhnliche Menschen waren?
Ein Blick auf meinen Wecker verriet mir, dass ich mich unbedingt für die Schule fertigmachen sollte.
Doch meine Beine wollten mich einfach nicht aus dem Bett tragen und in meinem Kopf bohrte sich plötzlich jeder noch so kleine Gedanke dröhnend in mein Hirn, dass ich Angst hatte, er würde explodieren, wenn ich ihn auch nur berührte.
Ich wollte Skylar genauso wenig sehen, wie jeden anderen Menschen, der mich mit unnützem Smalltalk vom unwichtigen Unterricht abhielt. Ich wusste nicht, wie ich ihr seit gestern Nacht über den Weg laufen sollte. Ähnlich verhielt es sich mit Sam. Keine Ahnung, wie ich mich verhalten sollte, welche Fragen ich stellen, welche ich unausgesprochen lassen sollte, ohne auch nur einen an den anderen zu verraten. Und trotzdem wollte ich auf beide zurennen und ihnen die volle Wahrheit erzählen, in der Hoffnung, dass sie sich versöhnten und einander klarmachten, dass sie keinen Stress, nur Frieden wollten.
Mit einem unendlich müden Seufzer schwang ich nun doch die Beine aus dem Bett und torkelte benommen in die Küche, in der meine Mutter bereits Kaffee kochte. Der Geruch gerösteter Bohnen und das Dröhnen der Maschine hüllten die untere Etage in eine entspann-

te und gleichzeitig nervtötende Atmosphäre.
»Mom?«
Meine Mom wirbelte mit ihrer *Best Mom ever* Tasse, die mein Bruder ihr in der Vorschule geschenkt hatte, in der Hand zu mir herum. Sie trug noch ihren Pyjama, doch ihr Gesicht sah so wach aus, als wäre sie frisch geschminkt aus dem Bett aufgestanden.
Stirnrunzelnd hob sie den Blick von der Zeitung in ihrer anderen Hand und betrachtete mich von oben bis unten. Ein flüchtiger Blick auf den *Daily Winchester* in ihrer Hand schüttelte mich mit einem weiteren Schauer.
»*Mann hört mysteriöse Geräusche im Wald und entkommt nur knapp*« lautete die Überschrift des Artikels auf der Titelseite.
»Ist heute Auf-Links-Tag?«, riss mich meine Mutter aus meiner Starre und zog eine Augenbraue hoch.
Regungslos und verdutzt sah ich an mir herunter.
Tatsache: Nicht nur meine Pyjamahose zeigte ihre groben Nähte an den Seiten meiner Beine, selbst mein Oberteil hatte ich falsch herum angezogen. Schon wieder.
»Mom, ich fühl mich nicht gut. Ich hab unsagbare Kopfschmerzen.« *Keine Lüge.* »U... und mir ist schlecht. Als ... müsste ich mich jederzeit ... übergeben« *Okay, Lüge.* Aber die hatte ich hinterherschieben müssen, damit sie nicht auf die Idee kam, mich mit einem Vorrat an Aspirin doch zur Schule zu schicken.
»Huch? Schon wieder? Du wirst doch wohl jetzt nicht krank?« Sie kam auf mich zu, noch immer die leere Tasse in der Hand, als könnte sie es nicht erwarten, sie

endlich mit dem flüssigen Muntermacher zu füllen, und legte mir ihren kühlen Handrücken auf die Stirn, was mir den Geruch von billigem Papier und Druckerschwärze in die Nase trieb.

»Wow.« Ich suchte die sorgende Nuance in ihren geschminkten Augen, die mich letztens noch überrascht hatte. Doch anscheinend hatte ich die Tür mit meiner Lüge, nach meiner Aussage bei der Polizei wäre alles okay gewesen, tatsächlich den kleinen Spalt der Fürsorge meiner Mutter zugeschlagen, denn ihr Mund verzog sich zwar, doch ihre Augen blieben von jeglicher Emotion unberührt. Ihre Hand, in der sie noch immer die Zeitung hielt, wanderte kühl zu meiner Wange. Sie seufzte. Wirkte sie gerade tatsächlich genervt? »Du glühst richtig. Leg dich zurück ins Bett. Ich werde in der Schule anrufen, dich abmelden und sie bitten, dass sie dir die Hausaufgaben zuschicken lassen.«

Natürlich. Manch einer hätte sich gefreut, dass ihm von seiner Mutter unter die Arme gegriffen wurde, doch ich wusste, dass Mom nur nach einem weiteren Faden in dem Alltag ihrer Tochter schnappen wollte, der ihrer Kontrolle von Jahr zu Jahr immer mehr entglitt. Und gleichzeitig schien sie das auch noch zu stressen. Ob sie darüber wohl auch schon mal mit ihrem Psychiater geredet hatte?

»Nein Mom, um die Hausaufgaben kümmere ich mich schon. Aber danke.« Vielleicht schaffte sie es diesmal ja wirklich, nur für meine Abmeldung im Sekretariat anzurufen.

»Office Meyer erwägt eine Ausgangssperre nach weiterem Vorfall

im Wald Winchesters«, stach mir eine weitere Schlagzeile ins Auge und ließ mich gequält lächeln, bevor ich mich von meiner Mutter – und vor allem den weiteren schlechten Nachrichten – abwandte und die Treppe wieder hinaufschlurfte. Ich hoffte, dass Mom die Zeitung mit auf ihrem Weg zur Arbeit nahm, damit ich später nicht versucht war, einen Blick auf den Artikel über einen weiteren Vorfall zu werfen, wenn ich mir den schwer nötigen Kaffee besorgen würde. Die Zeit der Wölfe war zwar gerade zu Ende, aber ich wollte mittlerweile nicht mehr wissen, was wann wo von wem gehört oder gesehen wurde, wollte nicht, dass noch mehr Leute Verdacht erhoben und sich möglicherweise ebenfalls dazu entschieden, sich irgendeiner drittklassigen Organisation anzuschließen. Vor allem wollte ich nicht mit dem Kontrollfreak von Mutter darüber reden, wie gefährlich es nun in unserer Stadt war. Das wusste ich leider nur allzu besser als sie.

In meinem Zimmer setzte ich mir meine Kopfhörer auf, spielte das neue *Imagine Dragons* Album zum x-ten Mal rauf und runter und beeilte mich, meinen aktuellen Comic zu beenden, damit ich einen Neuen beginnen konnte. Ohne vorher den Plot durchzuplanen, skizzierte ich auf die erste Seite in dicken, zerlaufenen Buchstaben den Titel: *Believe it*. Dann zeichnete ich einfach drauf los und musste mir keinen großen Kopf um die Handlung machen. Sie sprudelte einfach so aus meinen Fingern über den Bleistift auf das Blatt. Alles andere rückte in den dunklen Hintergrund meines Kopfes: die Uhrzeit, der Kaffee, meine Sorgen und meine Angst.

Saß ich mit einem Stift an einem Blatt, gab es nur noch die Geschichte und mich und alles andere wurde unwichtig, sodass ich nach einiger Zeit verwundert gegen die Sonne blinzelte, mit der ich so schnell gar nicht gerechnet hatte. Ein Blick auf mein Handy verriet mir nicht nur, dass es bereits mittags war, sondern auch, dass ich unzählige Nachrichten verpasst hatte.

Sky – 7:32
Morning! Verschlafen oder kein Bock auf Schule? Na ja, dann kann ich die neuen INK Songs wenigstens auf der Busfahrt genießen ;) Melde dich bald!

Sky – 9:38
Mathe ist langweilig ohne dich. Du verpasst was!

Ich seufzte und bezweifelte, dass ich etwas verpasste. Allerdings musste ich lächeln bei dem Gedanken, dass diese Nachrichten vermuten ließen, dass alles normal zwischen uns war. Dass die Stadt sicher war. Wenigstens für ein paar Wochen.

Sam <3 – 8:44
Hey Kleine! Hoffe, du hast gut geschlafen <3 Aber wo bist du? :D

Sam <3 – 9:03
Skylar sagt, sie hätte auch nichts von dir gehört. Alles gut bei dir?

Dass Skylar und Sam miteinander redeten, löste ein unangenehmes Kribbeln in meiner Kehle aus und ich hatte auf einmal das Bedürfnis bei jeder ihrer Begegnungen dabei zu sein, damit sich keiner der beiden verplapperte. Wenn Skylar schon eine einfache Redewendung misstrauisch machte, wollte ich nicht wissen, was ihre Skepsis noch anfachte. Ein unpassendes Lächeln umspielte meine Lippen, als mir der Gedanke kam, dass ich das erste Mal auch mal Sam schützen konnte. Dieses Lächeln erstarb aber augenblicklich, als ich Sams letzte Nachricht las:

Sam <3 – 11:59
Ry, hast du die schon gesehen? Weißt du was darüber? Meld dich, ich mach mir Sorgen.

Ich öffnete die Vorschau des Bildes und wäre fast vom Stuhl gefallen. Es zeigte zwei Poster, die an der Säule gleich neben der Mensa angebracht worden waren. Das Linke kannte ich bereits. Die grellgelbe Schrift forderte uns schon seit Tagen auf, nicht allein und bloß nicht nachts rauszugehen. Und obwohl ich nun den Grund dafür kannte, löste es immer noch das unwillkürliche Augenrollen von zuvor bei mir aus. Doch das Rechte war neu und ließ mein Herz kurz stolpern.
Es war nicht so professionell aufgemacht wie das Warnposter, sah eher stümperhaft zusammengekritzelt aus, dass ich mich fast geärgert hätte, nicht bei der Erstellung des Layouts gefragt worden zu sein. Mit Sicherheit hätte ich das Plakat weitaus ansprechender gestalten können, würde dort nicht der Satz prangen: *Wir sind nicht wehrlos! Wer sich nicht einfach ergeben möchte, kommt donnerstags nach Willow Creek!*
Darunter die Uhrzeit und die Adresse, die Skylar mir mit Sicherheit auch nennen würde, wenn ich ihrem

Vorschlag zum Jägertreffen zustimmte.

Der Wirbelwind in meinem Hirn, den ich so gut hatte unterdrücken können, nahm wieder voll an Fahrt auf und schickte mir ein Wummern zwischen die Schläfen. Die Werwölfe wurden zwar mit keinem Wort erwähnt, aber für diejenigen, die Bescheid wussten, war es eindeutig. Zur Hölle, was würde das bei den Werwölfen auslösen? Und was bei den Menschen auslösen? Wie viele würden darauf eingehen?

Ich schüttelte verblüfft den Kopf, als ich merkte, dass ich auch schon in Kategorien dachte. Ich trennte die Werwölfe selbst schon gedanklich von Menschen, als würden sie nicht zusammen mit uns zur Schule gehen und sich über dieselben Hausaufgaben beschweren.

Aus dem Nichts durchzuckte plötzlich ein bollernder Schmerz meinen Kiefer und ließ mich aufschreien. Fast hätte ich mir auf die Zunge gebissen. Mit zitternder Hand rieb ich mir übers Kinn. Was zur Hölle war das?

Ich konnte nicht lang darüber nachdenken, ließ meine Hand auf dem Schreibtisch fallen und fasste mir zischend an den dröhnenden Hinterkopf. Hatte Sam sich schon wieder den Kopf gestoßen? Was passierte hier gerade?

Nein, das war kein Versehen gewesen. Denn plötzlich fingen die Knöchel meiner rechten Hand an zu pochen und ich ballte sie, aber das schickte nur noch mehr zitternde Wellen durch meine Finger. Verdammt, prügelte er sich gerade? Sam, was sollte das?

Der Schmerz in meinem Schädel trieb mir Tränen in die Augen und ich zwang mich, tief durchzuatmen. Schnell warf ich einen letzten Blick auf mein Comic, bevor ich mich in mein Bett warf. Was auch immer jetzt passieren würde, dort wäre ich sicher. Wenn ich mich dort auf den Rücken legte, alle Viere von mir gestreckt, würde ich den Schmerz, den Sam gerade anscheinend erfuhr, über mich ergehen lassen können, ohne mir aus Versehen aus Schreck, selbst den Ellbogen zu stoßen oder tatsächlich die Zunge abzubeißen.

Ein Schlag in die Magenhöhle ließ mich aufheulen und ich krümmte mich. Übelkeit stieg mir in die Speiseröhre und schnürte mir die Kehle zu. Doch das war noch nicht genug. Japsend rissen mir die pochenden Fingerknöchel meiner Rechten auf und nun war ich mir wirklich sicher, dass Sam gerade wirklich auf jemanden einschlagen musste. Sam! Mein Sam!

Zugegeben, eine Prügelei war an sich wirklich nichts Schlimmes. Auf dem Schulhof gab es immer mal wieder Jungs, die sich rauften. Ob aus Langeweile, zu viel pubertären Testosteron oder weil ihre Lieblingsfootballmannschaft gegen die des anderen verloren hatte – alles war mal dabei. Aber Sam hatte nie auch nur einmal ausgeholt und wich jeglicher körperlichen Auseinandersetzung gekonnt aus, obwohl er mit seiner Körpergröße und seinem starken Wurfarm einen Vorteil in jeglichem Handgemenge hatte. Zusätzlich zu seiner neuen unkontrollierten Stärke. Was passierte hier gerade nur mit meinem Freund?

Keuchend blieb ich auf meinem Bett liegen, starrte mit Tränen in den Augen an die Decke und wartete auf den nächsten Schlag in die Magengrube, das Knacken meiner Nase, das Ausfallen eines Zahns. Doch es passierte nichts mehr. Als hätte jemand einen Schalter umgelegt. Aber der Ruhe wollte ich noch nicht so wirklich trauen. Verdammt, ich lag auf meinem Bett und wartete nur darauf, weitere Prügel einzustecken, ohne selbst etwas tun zu können. Ich ballte beide brennenden Fäuste, die zerschnittene linke, die aufgeplatzte rechte, und ließ den Tränen freien Lauf. Ausgeliefert, wehrlos, mit dröhnendem Kopf und schmerzender Übelkeit.

»Was machst du nur, Sam?«, wisperte ich und wartete. Worauf, wusste ich mittlerweile nicht mehr. Wie lang konnte ich auch nicht sagen. Ich lag einfach dort und ließ die Zeit genauso wie meine dumpfen Gedanken an mir vorbeirauschen. Nicht einmal, dass das Album auf meinen Ohren nun schon zum fünften Mal von vorne anfing, merkte ich, bis mich mein vibrierendes Handy aus meinem Gedankenloch riss und die Musik stoppte. Ohne lang zu überlegen, sprach ich torkelnd auf und nahm den Anruf mit zitternder Hand an.

»Gott sei Dank gehst du ran! Es tut mir so leid!, Rylee, so, so leid! Geht es dir gut?«, kam mir Sams aufgeregte Stimme entgegen und ich schüttelte mich sofort bei der Unruhe in seiner Stimme. So aufgewühlt hatte ich ihn früher noch nie gehört, doch in letzter Zeit überwog die Hektik oder Wut so sehr, dass ich mich kaum mehr erinnern konnte, wie er klang, wenn er entspannt war.

»Ich ... ja. Alles okay.« *Eine Halbwahrheit.* Im Hintergrund hörte ich ein Auto an ihm vorbeirauschen. »Was ist passiert? Und wo bist du? Das klingt nicht nach dem Schulhof.« Meine Stimme klang fad und brüchig, dass

ich mich räuspern musste. Jedes Wort pochte in meinem Unterkiefer.
»Ich, äh ... also ...«, fing er an zu stottern und verstummte bei dem nächsten vorbeifahrenden Auto. Entkräftet ließ ich mich auf meinen Schreibtischstuhl fallen, stützte ich meinen Ellbogen neben meinen Stiften auf und vergrub meine Stirn in der angeschnittenen Handfläche. Für eine weitere schlechte Nachricht war ich nun wirklich nicht bereit. Resigniert bat ich ihn: »Mach's schmerzlos. Bitte.«
Er seufzte. »Auf dem Weg nach Hause. Ich wurde suspendiert.«
»W ... was?«
»Ja, nichts Schlimmes. Nur eine kleine Prügelei, wie ...« Er stockte, um Luft zu holen. »Wie du sicherlich mitbekommen hast. Das ... das tut mir wirklich leid, Rylee! Ich habe nicht daran gedacht und jetzt mach ich mir schreckliche Vorwürfe, dass ...«
»Warum hast du dich geprügelt?«, schnitt ich ihm das Wort ab, um keine weitere Entschuldigung zu hören. Es würde mir das Dröhnen im Kopf, den flauen Magen, die zitternde Hand auch nicht nehmen. Nur der Grund, warum mein besonnener Freund auf einmal handgreiflich wurde, war mir gerade wichtig. Oder wollte ich wirklich eine Antwort darauf haben?
»Brady hat sich über die Plakate lustig gemacht. Hast du gesehen, was ich dir geschickt habe?«
Ich nickte, bis mir auffiel, dass Sam das nicht sehen konnte. »Ja«, krächzte ich.
»Ich weiß nicht, wer es aufgehangen hat und was das zu

bedeuten hat, aber was soll ich mich darüber aufregen? Es hängen einige davon in der Schule. Brady hat mehrere abgerissen, sie lachend zerknüllt und höhnend durch die Gänge geworfen. Als ich ihn darauf ansprach, dass er das lieber lassen sollte, wurde er mal wieder aufmüpfig. Faselte etwas von Schwäche, dass es mir leidtun wird, so zu reden, und ich mich lieber darum kümmern sollte, dass dir nichts passiert. Da … da hab ich die Beherrschung verloren. Es tut …«

»… dir leid, ich weiß. Schon okay.« Ob es das wirklich war, wusste ich nicht, aber ich wollte ihn nicht weiter winseln hören. Ein Teil von mir konzentrierte sich auf das Kribbeln, das die Neuigkeit von Sams Schlägerei in meine Magenschmerzen einstreute, ein anderer Teil fürchtete sich auf einmal vor Sams Reaktionen. Seit wann war er so leicht reizbar, so aufbrausend? Ich beantwortete mir meine Frage gleich selber: seit seiner Verwandlung.

»Wirklich?«

»Ja«, log ich.

Kurz wurde es still am anderen Ende.

»Wie geht's deinem Kopf?«, fragte er aus Anstand.

»Spürst du doch. Es könnte besser sein«, gab ich knapp zurück, seufzte dann aber über meine Reaktion. »Ich bin froh, dass es dir gut geht. Aber ich hoffe, du hast es Brady ordentlich gezeigt.«

Sams Auflachen zauberte mir ein Lächeln ins pochende Gesicht. »Und wie. War mal schön, ihm auch in menschlicher Form zu zeigen, was für ein schwächlicher Vollidiot er ist.«

Vor zwei Monaten hätte ich niemals erwartet, so etwas aus seinem Mund zu hören. Doch jetzt musste ich in sein Lachen einstimmen und schob die Sorge um seine Veränderung aus meinem Kopf. Für einen Moment war es lustig, sich über das Karma eines Aufmüpfigen lustig zu machen, auch wenn Sam – und somit auch ich – ebenso dafür hatten bezahlen müssen. Für einen Moment wollte mein Lachen nicht mehr aufhören und es fühlte sich so befreiend an, nach dem ganzen Drama endlich mal nicht mit zitternden Gliedern oder schwitzigen Händen dort zu sitzen und sich selbst zu bemitleiden. Nur leider hielt diese Unbeschwertheit nicht lange an, denn irgendwann verstummte Sams tiefes Lachen und seine Stimme nahm wieder einen unwillkommenen Ernst an.

»Sag mal, du hast aber keine Ahnung, was die Plakate zu bedeuten haben, oder?«

Meine Glieder erstarrten und ich rieb mir schwerfällig über den pochenden Kiefer. Ob mir wohl die Prügelei im Gesicht anzusehen war? Was würde ich dann wohl antworten? Mein Blick fiel auf meine aufgerissene Hand, mit der ich viel länger herumlaufen würde, als Sam, obwohl er sie mir eingebrockt hatte. Zitternd öffnete und schloss meine Faust und merkte, wie schwerfällig die steifen Finger sich bewegen ließen. Ich war ein einziges Wrack. Meine linke Hand zerschnitten, meine Rechte aufgeschlagen. Mein rechter Arm aufgerissen, mein Kiefer am Wummern, mein gesamter Kopf am Dröhnen. Zum Glück nahm die Übelkeit von dem Schlag in den Magen langsam ab und ich fragte mich, wie Sam so durch die Gegend laufen konnte, während ich froh war, nur am Schreibtisch sitzen zu müssen. Oder hatte die Heilung seines Körpers schon begonnen und ich litt alleine?

»Rylee?«, holte mich Sam aus meinen Gedanken, mit denen ich mich von seiner Frage hatte entfernen wollen. Mit denen ich die kurze Zeit hatte auskosten wollen, in der wir zwar in einem Drama, aber noch nicht in einem Desaster steckten.

»Ja«, wisperte ich fast.

»Was?«

»Ja.«

Es wurde still in der Leitung. Wieder ein Auto, das an ihm vorbeirauschte, aber bald würde er zuhause angekommen sein, da er nicht weit von der Schule entfernt wohnte. Ich hörte mein Herz rasen und fragte mich, ob er es auch hörte.

»Okay, und …?«

Gut, keine Zeit mehr zu verschwenden. Ich straffte die Schultern, holte tief Luft und schloss die Augen, während ich hervorpresste: »Das sind Plakate von Wolfjägern aus Willow Creek.«

Wieder Stille, die diesmal nur vom rauschenden Wind im Hintergrund durchbrochen wurde.

»Was?«

»Das sind Plakate von …«

»Ich hab dich verstanden.«, schnitt mir Sam atemlos das Wort ab. »Woher … weißt du das?«, fragte cr und klang nicht so, als würde er gern die Antwort wissen.

Unsicher biss ich mir auf die Unterlippe. Nun war der

Moment gekommen, an dem ich mich entscheiden musste, ob ich mit Sam eine unbrechbare Einheit bildete oder meine beiden liebsten Menschen so weit voneinander fernhielt, wie es nur möglich war. Zu ihrem eigenen Schutz.

Mein Blick glitt wieder zu meiner aufgeplatzten Hand, die bereits um die oberflächlichen Wunden an den Knöcheln blau anlief und mein Entschluss war gefasst.

»Gestern Nacht habe ich Skylar im Wald getroffen und sie … hätte fast auf mich geschossen.« Die Erinnerungen an den offenen Lauf, der auf meinen Kopf zielte, ließ mich auch heute erschaudern. Meine Lippen fühlten sich taub an, als ich sie befeuchtete und weitersprach: »Weil sie dachte, ich wäre einer von euch. Sie hat sich einer Bewegung in Willow Creek angeschlossen, die sich gegen die Übergriffe wehren wollen. Sie wussten recht gut Bescheid über euch.«

Ich konnte Sam förmlich am anderen Ende abwägen hören, ob er mir glauben oder laut loslachen sollte. Verständlich. Ich wusste bis jetzt auch nicht, was ich tun sollte.

»Rob und auch Gabes Schwester waren wohl mit ihr dort«, fügte ich daher hinzu, um seine Entscheidung leichter zu gestalten.

Da erst löste sich etwas in ihm und er raunte: »Das Jägertreffen, von dem er sie letztens abholen sollte.« Er schnaubte und seine Stimme klang plötzlich seltsam gepresst, fast schon geknurrt. »Und ich war so doof und dachte, sie wollte einfach nur einen Jagdschein machen.«

Ich erinnerte mich, dass er deswegen am vergangenen Donnerstag zu mir gekommen war und mir gezeigt hatte, was für ein törichter Dummkopf ich gewesen war. Ob er je von meiner Aussage erfahren hätte, wenn Gabe seine Schwester nicht von der Bewegung gegen Sams Rudel abgeholt hätte? Ob sich dadurch unsere Prägung hätte vermeiden lassen?

Vielleicht wäre durch meine Unvorsichtigkeit sogar etwas noch Schlimmeres passiert?

»Aber du hast mich schon gehört, oder?«, fragte ich ihn. »Ich habe *Skylar* im Wald getroffen. Und sie hätte fast auf mich *geschossen*. Mit einer Pistole.«

»Mit einer Pistole? Aber … aber damit hätte sie gegen uns doch überhaupt gar nichts ausrichten können!«

Obwohl ich mich langsam daran hätte gewöhnen müssen, zuckte ich noch immer zusammen, wenn Sam sich zu den Wölfen zählte.

»Das habe ich mir auch gedacht. Einerseits schien sie nicht gut vorbereitet zu sein und hätte sich in Lebensgefahr begeben, wenn es noch Wolfszeit gewesen wäre. Andererseits wusste sie auch gut über den ungefähren Verwandlungszeitraum Bescheid, sprach von Wissen sammeln und trainieren bei den Jägern in Willow Creek. Es scheint sie schon länger zu geben und ich weiß nicht, ob sie eine wirkliche Bedrohung sein können.«

Warum nannte ich es Bedrohung? Konnten Menschen mit kleinen Waffen eine Bedrohung für riesige Wölfe mit Reißzähnen, so groß wie meine Hand, darstellen?

»Das denke ich nicht«, antwortete Sam trocken und es brachte mich zum Erschaudern. »Jedenfalls noch nicht.

Aber einen Aufstand könnte es dennoch auslösen. Das können wir nicht zulassen.«

Dieser Satz löste plötzlich etwas in mir aus. Von dem einen auf den anderen Moment spannten sich alle meine Glieder schmerzhaft an, beide meiner Hände schickten ein Brennen durch meine Arme, mein Kopf begann sich zu drehen – und doch waren meine Gedanken glasklar.

»Ihr hättet nicht zulassen sollen, dass irgendwelche Neulinge durch den Wald hetzen und wahllos Tiere *und Menschen* anfallen! Ihr hättet nicht zulassen sollen, dass sich ihr Jagdgebiet auf den Stadtrand ausweitet! Ihr hättet nicht zulassen dürfen, dass wir Menschen uns in die Enge getrieben fühlen!«, brüllte ich auf einmal in die mit meinem Handy verbundenen Kopfhörer und schnaufte erbost, bis es mich wie ein Blitz durchzuckte. Ich hatte *wir Menschen* gesagt. Ich hatte uns gerade mit einem Satz in zwei Lager aufgeteilt: Mensch und Biest. Heftig schüttelte ich den dröhnenden Kopf und korrigierte: Mensch und Werwolf. Es gefiel mir nicht, aber es war wahr. In diesem Moment fühlte ich mich Sam so fern wie noch nie und das trieb mir brennende Tränen in die Augen.

»He!«, machte Sam und ich erwartete schon fast, dass er mich zurück anfuhr und ich somit einen unschönen Streit angezettelt hatte. Doch er tat es nicht. Nicht mein besonnener Sam, den ich in der letzten Zeit immer seltener zu Gesicht bekommen hatte.

»He, he, he. Alles wird gut, Rylee. Ja, wir hätten es nicht zulassen sollen, aber der Wald im Naturschutzgebiet ist zu riesig und die Neulinge einfach in der Überzahl. Mit der Zeit werden auch sie Konzentration lernen und die Angriffe werden weniger. Und je mehr zur Besinnung kommen, desto seltener werden sie sich verwandeln und desto mehr können die Aufmüpfigen in Schach halten.«

»Aber die Zeit haben wir vielleicht nicht«, krächzte ich und musste daran denken, wie Skylar reagieren würde, wenn sie herausfände, was ich hier gerade mit einem ihrer selbsternannten Feinde beriet. Ob sie es als Verrat sehen würde? Ob das unsere jahrelange Freundschaft entzweien würde?

Erschöpft stützte ich meinen wirren Kopf auf meine Hände und ließ die erste Träne auf mein Comicbuch tropfen.

»Sie weiß nichts davon, dass es auch vernünftige Wölfe gibt. Sie weiß nur von der Bedrohung. Von den Unkontrollierbaren. Und von ihrem Verlangen, sie zu … töten.« Ich stockte und als Sam nichts darauf erwiderte, hätte ich ihn fast angeschrien: »*Hast du mich gehört? Sie würde sie töten!*«

Eine weitere Träne tropfte auf mein Comicheft und erst jetzt schob ich es von mir weg, damit der Wolf auf dem Blatt nicht noch mehr zerlief. Hölle, ich wollte doch nur, dass diese Stadt wieder sicher wurde – und jetzt wurde sie noch gefährlicher mit den zwei Lagern, die sich gerade bildeten!

»Das werde ich nicht zulassen«, sagte Sam endlich. Im Hintergrund hörte ich seine Schlüssel klimpern und ich wusste, dass er endlich zuhause war.

»Aber wie, Sam? Wie?« Alles wirkte so hoffnungslos verworren. So verzweifelnd kompliziert. Früher hätte ich mir gewünscht, dass mein ödes Leben im kleinen Winchester etwas aufgepeppt wurde, doch jetzt sehnte ich mir meinen langweiligen Alltag zurück. Der langweilige Alltag, in dem es nur wichtig war, wie abgestimmt Skylars und mein Stundenplan war und was Sam nach seinem Abschluss machen würde. Ach, was würde ich nur dafür tun, dieses eintönige Leben gegen die lähmende Gefahr zurückzutauschen.
»Ich rede mit ihr.«
Mein Kopf ruckte hoch und die Schnelligkeit ließ das Nachbarhaus vor meinen Augen kurz schwanken.
»Was?«
»Ich werde mit ihr reden«, wiederholte er, als wollte er nur einen unnötigen Streit mit ihr auflösen. »Sie kennt mich und sie weiß, dass ich vernünftig bin. Also holen wir sie auf unsere Seite, verschaffen uns Zeit und Verbündete. Vielleicht ist das die Lösung, um die Unvernünftigen einzukesseln, wenn wir es schon nicht physisch können: mit Druck von außen.«
»Das ... das meinst du ernst ...?«
Hinter ihm fiel die Tür klickend ins Schloss.
»Und wie ernst ich das meine.«

Kapitel 23

Mein Kopf schwirrte und das konnte der frische, feuchte Fahrtwind auch nicht ändern. So viel, wie in den letzten Tagen passiert war, konnte mein armes, kleines, *menschliches* Hirn nicht auf einmal verarbeiten. Die Gedanken hingen mir sonst wo und der Tag war in einem dicken Nebel an mir vorbeigeflogen. Wie es jetzt schon kurz vor sieben abends sein konnte, war mir ein Rätsel. Die letzte Kraft der Sonne kämpfte sich durch die Wipfel der Pinien und Kiefern und ihr schwaches Licht brach sich in den unzähligen Pfützen der Schlaglöcher. Der Himmel hatte sich bedrohlich rot gefärbt und womöglich wäre ich wann anders stehen geblieben, um das Spektakel zu genießen, jetzt, wo es nach Dämmerung wieder sicher war. Aber nicht heute.

Heute trat ich noch fester in die quietschenden Pedalen und überlegte weiter, ob Sam und ich gleich nicht einen

großen Fehler begehen würden.
In zehn Minuten waren wir mit Skylar bei Sams Zuhause verabredet. Ein seltsames Bild, sie das erste Mal in seinen vier Wänden zu sehen, aber da die Schießhalle, in der sie sich heute wieder mit ihrem Vater traf, näher an Sams Haus als an unseren war, hatten wir uns auf diesen Treffpunkt geeinigt. Noch vor ein paar Tagen hatte ich es einfach abgenickt, wenn sie mir von ihrem *Vater-Tochter-Bindungsevent* erzählt hatte, aber heute wusste ich es besser. Dass sie vorher noch einen von der Schule organisierten Selbstverteidigungskurs besuchte, ließ den Kloß in meiner trockenen Kehle nicht abschwellen. Nein, die Tatsache, dass sie ihren Entschluss, sich zu wehren, mehr als nur ernst nahm, fühlte sich wie eine geballte Faust in meinem Rachen an.
Von dem einen auf den anderen Moment setzte unangekündigter und eiskalter Regen ein und ich schloss beide verletzten Hände um den klammen Lenker. Über mir grummelte ein erster Donner vor sich her.
Ob es eine gute Idee war, Skylar von Sams Identität zu erzählen? Mein Freund hatte sich entschieden, die Neulinge unter Druck zu setzen, indem er sie als die Gefahr von Winchester anpries. Auf meine Frage, warum er auf einmal so offen damit umgehen wollte, hatte er nur erwidert: »*Na ja, von unserer Existenz wissen jetzt eh schon mehr, als es sollten. Sollte ein Kampf zwischen allen Menschen und allen Werwölfen entstehen, will ich mich nicht zwischen den Fronten sehen. Ich ziehe mich nicht zur Sicherheit anderer aus meinem Leben zurück, damit ich am Ende als der Bösewicht dastehe.*«

Ich war kein Fan von seiner Idee, jede Person, die sich der Jägerbewegung anschloss, von dem friedlichen Dasein der Wölfe zu überzeugen, aber als ich den Zorn in Sams gepresster Stimme gehört hatte, hatte ich nichts dagegensetzen können. Ja, er hatte sich aus dem Football zurückgezogen und sich damit eine mögliche Sportzukunft verbaut. Und ja, hätte er mir nicht die Wahrheit erzählt – hätte er sie mir nicht gezeigt – hätte er womöglich auch mich verloren. Ich wollte mir gar nicht ausmalen, was er noch hatte ziehen lassen müssen, nur weil ihm das Blut eines Werwolfs ins eigene gesickert war. Er hatte so viel aufgeben müssen und mir versichert, mich zu beschützen. Nun sah ich die Umsetzung seines Plans, die neuen Jäger zu beschwichtigen als meine Möglichkeit, endlich ihn schützen zu können. Dieser Gedanke ließ das mulmige Prickeln in meinem noch immer flauen Magen wenigstens etwas abklingen. Eine schneidend kalte Windböe erfasste mich von der Seite und brachte mein Fahrrad auf dem glitschigen Teerweg ins Schlingern. Einige morsche Bäume knackten im Wind und ich biss die Zähne zusammen. Mein Kiefer hatte sich von heute Mittag erholt, doch das dumpfe Pochen kam hier und dort noch immer zurück. Wie sollte es nur weitergehen? Wie sollte ich denn normal weiterleben, wenn ich unwiderruflich mit dem Schmerz meines Freundes verbunden war? Wie würde ich schlafen können, wenn er nachts Kämpfe austeilte? Würde ich wieder mit angehaltenem Atem und alle viere von mir gestreckt auf meinem Bett liegen und darauf warten, aufgeschlitzt zu werden? Die Erinne-

rung, einer unsichtbaren Macht völlig wehrlos ausgesetzt zu sein, trieb mir schon wieder die Tränen in die Augen und ich wischte sie mir sofort schnaubend mit der geballten Faust aus dem Gesicht.
Hätte ich das nur mal gelassen! Der nächsten Böe war ich mit einer Hand nicht gewachsen und ich konnte von Glück reden, dass ich mich mit einem hektischen Herumreißen am Lenker noch vor einem Sturz auf den nassen Boden bewahren konnte. Der Regen jagte seine stechend kalten Tropfen mit dem Fahrtwind in mein Gesicht und es fühlte sich an, als bohrten sich tausend kleine Nädelchen in meine Haut. Ich konnte mich nicht entscheiden, ob ich mich so schnell wie möglich in Sams warmes, trockenes Häuschen retten oder das bevorstehende Gespräch so weit wie möglich hinauszögern wollte. Schnaufend betete ich in meinem Kopf, dass Sam das Reden übernehmen würde, damit ich mit gefalteten Händen stumm neben den beiden sitzen und bloß nichts Falsches sagen konnte.
Der Wald um mich herum schien im Sekundentakt immer mehr von der heranbrechenden Dunkelheit verschluckt zu werden, und durch den starken Regen konnte ich kaum mehr eine Hand vor Augen sehen. In der Ferne grollte ein Donner. Oder war es ein Knurren? »Tze«, lachte ich bei dem Gedanken. Die Zeit der Wölfe war vorbei. *Sei kein Angsthase, Rylee.*
Der Wind pfiff mir um die Ohren und das nächste Knurren war nun ganz sicher kein Grollen mehr.
Die Härchen unter meiner Jacke stellten sich auf wie alarmbereite Soldaten.

Erschrocken riss ich den Kopf herum, aber natürlich konnte ich nichts Verdächtiges erkennen. Was hatte ich auch erwartet, zu finden? Und trotzdem ließ mich die plötzliche Befürchtung nicht los, nicht mehr allein zu sein.

»Tze«, wiederholte ich schnaubend und konzentrierte mich wieder auf den Weg vor mir, nur um bei dem nächsten Dröhnen den Kopf in die andere Richtung zu reißen.

Wie dumm, Rylee. Wie dumm!

Mein Vorderrad rutschte zur Seite, die Kiefern drehten sich und für einen viel zu langen Moment flog ich durch den Regen. Der Aufprall auf dem Teer riss mir die eh schon lädierten Hände auf, schleuderte mein Hirn umher, zerfetzte meine Jeans und die Haut darunter.

Japsend kam ich zu Luft, drehte mich auf den Rücken und starrte an den wolkenbehangenen Himmel. Er weinte auf mich nieder und kühlte das Bollern in meinem armen Kopf. Meine Knie brannten, meine Hände pochten vor Schmerz. Mein gesamter Körper war wie durchgeschüttelt und der Schock trieb mir noch mehr Tränen in die gereizten Augen.

»Schei…« Aber ich bekam den Fluch nicht zu Ende.

»Aaaahh!«

Ein Flammenmeer aus beißendem Schmerz wallte durch mein rechtes Bein. Meine zitternden, tauben Hände wollten danach greifen, aber mein gesamter Körper war wie paralysiert. Stöhnend biss ich die Zähne zusammen. Doch selbst, wenn ich mich hätte aufsetzen wollen, ich hätte es nicht geschafft. Ich würde hier liegen bleiben müssen. Warten, bis Sam verstand, dass seine Schmerzen von mir kamen. Ausharren, bis er mich fand.

Jeder einzelne meiner Muskeln war verkrampft, wehrte sich gegen die Welle aus Feuer, die sich von meinem Bein ausbreitete. Brennende Hitze erklomm zitternd meine Glieder und es war, als hätte jemand Alkohol in eine offene Wunde geschüttet, die sich jetzt den Weg zu meinem Herz bahnte. Irgendwas war falsch. Ganz gewaltig falsch.

Der Eisregen prasselte ungehemmt auf mich nieder, der Schmerz schlängelte seine Tentakel prickelnd durch meinen gesamten Körper, doch das Pochen in meinem Kopf und in meinen Händen wich langsam. Meine Handflächen kribbelten, die Wunde an meiner Schulter juckte unter meiner Jacke. Mein Atem beruhigte sich von selbst, als hätte er vergessen, dass ich gerade gestürzt war.

Endlich schlug ich wieder meine Augen auf, von denen ich kaum gemerkt hatte, sie zusammengekniffen zu haben.

Mir entfuhr ein erstickter Schrei, als auf einmal eisblaue Augen über mir erschienen.

Ich hatte es mir also nicht in meiner Paranoia eingebildet. Nur wie … wie zur Hölle konnte das nur möglich sein? Mein Kopf ratterte, doch er ratterte nur über gähnende Leere.

Der massive Wolf mit dem durchnässten schwarzen Fell hauchte mir seinen faulen Atem ins Gesicht und ich meinte den metallischen Geruch von dem Blut an seinen riesigen Reißzähnen riechen zu können.

Wir starrten uns wortlos in die Augen, als warteten wir auf die Reaktion des jeweils anderen, während mir mein Herz in den Ohren wummerte. Oder war es seins?

Endlich schloss das Biest sein stinkendes Maul und machte mit einem letzten »Hmpf« einen Satz über meinen zitternden Körper und verschwand so schnell, wie er erschienen war.

Sprachlos, mit Tränen in den Augen und der Hitze, die sich prickelnd in jedes einzelne meiner Glieder ausbreitete, lag ich da. Ließ den Schmerz auf mich wirken. Spürte den Regen auf meinen heißen Wangen. Fragte mich, was ich mir da gerade eingebildet hatte.

Einen Wolf mit wunderschönen, klaren Eisaugen, der mich verschont hatte. Als wollte er mir nur einmal Hallo sagen, war aber zu schüchtern für ein ganzes Gespräch.

Ein hysterisches Lachen entfuhr meinem Mund und es klang heiser in meinen Ohren. Entweder hatte ich gerade entgegen jeder Logik ein Schweineglück gehabt oder ich wurde tatsächlich verrückt!

Keuchend stützte ich mich auf meine Ellbogen und war heilfroh, dass mein Körper diese Bewegung trotz des prickelnden Schocks zuließ. Als Nächstes müsste ich Sam anrufen, der sich sicherlich schon enorme Sorgen um mich machte.

Gerade als mir unsere Prägung ins Gedächtnis rief, vibrierte mein Handy in meiner durchnässten Hosentasche, doch im nächsten Moment rückte es völlig aus meiner Aufmerksamkeit.

»Nein!«, wisperte ich mit rasselndem Atem und mir

wurde übel, als ich meinen Blick auf mein Bein warf. »Nein …«

Ich hatte alles erwartet: Eine riesige Schürfwunde, einen offenen Bruch, einen eklig abstehenden Fuß. Aber die Bisswunde, aus der mir das Blut floss, wie ein Rinnsal war schlimmer als alles, was ich mir hätte vorstellen können.

»Nein …« Wie konnte das sein? Schon seit drei Tagen hatte der Mond keine Kontrolle mehr über die Werwölfe. Das konnte nicht wahr sein! »Nein … nein, nein, nein«, keuchte ich mit brüchiger Stimme und ließ das Handy weiter vibrieren.

Kraftlos ächzend rollte mich auf den Bauch, kroch endlos langsam über den nassen Asphalt auf die nächste Pfütze zu, die eine halbe Weltreise entfernt schien. In meinem Kopf tobte ein Hurricane und entriss mir jeglichen Gedanken.

Als ich mein Gesicht über die Pfütze schob, entfuhr mir ein weiterer spitzer Schrei, der sich fast wie ein Heulen anhörte. Aus dem schmutzigen, vom Regen bebenden Wasser starrten mich zwei leuchtende, eisblaue Augen an.

– Ende Band eins –

Danksagung

Vielen Dank, dass du dir, liebe*r Leser*in, dieses Buch geschnappt hast, um in die Welt von Winchester einzutauchen. Ich hoffe, die Geschichte von Rylee und Sam zu lesen, hast du genauso genossen, wie ich zu schreiben! Wenn sie dir gefallen hat, würde ich mich riesig über dein Feedback auf Instagram, LovelyBooks, Amazon, Thalia oder wo auch immer du deinen Senf dazugeben möchtest, freuen!

Das hier ist quasi mein Debüt, das ich bereits 2015 schon einmal herausgebracht habe, aber aus mangelndem Selbstbewusstsein und viel zu großer Selbstkritik nicht weiter vermarktet hatte. Vielleicht war es damals auch gut so, denn die Geschichte war eigentlich noch nicht genug ausgereift. Daher ein großes Dankeschön an Hailey, die mich Ende letzten Jahres dazu ermuntert hat, mich der Geschichte noch mal zu widmen und etwas daraus zu schaffen, was ich heute mit Stolz vorzeigen möchte. Ohne deinen Tritt in den Hintern wäre ich vielleicht viel später – vielleicht auch gar nicht! – auf den Trichter gekommen.

Danke auch an meine fabelhaften Testleserinnen Feli, Eva, Laura, Lisa und Tessa, die der Geschichte mit ihren Anmerkungen und Verbesserungsvorschlägen den letzten Schliff gegeben hätten. Ohne euch wäre dieses Buch jetzt nicht das, was es jetzt ist!

Julia, danke für diese tollen Kapitelzierden und Paragraphtrenner. Ich bin sehr froh, auf dich zurückgekommen zu sein!

Vielen Dank auch an Adrian, der mich vor allen unseren Kunden und Freunden als Autorin anpreist. Wärst du nicht, würden viele wegen meiner falschen Bescheidenheit gar nichts hiervon wissen! Deinen Einsatz schätze ich sehr!

Danke auch an meinen Freund David. Du verstehst hiervon vielleicht nicht so viel, wie du gern würdest, aber, dass du mir immer gut zuredest und mir zeigst, wie stolz du auf mich bist, gibt mir viel Kraft! Tack för allt, älskling!

Zu guter Letzt danke ich meinen Eltern, Petra und Dierk. Nur euretwegen existiert dieses Buch, sowohl in der ersten als auch in dieser aktuellen Form! Dass ihr von Anfang an an mich geglaubt habt und mich mit allen Mitteln unterstützt, egal ob finanziell oder mit euren Worten und eurer Liebe, wertschätze ich mehr als alles andere. Ohne euch könnte ich mich jetzt vielleicht nicht Autorin schimpfen. Ich liebe euch!

Autorenportrait

Rieke Clausen, 1999 auf der Nordseeinsel Föhr geboren, hatte schon immer ein größeres Interesse am Eintauchen in fremde Welten oder am Kreieren von Geschichten in ihrem Kopf als am Geschehen in der Schule oder im Alltag.

Egal ob in ihrer Heimat auf Föhr oder in ihrer aktuellen Arbeitswelt in Hamburg findet sie sich, neben ihrer Liebe zur Musik, oft im ‚Safespace' ihrer Geschichten. Sucht man die junge Autorin nicht gerade vor ihrem Laptop, an dem sie schreibt, oder über ein Buch gebeugt, dann im Fitnessstudio als Personal Trainerin oder selbst beim Sport.

Auf Instagram findest du sie unter: @riekeclausen